Irmgard Wolf

*Kein Wort zuviel*

Irmgard Wolf

# *Kein Wort zu viel*

### Ein Journalistenleben
### zwischen Bonn und Niederrhein

Begleitet und kommentiert von
Manfred Engelhardt

*Avlos*

1. Auflage Herbst 2000

© 2000 by *Avlos* Verlag, Köln
Alle Rechte vorbehalten

Buchgestaltung und Satz: Thomas Frahm

Gedruckt in Deutschland

ISBN 3-929634-58-9

*für Uli und Armin*

# Autobiographie

## von Irmgard Wolf

# Schauplätze und Jahrhundertchronik

## von Manfred Engelhardt

SCHAUPLÄTZE

JAHRHUNDERTCHRONIK

# Vorbemerkung

Diese Biographie ist ein Kompliment an das Rheinland, eine dankbare Rückschau, die bis auf wenige Jahre ein Jahrhundert umfasst. Sie ist angesiedelt in dem Raum zwischen Bonn und dem Niederrhein, in dem meine Vorfahren seit dem Mittelalter lebten. Ein Spritzer Mosel kam wohltuend hinzu. Man hielt sich linksrheinisch. Erst in meiner Generation hat die Familie den Rhein zögernd überschritten. Ich blieb diesseits.

Das 20. Jahrhundert hat dem Rheinland und den Rheinländern einen reichlich bemessenen Teil an Geschichte zuteil werden lassen und auferlegt. Wohl jeder ist davon berührt und oft auch auf seinem Lebensweg von den Ereignissen beeinflusst worden. Mir ist zudem mit dem »ererbten« Beruf der Journalistin eine gewisse Chronistenpflicht zuteil geworden. Was in der Zeit, was im Land und in den Städten geschah, ist unerlässlicher Hintergrund einer rheinischen Biographie. Keiner konnte an seiner Zeit vorbei leben.

So geht es in diesem Buch um die Verknüpfung der Zeit- und Ortsgeschichte mit dem eigenen Erleben. Um dem Leser der Biographie nicht die Fracht der Historie mit Fußnoten oder einzelnen Erläuterungen aufzuerlegen, ist der Lebensbeschreibung ein zweiter Teil von Manfred Engelhardt angefügt, der die historischen und lokalen Bezüge meiner subjektiven Lebensgeschichte objektiv abrundet.

*Bonn, im Sommer 2000*                    Irmgard Wolf

# Bonn 1912

Bonn und das Jahr 1912 sind die Basis dieser meiner Biographie. Hier waren kurz zuvor meine Großeltern mütterlicherseits ansässig geworden, und meine Mutter sollte nach langer Brautzeit auch in diesem Jahr 1912 heiraten. Die Stadt erlebte damals eine ihrer Glanzzeiten. Seit dem Krieg 1870/71 war viel Geld in die Stadt geflossen und hatte Fortschritt und Befreiung aus dem engen Mauerring mit sich gebracht. Bonn soll damals 200 Millionäre gehabt haben, reiche »Rentiers«, die von auswärts zuzogen und sich hier palastähnliche Villen an der Koblenzer Straße, heute Adenauerallee, bauten. Der Ruhm der Universitätsstadt war durch das hohe Ansehen bedeutender Gelehrten gewachsen. Seit der zweiten Hälfte des 19. Jahrhunderts galt Bonn als »Prinzenuniversität«. Auch Kaiser Wilhelm II. hatte hier studiert, und zwischen 1901 und 1908 hatten seine vier Söhne die alma mater Bonnensis besucht, ein Umstand, der wiederum das Kaiserpaar mehrfach nach Bonn führte und die »allerhöchste Aufmerksamkeit« auch dem jeweiligen Rektor und den ausgezeichneten Professoren zukommen ließ.

Bonn hatte damals viertausend Studenten, was einen Rektor schon veranlasste, die Entstehung eines »akademischen Proletariates« zu befürchten. (Heute sind es etwa vierzigtausend). Buntes Studentenleben erfüllte die Stadt, in der immer Stiftungsfeste der vielen Verbindungen anstanden. Die nobelsten Verbindungen, vorab die Borussia, veranstalteten einen Droschkenkorso durch die Stadt und eine Rheinfahrt mit jeweils mehreren Dampfern, die mit einem Feuerwerk als Goldregen von der Rheinbrücke endete.

Ein weiterer Motor städtischen Lebens waren die Regimenter, die hier in Garnison lagen, das Husarenregiment König Wilhelm I. und das Infanterieregiment 160. Sie traten oft genug im Straßenbild in Erscheinung, waren mit Militärkonzerten und als erwünschte Staffage bei festlichen Gelegenheiten präsent. In das Jahr 1912 fällt auch der Besuch des Ulanenregiments Großherzog Friedrich von Baden. Und zu den großen Tagen dieses Jahres gehört der »Flottenbesuch«. Drei Torpedoboote legten unter Salutschüssen an der Ersten Fährgasse an, und die Bonner durften an mehreren Tagen die Kriegsschiffe besuchen.

Das war das Bonn der Vorkriegszeit, dem die Studenten die Liebeserklärung widmeten: »Extra Bonnam nulla vita – außerhalb von Bonn lohnt es sich nicht zu leben«. Ein Professor der Philosophie schwärmte von der Stadt der Glyzinien und der Nachtigallen. Bonn habe die »Vorzüge einer Großstadt und den Reiz und die Behaglichkeit einer Kleinstadt«, schrieb Julius Haarhaus damals, und er nahm mit dieser Laudatio schon das Kompliment vorweg, das fünfzig Jahre später der französische Botschafter François Poncet dem zur Bundeshauptstadt avancierten Bonn machen sollte.

Ich bezweifle sehr, dass meine Mutter Bonn so glanzvoll empfunden hat. Ihre Eltern gehörten weder zu den alten noch zu den reichen Familien der Stadt. Großvater Johann Theodor Grütters erscheint erst 1911 als Königlicher Gütervorsteher im Bonner Adressbuch, wohnhaft Adolfstraße 6, in einer Dienstwohnung der Königlich Preußischen Eisenbahn. Bonn war die letzte Station eines gewissenhaft erfüllten Berufsweges, den er sich auch nicht hatte träumen lassen. Denn der Großvater stammte von einem deftigen Bauernhof in Wetten am Niederrhein. Aber während er in Berlin bei der Garde sein einjährig-freiwilliges Dienstjahr absolvierte, ging der ganze Besitz durch eine Bürgschaft verloren – ein Schicksal, das damals nicht selten war. So erhielt er denn eine Stellung als Stadtschreiber in Kevelaer und lernte meine Großmutter kennen, Tochter aus einer der ältesten Pilgerherbergen im Wallfahrtsort. Sie heiratete ihn, obgleich die ganze »deftige« Verwandtschaft ihr abriet, den »papierenen Tagelöhner« zu ehelichen. Der Stadtschreiber wechselte zur Königlichen Eisenbahn, stieg auf bis zum anerkannt tüchtigen Vorsteher des damals größten westdeutschen Bahnhofs Hagen und wurde mit dem Roten Adlerorden Dritter Klasse dekoriert, eine damals typische Beamtenauszeichnung. Mancher soll sie beiseite gelegt haben in der Erwartung, dass der Rote Adler sich in den höherrangigen Schwarzen Adler verwandelte. Wegen eines Gehörleidens hatte er um Versetzung von dem Personendienst zum Güterdienst gebeten,weil er fürchtete, dass es bei den damals ausschließlich akustischen Signalen zu einem folgenschweren Unfall kommen könnte. Und so verwaltete er nun noch den Bonner Güterbahnhof. Aber schon bald erscheint er als pensionierter Beamter im Adressbuch, und in den ersten Tagen des Monats September 1912 erlag er einem Blutsturz. Er wurde in der Galauniform begraben, die er immer getragen hatte, wenn hohe und höchste Reisende »seinen« Bahnhof passierten. Hinter seinem Sarg trug ein Regierungsrat den Roten Adlerorden auf einem Samtkissen den weiten Weg bis zum Nordfriedhof.

Meine kleine und sehr bescheidene Großmutter und ihre Töchter und Söhne werden das zu würdigen gewusst haben. Als jedoch der sparsame preußische Staat ihr kurze Zeit später den Orden zum Kauf anbot, sandte sie ihn im vollen Einverständnis mit ihren Kindern zurück, Zeugnis eines rheinischen Bürgerstolzes, dem ein preußischer Orden nicht übermäßig imponieren konnte.

Wenige Tage später, am 12. September, heirateten meine Eltern. Der Sterbefall war während der Vorbereitungen zur Hochzeit eingetreten, und so lag der Schatten dieses Ereignisses schwer und dunkel über der Heirat, die nach langer Brautzeit nun nicht mehr verschoben werden sollte, zumal der Bräutigam ohnedies zur Beerdigung angereist war. Und also war das Brautkleid im Schrank geblieben, und meine Mutter stand im schwarzen Jackenkleid vor dem Standesbeamten Wilhelm Ney, dem Vater der nachmals berühmten Pianistin Elly Ney, und wurde dem Redakteur Dr. Franz-Carl Thomas angetraut, ». . . bis dass der Tod Euch scheide«. – Der sollte denn auch nicht allzu lange auf sich warten lassen.

Am gleichen Tag waren meine Eltern dann kirchlich in der Marienkirche getraut worden. Meine Mutter pflegte später zu sagen, es sei die hässlichste Kirche in ganz Bonn gewesen. Ich habe ihr lange aufs Wort geglaubt und den Turm, der über der Nordstadt aufragt, bewusst ignoriert. Wie konnte meine Mutter, die erst vor wenigen Jahren mit den Eltern nach Bonn gekommen war, auch wissen, dass nur wenige Straßen von ihr entfernt zur gleichen Zeit der junge Maler August Macke seinen berühmtesten Bildern den schlank aufragenden neugotischen Turm eben jener Kirche zum Hintergrund gab. Wie er überhaupt das Stadtviertel, in dem meine Mutter ihre erste Bonner Zeit verlebte, von seinem Atelier aus in seiner farbigen Vielfalt und seinen charakteristischen architektonischen Merkmalen erfasste. Ebenso wenig hat sie erfahren von der berühmten Ausstellung des Kreises um August Macke, die 1913 als Bürgerschreck geplant war und bis heute ihren Ruhm als Manifestation des Rheinischen Expressionismus behalten hat.

Meine Mutter wird ohnedies sehr wenig von dem Leben dieser Stadt Bonn erfahren haben, die für sie wohl zunächst nur eine der vielen Städte war, in die der Beruf ihres Vaters sie geführt hatte. Sie sollte Bonn auch unmittelbar nach der Heirat verlassen, um mit meinem Vater die Reise nach Mannheim anzutreten. Die Eltern waren gleichaltrig und kannten sich, seit mein Vater – nicht allzu schnell – das berühmte Thomas à Kempis-Gymnasium absolviert hatte. Er war ein gut aussehender junger Mann von damals 28 Jahren mit einem fast kindlich-ernsten Gesicht über einem hohen steifen Kragen. Sie zeigt auf den damaligen Bildern das

12

Dr. Franz-Karl Thomas, der Vater der Autorin als junger Mann
und kurz vor seinem Tod im Jahre 1914

schöne, fast römisch geschnittene Profil unter einem mo-
disch großen Hut. Die Hochzeitsreise entfiel, denn die besonderen Umstände von Todesfall und Heirat hatten den
jungen Redakteur schon zu lange von seinem Schreibtisch
fern gehalten.

## Das badische Zwischenspiel

Ich sehe meinen Vater, wie meine Mutter ihn geschildert
hat, durch den gewaltigen Torbogen des Mannheimer
Schlosses auf mich zukommen. Hinter ihm liegt die Stadt:
In ihren Quadraten lag die Redaktion seiner Zeitung »Neues Mannheimer Volksblatt«. Und vor ihm lag die Auen-

landschaft des Rheinufers, in dessen Verlauf er an die neue Rheinvillenstraße kam und zu dem Eckhaus aus rotem Odenwald-Sandstein, von dessen Erkerfenster meine Mutter Ausschau nach ihm hielt. Noch konnte sie ja sehen. Aber sie hatte schon eine schwere und qualvolle Star-Operation hinter sich.

Fünfzig Jahre später bin ich diesen Weg nachgegangen durch den großen Torbogen des Schlosses, in dem meine Schritte widerhallten. Meine Mutter, die die Geschichte, aber mehr noch die Anekdote liebte, hat mir erzählt, dass dieses grobe Pflaster und der Stundenschlag der Schlossuhr einem jungen Gefangenen zur Orientierung dienten, als er mit verbundenen Augen in das Verlies des Schlosses gebracht wurde. Diese Erzählung war meine erste Geschichtsstunde und der Anfang einer lebenslangen Leidenschaft für alles Historische.

Mannheim war, gemessen an der Universitätsstadt Bonn, ungemein lebendig mit Impulsen aus Wirtschaft und Industrie, mit der kulturellen Tradition des Großherzoglichen und Nationaltheaters, eine elegante Stadt mit vielen Veranstaltungen und gesellschaftlichen Ereignissen, an denen meine Eltern schon deshalb teilnahmen, weil der Beruf meines Vaters es mit sich brachte.

In den Erzählungen meiner Mutter erschien mir das Leben in Mannheim immer wie eine große Schaukel zwischen Rennbahn und Operette, von deren Schwung sie für eine kurze Zeit mitgetragen war. Sie dachte wohl in den langen Jahren ihrer Witwenschaft und ihrer Erblindung gern daran zurück. In ihren Erzählungen knisterte noch die Seide ihrer damaligen Kleider, und man hörte gleichsam noch den Takt ihrer schnellen Schritte.

Es war die Zeit der knöchellangen engen Röcke, der taillierten kurzen Jäckchen und der großen Pleureusen, der langen schmuckbesetzten Hutnadeln, die die kühnsten Kreationen aus Seide, Tüll oder Samt auf den mehr oder weniger echten pompösen Frisuren festhielten. Es war die

Zeit der steifen Herrenhüte, der hohen gestärkten Kragen, des Schnurrbarts, den auch mein Vater mit einer Schnurrbartbinde in Form bringen musste, ehe er morgens gegen halb sechs Uhr zur Redaktion startete. Dazu gehörte dann auch der Zwicker, den man französisch »pince-nez« nannte. Kurz: es war die Mode, wie sie damals der Maler Max Slevogt, der gar nicht weit von Mannheim in der Pfalz lebte, in seinen Bildern der Gesellschaft geschmeidig darstellte, wie man sie auch in den »Promenaden« von August Macke wiederfindet.

Es war der Ausklang des Jugendstils in schönen Linien und Farben und mit einer noblen Heiterkeit und Lebensfreude, wie sie der Bonner Maler Jérome Bessenich mit einem modifizierten Bonmot von Talleyrand wiedergab: »Wer nicht vor 1914 gelebt hat, weiß nicht, wie angenehm das Leben sein kann.«

Aber Mannheim hatte auch eine andere Seite, die einer großen und dynamischen Insdustriestadt mit einem erheblichen Anteil an Arbeiterbevölkerung, die in neu erschlossenen Stadtteilen wohnten. Meine Mutter wird sie in den kaum mehr als eineinhalb Jahren ihres Aufenthaltes kaum entdeckt haben.

Je älter ich wurde, um so dringlicher fragte ich meine Mutter, ob die scheinbar so unbeschwerten Tage in Mannheim nicht doch schon überschattet gewesen seien vom bald ausbrechenden Weltkrieg. Aber sie wies den Gedanken daran ungewohnt heftig von sich, und ich begriff allmählich, dass es ihr schmerzlich war, ihre Erinnerungen durch mich angetastet oder in Frage gestellt zu sehen. Und so schwieg ich.

Als sparsam und schlicht erzogene Tochter eines preußischen Beamten war sie zwar staunend in diese elegante Welt eingetreten; aber sie hatte bald gemerkt, dass auch hier nur mit Wasser gekocht wurde, und dass man mit dem für damalige Verhältnisse ansehnlichen Gehalt meines Vaters wohl mithalten konnte.

Das Jahr 1913 brachte eine große Folge von gesellschaft-lichen Ereignissen anlässlich eines Jubiläums des Großher-zogs von Baden. Der Höhepunkt war ein üppiges Fest auf dem Rhein mit Feuerwerk und sprudelnden, leuchtenden und farbigen Kaskaden, die die Badischen Anilinwerke aus dem Strom aufsteigen ließen. Die Presse war auf das reich geschmückte großherzogliche Festschiff geladen, das den Konvoi anführte.

Hier trat ich zum ersten Mal störend in Erscheinung, als meine Mutter, hochschwanger und nach der Sitte der Zeit im festgeschnürten Kleid, ihren Hofknicks vor der Großherzogin absolvieren musste. Irgendwie muss trotz des stramm sitzenden Korsetts ihr Tischherr, der Bürger-meister der Schwarzwaldgemeinde Petersthal, doch ge-merkt haben, dass meine Mutter in anderen und sogar in höchsten Umständen war. Der gemütliche Herr, der wie alle Abgeordneten in der schönen Landestracht erschie-nen war, versprach meinen Eltern, ihnen für ein Jahr ein handfestes Mädchen seiner Gemeinde zu schicken, um der Hausfrau zur Hand zu gehen und den erwarteten Sprößling zu pflegen.

Und so erschien denn auch kurz nach meiner Geburt die Marie (Betonung auf der ersten Silbe) mit mehreren spit-zenbesetzten Unterröcken unter dem steifen schwarzen Taftrock, handgestrickten weißen Strümpfen an den drallen Waden und dem Petersthaler Hut mit den großen roten, halbkugelförmigen Pompons auf dem Kopf. Sie fuhr mich mit meinem kleinen Wagen durch Mannheim, stolz auf das Aufsehen, das ihre ländliche Tracht erregte, und auf den Ausweis, der sie ermächtigte, mit mir den berühmten Ro-sengarten ohne Eintrittsgeld zu besuchen. Der Oberbürger-meister von Mannheim hatte anlässlich meiner Geburt eine blitzblaue Ehrenkarte an meinen Vater geschickt und »Fräulein Irmgard Thomas und Begleitung« ein für alle mal eingeladen. Marie tat ein übriges: sie kaufte mir bei solchen Ausfahrten jeweils einen Salzbrezel, und so hörten denn meine Eltern von Freunden, dass die kaum halbjährige Tochter genüßlich Salz schleckend durch Mannheim fuhr. Mit diesen Salzbrezeln hat Marie die kulinarische Linie meines Lebens festgelegt.

Mein Vater, der offenbar einen Jungen erwartet hatte, nannte mich kurzerhand »der Irmel« und vergaß nie zu erwähnen, ich müsse ein richtiges Journalistenkind sein, denn ich sei so früh (morgens um Viertel nach vier) erschienen, dass er noch pünktlich um halb sechs zur Redaktion starten konnte.

Während ich also, von Marie behütet, in mein erstes Lebensjahr hineinwuchs, begleitete meine Mutter meinen Vater auf seinen kurzen Reisen in das badische Umland und lernte dabei die andere Seite seines Berufes kennen, die weit über den täglichen Auftrag des Journalisten hinausging. Als politischer Redakteur am Neuen Mannheimer Volksblatt war er ein überzeugter und überzeugender Mann des Zentrums und schon für weitere Aufgaben bestimmt. Er war vorher in den Redaktionen der Zentrumspresse in Krefeld, Trier und Berlin tätig gewesen. Der damals bedeutende Zentrumspolitiker Dr. Carl Sonnenschein hatte den jungen Freund für eine führende Stellung in der Katholischen Deutschen Arbeiterbewegung vorgesehen.

Mit diesem Auftrag war mein Vater in die politische Sendung eingetreten, die der Arbeiterbischof Wilhelm Ketteler seit der Mitte des 19. Jahrhunderts gegründet hatte. In der Zeit der Frühindustrialisierung und in den zerbrechenden ständischen Strukturen hatte Ketteler den Auftrag der katholischen Kirche erkannt, dem entwurzelten Proletariat Hilfestellung zu leisten bei der Bewusstseinsbildung als neuer Stand, als »Klasse« mit dem Anspruch auf ein Mitwirken bei der Realisierung einer sozial gerechten Gesellschaftsordnung.

Das war am Anfang unseres Jahrhunderts kaum sechzig Jahre her, und es bedurfte noch der umfangreichen Überzeugungsarbeit, den Arbeiterstand im Sinne der erst kürzlich formulierten katholischen Soziallehre zu festigen in seinem Selbstbewusstsein und in seinem Auftrag, Stellung zu beziehen in der gesellschaftlichen Auseinandersetzung. Diese Überzeugungsarbeit musste an der Basis geleistet werden, Schritt für Schritt mit Vorträgen und Diskussionen in den katholischen Arbeitervereinen.

So hatte mein Vater neben der Redaktionsarbeit ein umfangreiches Programm zu bewältigen, und er genoss auch die Gastfreundschaft vieler Bürgermeister und Pfarrer, die am Abend nach Vorträgen und Diskussionen mächtige Fleisch- und Brotplatten zum badischen Wein auftischten und den Redner, sehr zum Leidwesen meiner Mutter, noch bis in die Nacht im Gespräch festhielten.

Zu Hause übten meine Eltern auch gern ihrerseits Gastfreundschaft, denn Kollegen, Mitstreiter und Geistliche suchten den Kontakt mit dem jungen engagierten Journalisten und Politiker, dem eine ebenso eindringliche wie noble Art der Gesprächsführung nachgesagt wurde. Einer der Geistlichen war der Pfarrer der nah gelegenen Kirche, der mich auch getauft hatte, ein nachdenklicher Mann, der, wie meine Mutter erzählte, mit dem Tischgebet, das er lateinisch sprach, immer früher fertig war als die anderen, aber umso länger mit meinem Vater unter mächtigen Rauchschwaden aus dessen holländischen Tonpfeifen diskutierte. Zu den Gästen dieser Tage gehörte auch der Gründer der Heilsarmee, General William Booth, der auf seiner letzten Europareise war und mit meinem Vater Seelsorge im Großstadtmilieu besprach.

Das alles währte bis zum Sommer 1914, und das Leben schien sich für meine Eltern gut anzulassen, als mein Vater zu einer Übung einberufen und bei ausbrechendem Krieg gleich mit dem Zweiten Königlich Preußischen Garderegiment Kaiser Franz Joseph, den sogenannten »Franzern«, ausrücken musste. Es ging von Berlin nach Westen durch die Lüneburger Heide, und nach vielen Jahren zeigte meine Mutter mir gelegentlich einen kleinen verdorrten Zweig

Heidekraut, den sie in einem vergilbten und brüchigen Seidenpapier aufbewahrte.

In den Gebetbüchern der Familie fand ich später die Totenzettel meines Vaters mit einer gewaltigen Germania, die sich über einen sterbenden Krieger beugte – mit dem völlig unbegreiflichen Spruch, es sei süß und ehrenvoll, für das Vaterland zu sterben.

## Das Haus an der Grenze

Am 26. Juli 1914 kam ich mit meiner Mutter in Krefeld an, der Heimatstadt meines Vaters. Großpapa Emil Stephan Thomas hatte uns angesichts der nahen Kriegsgefahr von Mannheim geholt, uns in Köln im Bahnhofsspeisesaal Erster Klasse nobel verköstigt, wobei ich, deutlich zu seiner Erheiterung, die Spargelspitzen bevorzugt hatte. Er hat es mir später oft mit augenzwinkerndem Einverständnis erzählt, schon um die sehr sparsame Großmama noch nachträglich mit seiner gelegentlich genießerischen Noblesse etwas in Harnisch zu bringen.

Sie wird es denn auch mit kritischem Blick vermerkt haben, dass Großpapa uns in einer Droschke Erster Klasse brachte und dem Kutscher ein generöses Trinkgeld für das Koffertragen gab. Aber dann herrschte doch reine Freude. Meine Mutter trug mich die breiten Stufen der Treppe hinauf und stellte mich in der Diele ab, in den Halbkreis der Familie. Nach ihren Erzählungen hatte ich das Gefühl, damals mit meinen elf Monaten für immer auf eigene Füße gestellt worden zu sein. Ich soll mich prüfend umgesehen haben und dann auf den jüngsten Bruder meines Vaters zugesteuert sein, der nur zwölf Jahre älter war als ich und noch kurze Hosen trug. »Kind«, sagte ich bestimmt und hatte ihn damit zunächst einmal bitter gekränkt. Er war so stolz, Onkel zu sein.

Aber er muss es mir bald vergeben haben, denn er blieb mein Spielgefährte: ich durfte später zu Gast sein in »Friedrichsruh«, seiner Dachstube mit dem Ausblick auf die Stadt Krefeld und ihre Kirchtürme. Er führte für mich abenteuerliche Ritterdramen auf seiner Puppenbühne auf, lehrte mich zur rechten Zeit Rad fahren und brachte mir bei, wie man auf dem Hosenboden den Grenzstein herunterutschen konnte, einen mächtigen Findling, der nahe dem großelterlichen Haus die Grenze zwischen der Stadt Krefeld und dem früher kurkölnischen Territorium Linn, jetzt Gemeinde Bockum bezeichnete. Dieser Grenzstein ist für mich eine weitere unvergessliche historische Lektion geworden. Der oft zitierte »Mantel der Geschichte« streifte mich sozusagen am Hosenboden. Onkel Fritz erklärte mir die Bedeutung dieses Steines sehr einfach: wenn ich auf der steilen Seite hinunter rutschte, war ich in Krefeld, auf der sanfter abfallenden Seite landete ich in der Nachbargemeinde Bockum. Ein Vorgang, der mich immer wieder bezauberte. Um wie vieles geheimnisvoller wäre es noch gewesen, wenn ich schon damals erfahren hätte, dass unter dem großen Grenzstein so genannte »junge« Steine in bestimmter Formation liegen, um seinen Standort nachprüfen zu können. Die Erfahrung, die wir auf dem Hosenboden machten, haben frühere Generationen beim sogenannten »Bannbegang« deftiger zu spüren bekommen, denn die Jungen wurden bekanntlich mit dem Kopf gegen den Stein gestoßen, damit sie seinen Standort nicht vergäßen. Zum Trost und zur Stärkung des Gedächtnisses aber gab es für jede Kopfnuss einen Wecken.

Wir aber bekamen Schelte, denn dieses belehrende Vergnügen fand die Missbilligung meiner Großmama, wenn es ihr zugetragen wurde. Sie selbst sah uns nicht so leicht. Sie verließ nur selten, etwa zum Kirchgang oder zum Verwandtenbesuch, das Haus und dann an Großpapas Arm.

Das ›Haus an der Grenze‹ in Krefeld (Aufnahme von 1912)

Und so seh ich sie denn auch heute noch aus dem Haus treten, er groß und schlank, sie eher rundlich, die Stufen langsam herabschreiten, durch den Vorgarten gehen, immer mit einem Blick auf den Rundweg, der um das Haus führte, so breit, dass er mit dem Jagdwagen zu befahren war, und auf das Beet mit Rosen und Porzellanblumen, ob sich da nicht irgend ein unbotmäßiges Unkraut angesiedelt hatte; dann gingen sie den geharkten Weg entlang bis zum drei Meter hohen Eisentor, das sie sorgsam hinter sich schlossen. Sie wandten sich gleich nach rechts, der Uer-dinger Straße zu, und so sahen sie mich meist nicht, wenn ich, auf dem Grenzstein sitzend, das Haus betrachtete.

Es ist für mich lebenslang das Haus aller Häuser geblieben, weiträumig und dämmerig von den hallenden luftigen Kellern, in denen Moselwein lagerte, wo unter Bergen von trockenem Sand die Wintergemüse Rotkohl, Weißkohl, Möhren und Sellerie bis zum Frühjahr frisch blieben, bis hinauf zu den holzduftenden Speichern, wo in großen braunen Schränken altmodische Kleider von zerschlissener Sei-

21

de hingen. Es war der Wurzelgrund des Wunsches, selbst ein Haus zu bauen und zu besitzen, eine geheime Leidenschaft, die ich mit allen überschaubaren Generationen der Thomas-Familie teile, wogegen die Familie meiner Mutter nach langer Bauerntradition die »Unbehaustheit« des Jahrhunderts traf.

Als nach dem Zweiten Weltkrieg das ganze Rheinland in Trümmern lag und man sich mühsam orientierte, wo die jeweils anderen Familienmitglieder eine Bleibe gefunden hatten, stand ich mit einem meiner Thomas-Vettern vor dem getroffenen Haus an der Grenzstraße. »Sieh es nicht an,« hatte er, dem keiner ansonsten Sensibilität zutraute, gesagt. Aber wir waren doch hingegangen. Es tat wirklich weh, zu sehen, wie andere sich darin einrichteten. Ich verstand sie und gönnte ihnen das Dach über dem Kopf. Aber zu sehen, wie sie mit kargen Baustoffen an der Fassade flickten, aus zwei hohen Geschossen drei machten, um mehr kleingefügten Wohnraum zu haben, Raum, mit dem wir so sorglos verschwenderisch umgegangen waren, Raum, der für eine große Familie geschaffen war, Zimmer, in die jeder der acht Söhne und Töchter jederzeit zurück kehren, Gäste aufgenommen werden konnten; das zu sehen und zu erinnern war schmerzhaft.

Hinter der gelassenen, breiten Fassade dieses Hauses hatte eine Welt unerschütterlicher Ordnung bestanden, aus der wir alle hervorgegangen waren und nach deren geheimen Strukturen wir uns sehnten. »Die vor uns haben alle ein Haus gehabt«, sagte mein Vetter damals. »Wir müssen es auch schaffen.« Ich war die erste, die wieder baute, und alle anderen haben es auch getan. Als mein Bruder durch das neue Haus ging, erkannte er auf dem Grund des Neuen die alte Ordnung.

Alles kehrt wieder. Und noch heute sehe ich mich auf dem Grenzstein sitzen, der unter alten Bäumen lag, und das Haus betrachten. Es zeigte in der Wetterfahne das Baujahr 1884.

Die Grenzstraße war nur einseitig bebaut und zwar nach der Bockumer Seite zu. Nach Krefeld hin dehnte sich eine weite unbebaute Fläche, meist Grasland, das eine Fülle von wilden Blumen bot. Dann folgte ein Sportplatz, und mit einem neuen Stadtteil um die Kirche St. Elisabeth begannen auch Häuserzeilen. Die bebaute Seite der Grenzstraße dagegen reichte mit ihren Gärten in einen alten Tierpark hinein, der von Alleen durchzogen war. Jedes Haus stand für sich und hatte einen großen Garten mit alten Obst- und wenig Zierbäumen. Durch die Kreuzung zweier Wege waren vier Rasenflächen entstanden, auf denen ich noch die leinenen Betttücher nach der Wäsche in der prallen Sonne ausgebreitet sehe zum Bleichen. Mehrfach am Tage wurden sie von uns mit prasselnden Schauern aus den großen Zinngießkannen benetzt, bis sie strahlend weiß waren. Abends wurden sie eingeholt und im Bügelzimmer von Hand gerade gereckt, zusammengelegt und durch die hölzerne Mangel gedreht, deren Schwengel so groß war, dass ich darauf schaukeln konnte.

Wäsche war Frauensache. Der wenigen Beete im Garten nahm Großpapa sich selbst an, lieber aber der Obstbäume zur Zeit der Reife. Ich sehe ihn noch im Garten stehen, eine gelbe Birne von einem tiefer hängenden Ast pflücken und mit dem kleinen Messer aus seiner Tasche anschneiden und kosten. Wer in seiner Nähe war, bekam ein Stückchen ab und wurde mit der Botschaft zur Großmama geschickt, die Birnen seien reif zum Einkochen. Was denn auch mit einer beigefügten Zimtschote geschah. War eine Dame im Haus zu Gast, etwa meine Mutter, so ließ er ein erlesenes Exemplar von dem Baum »Gute Louise« auf einem Majolikateller ins Haus bringen. Emil Stephan Thomas tat sich etwas darauf zugute, Kavalier zu sein.

Am Sonntag nach der Elf-Uhr-Messe kamen oft die Verwandten auf dem Fahrweg, der das Haus umrundete, gleich in den Garten spaziert, wo die Großeltern schon unter dem großen Esskastanienbaum saßen. »Präsentiert« wurde ein

Glas Moselwein, den die Großmama als gebürtige Moselanerin, Winzers- und Weinhändlerstochter ein für allemal
eingeführt hatte. Das »Präsentieren« auf spiegelglattem Sil-
bertablett fiel mir zu, mit einem Knicks vor Tante Josephine,
Onkel Richard und Onkel Julius. Wie viele Knickse unter
der alten Kastanie unter den prüfenden Blicken der Verwandtschaft? Wie viele Knickse nachher in der Klosterschu-
le? Spät, sehr spät kam die Belohnung. Als ich 1965 überraschend der englischen Königin in der Redoute vorgestellt
wurde, gelang mir ein makelloser Hofknicks ohne Vorübung.

Die Verwandtschaft, vor der ich damals knickste, war
sozusagen doppelt. Zwei Brüder aus Krefeld, Seidenfabri-
kant und Färbereibesitzer, hatten zwei betuchte Schwestern
von der Mosel geheiratet, und die Urgroßmutter hatte im
Hinblick auf reichlichen Kindersegen ein Service für 144
Personen auf die Töchter verteilt. Beide Familien hatten
acht Kinder. Viele Gäste für unseren Garten.

Ein Garten voller Erinnerungen. Rundum hingen im
Herbst die schweren schwarzen Dolden des Holunders, der
zu dickem Saft verarbeitet und erkälteten Familienmitglie-
dern heiß eingeflößt oder zu einem Gelee gekocht wurde,
der einen herrlichen Duft und die Farbe eines Bischofs-
gewandes hatte. Genug vom Garten, dessen lange und brei-
te Wege ich mit meinem jüngsten Onkel samstags vom Unkraut frei zu machen und zu harken hatte, eine Übung, die
mir angesichts des Sonntagsbesuches ebenso feierlich wie
überflüssig erschien.

Das Haus an der Grenzstraße habe ich mir früh zu erobern begonnen. Gleich nach dem ersten Auftritt im Fami-
lienkreis hatte ich mich auf der untersten Stufe der Treppe
niedergelassen, die dunkel glänzend im weiten Schwung in
das obere Stockwerk führte. Da ich keine Anstalten machte,
weitere Stufen hinauf zu klettern, erlaubte man mir, dort zu
sitzen, und ich habe diesen Platz über Jahre, immer wenn
ich im Hause war, bezogen. Vor mir die Diele, mit dem
Mosaikboden in sanften gedämpften Steinfarben von pseu-

dorömischem Muster und die Haustür mit Mattglasscheiben, hinter denen sich das symmetrisch verschlungene Muster eines Gitters abzeichnete. Links war die schmalbrüstige Garderobe mit dem viel zu kleinen Spiegel, die kaum einen Menschen ermutigte, hier abzulegen.

Rechts stand zu meiner Wonne der halbrunde Lampentisch. Tagsüber war er leer. Aber gegen Abend wurden Lampen darauf gestellt, denn jeder, der im oberen Geschoß sein Schlafzimmer aufsuchte, musste ein Licht mitnehmen. Das Haus, 1884 gebaut, hatte nur im Erdgeschoß Gasbeleuchtung. Da standen denn nun Lampen der verschiedensten Größe hierarchisch geordnet. Erwachsene hatten eine blinkende Petroleumlampe mit hohem Zylinder. Enkelkinder bekamen ein Öllicht, das in einem rotem Glasgefäß schwamm. Abends nahm mich eine der Tanten auf den Arm, und nachdem mir Großpapa mit seinem Schnurrbart einen etwas gefürchteten Kuss auf die Stirn gedrückt, und die Großmama mir die Wange gestreichelt hatte, wurde ich treppauf getragen in die Regionen der dunklen Schlafzimmer.

Das Öllicht blieb über Nacht neben dem großen und tiefen Bett stehen, in das man mich packte und nach einem kurzen Gebet alleine ließ. Es warf einen rötlich zitternden Schein auf das Bild über dem Bett, ein Furcht erregendes Produkt der Düsseldorfer Malerschule: Die Tochter des Jairus, die in weißen Gewändern und totenbleich aus dem Grabe auferstand. Sie hat mein Verhältnis zu biblischen Darstellungen für lange Zeit empfindlich beeinträchtigt. Ich wandte ihr denn auch den Rücken zu. Aber wenn ich durch die schwach erhellte Dunkelheit blinzelte, zeichneten sich auf der gegenüberliegenden Wand die Konturen einer höchst realistischen Kreuzigung über angehäuften Schädeln ab. Großpapa hatte die Kunstpassion, war Mitglied des Kunstvereins für die Rheinlande und Westfalen und wählte als Jahresgabe religiöse Bilder von Tischplattengröße, die er in dunkle Rahmen fassen ließ. Keines hat ihn überlebt.

Zurück zu meinem Platz auf der Treppe: Die Diele war meine Bühne. Von hier aus begann ich, das Leben des Hauses zu verstehen. Nach einander traten die Akteure auf: Wenn die Großmama mit einem kleinen Häubchen und einer weißen Jacke erschien, kam sie aus dem Schlafzimmer. Hatte sie den Schlüsselbund am Gürtel, war sie mit irgendeiner häuslichen Verteilung beschäftigt. Meist trug sie Rökke aus festem Wollstoff, die an der unteren Kante die sogenannte Besenlitze hatten, ein Rosshaar-produkt, das die Rocksäume vor Schmutz und Verschleiß schützte. Hatte sie einen knisternden Seidenrock an, ging sie gewiss in den Salon, und es war Besuch in Sicht. Mit der linken Hand raffte sie den Rock ein wenig, die Rechte hielt sie häufig hüstelnd vor den Mund, eine Haltung, die ich nachahmte, so bald ich laufen und mein Röckchen mit gehörigem Schwung heben konnte. Meine Mutter drohte mir: »Du wirst einen Husten bekommen wie die Großmama.« Bis auf den heutigen Tag werde ich den Rachenkatarrh nicht los.

Meine Tanten trugen schon fußfreie und engere Röcke, aber noch Blusen mit Stehbort und geschnürte Halbschuhe. Wenn sie eine weiße Schürze trugen und den leise klirrenden Besteckkorb in der Hand hatten, wurde es Zeit zum Mittagessen. Dann erschien auch Großpapa – oder vielmehr seine Schuhe – in meinem Blickfeld, plump und groß, Produkte eines der letzten Schuhmacher in Krefeld. Größe 52 war damals noch nicht zu kaufen. Er kam aus dem Kontor, das keiner von uns betreten durfte, ließ die goldene Klappdeckeluhr aufspringen und runzelte die Stirn, wenn es auch nur eine Minute über die Mittagszeit war.

Das Essen war bescheiden und bürgerlich, zumal Großmama miserabel kochte und dennoch darauf bestand, es zuweilen selbst zu tun, wenn etwa alle Hände durch den Waschtag gebunden waren. Sollte einer es wagen, eine Anmerkung zum Essen zu machen, pflegte Großpapa zu sagen, er habe eine Dame, keine Köchin geheiratet. Er hat es lebenslang gebüßt.

Maria Regina Thomas, geb. Grütters, die Mutter der Autorin, diese mit Schleifchen und der kleinere Bruder Franz-Karl jun. auf dem Präsentiertisch. Wir schreiben das Jahr 1915.

Nur der Tischwein war untadelig, meist ein Merler Stephansberg aus dem Hause des Urgroßvaters Treis. Ich durfte früh mithalten und wurde an das Maßhalten gewöhnt. Man goss mir einen Fingerhut Wein in mein Glas und füllte mit Wasser aus der stets auf dem Tisch stehenden Karaffe auf. Das Verhältnis Wasser und Wein kehrte sich mit den Jahren um, aber erst zu meinem Abitur durfte ich mit purem Wein anstoßen. Ich verstand bald, dass in diesem Hause alles langsam reifte.

Von meinem Treppenwinkel aus lernte ich auch, die Besucher zu klassizifizieren.

Die ernsten Herren, die einen kleinen Koffer bei sich trugen, gingen zu Großpapa ins Kontor. Sie hatten alle etwas mit dem »Geschäft« zu tun, das sozusagen der *nervus rerum* in diesem Hause war. Es ging, wie ich später herauskriegte, um Webstühle, gewaltige Ungetüme, groß wie eine Ritterburg, deren schematisierte Abbilder an den Wänden des Kontors hingen.

Auf diesen »Stühlen« wurde Seide gewebt. Und was Seide ist, lernte ich, ehe ich Buchstaben und Zahlen kannte. Großpapa nahm mich auf sein Knie, legte eine Krawatte auf den Tisch und stellte die Weberlupe, das Schussmaß darauf. Und nun sah ich in einem Feld von einem Quadratzentimeter das Spiel der Fadenbindungen, die zum glänzenden seidenen Gewebe und zum Muster führen. Nahm Großpapa dann noch die obligate Stecknadel, die jeder Webkundige in der Spitze des linken Revers stecken hat, dazu, so konnte man damit die Faden zählen, die innerhalb des winzigen Quadrates sich zum Gewebe vereinigten. So lernte ich denn auch gleich das Rechnen, abgelesen an der magischen Bindung seidener Fäden. Sie wurden mein erstes Spielzeug. Man gab mir einen Strang Garn. Ich löste Fäden daraus und legte sie nach Großpapas Anleitung auf einem kleinen Brett, das mit Stahlstiften gespickt war, zu den Bindungen zurecht, die die Grundlage eines Gewebes sind. Ich lernte das Weberschiff kennen, die kleinen hölzernen Spulen mit den Resten sanft glänzender Seide, die Großpapa mir manchmal schenkte, und die ich in der Tasche meines Schürzchens streichelte.

Seide war das Maß aller Dinge in diesem Haus. Sie war in vielen Gesprächen, wenn die Verwandten zu Besuch kamen, die alle irgendwie mit den seidenen Fäden zu tun hatten als Fabrikanten, als Färber. Die Herren griffen oft nach dem Schussmaß, hatten Seidenproben in der Westentasche, reichten sie herum.

Wenn es um Seide ging, sprachen die Seidenweber und Kaufleute damals in Krefeld perfekt Platt oder perfekt Französisch Man hatte die besten Beziehungen zu Frankreich.

An der Seide wurden die guten und die schlechten Zeiten gemessen. Ich habe die älteren Damen noch in steifen Taftblusen, die jüngeren in fließender Seide gesehen. Als die Kunstseide aufkam, war das allenfalls »Stoff«, Zeichen einer neuen Zeit, deren Schwelle man mit Misstrauen betrat.

Mit der Seide hatte es aber in der Familie folgende Bewandtnis: Großpapa hatte mit einem Vetter gemeinsam eine ererbte Fabrik gehabt, sich selbst aber mehr um die Geschäftsverbindungen, bevorzugt im Ausland, in Frankreich und England, gekümmert, und dort ein repräsentativ aufwendiges Auftreten an den Tag gelegt. Modetrends hatte er mit Vorliebe auf den Rennplätzen erkundet und geschäftliche Verbindungen durchaus in nobler Atmosphäre angeknüpft und befestigt. Diese Verbindungen reichten bis Russland und in die Türkei, wofür u. a. sehr wertvolle Paraventensamte gefertigt wurden. Eine sogenannte Kapelle, einen ganzen Satz liturgischer Gewänder in rotem Samt, zu tragen am Tag des Erzmärtyrers Stephan, hatte Großpapa der Dionysiuskirche in Krefeld gestiftet; und wir mussten pflichtschuldigst am Zweiten Weihnachtstag, dem Stephanstag, das Hochamt in dieser Kirche besuchen.

Eines Tages aber war die Herrlichkeit in Samt und Seide zu Ende. Nicht alle dieser weitgespannten Verbindungen hielten, was sie versprochen hatten; und auch der Vetter, der die Firma vor Ort geführt hatte, war kein kaufmännisches Genie. Das Vermögen meiner Großmutter reichte gerade, um einem peinlichen Abschluss zuvor zu kommen. Großpapa leitete dann brillant eine benachbarte Textilfirma und konnte später seiner Neigung zu Auslandsreisen erneut fröhnen, als er Webstühle einer deutschen Firma in Nordfrankreich, Belgien, den Niederlanden und England plazierte.

Ich habe oft gesehen, wie er zu den ausländischen Fahrplänen griff, die im Kontor immer bereitstanden; wie er die rindlederne Reisetasche packen ließ, die karierte Reisekappe aus dem Hutfach nahm, den garantiert rein seidenen Regenschirm, sorgsam gerollt, über den Arm hängte.

Der Misserfolg seiner ersten Firma hatte keineswegs das Selbstbewusstsein des geborenen Grandseigneurs beeinträchtigt. Nur an das Geld kam er nicht mehr heran. Das verwaltete nun die Großmama, diskret, unauffällig und immer im besten Einvernehmen mit ihren sehr geschäftstüchtigen Söhnen.

Sein Ansehen in der näheren und weiteren Familie hatte dadurch nicht im geringsten gelitten. »Papa« *schien* in allen Dingen oberste Instanz zu sein, eine Plazierung, die mir in fast fünundzwanzig Jahren nach und nach immer fraglicher wurde. So etwa, wenn Großpapa manchmal sonntags nach Kirchgang und Frühstück das Klavier aufklappte, aus der mit Stickerei gepolsterten Klavierbank Noten entnahm, seine steifen Manschetten mit den goldenen Knöpfen ablegte und auf dem Klavier postierte. Als älteste Enkelin und einzig leidlich musikalisches Mitglied der Familie musste ich die Seiten umwenden. Großpapa sang mit ganz passablem Tenor Operettenmelodien: »Denn ich hab sie ja nur auf die Schulter geküßt. . .« und »dann geh ich ins Maxim«. Später hab ich durch diskrete Hinweise erfahren, dass ihm diese Welt in der Tat nicht fremd gewesen ist.

Aber als ich damals die Notenblätter umwandte, war ich noch ganz im Bann dieses so streng redlichen Hauses, in dem jedes auch nur annähernd lockere Wort geahndet wurde, und geriet also in ernste Zweifel. Es war meine Mutter, die mich mit ihrer alles verstehenden rheinischen Gelassenheit über die Anfechtbarkeit auch der streng Ehrbaren aufklärte. Es war eine der Grenzerfahrungen, die ich dem Haus an der Grenze verdanke.

Ich habe ziemlich früh diese Atmosphäre der strengen Ehrbarkeit im Hause meiner Großeltern gespürt und in mich aufgenommen. Und auch nachher begriffen, dass diese Atmosphäre aus einer besonderen katholischen Mentalität in Krefeld stammte. Das sehr reiche Bürgertum war evangelisch oder mennonitisch gewesen, später auch religiös liberal und lebte einen weltläufigen Stil, während den Katholiken eine gewisse Zurückhaltung und Spießigkeit nachgesagt wurde. Das Verhältnis der Konfessionen kennzeichnet eine Redensart: »Er ist zwar Katholik, aber man sieht es ihm nicht an.«

Die Katholiken ihrerseits hielten sich zurück. Die Herren trafen sich beim Wein in der Gesellschaft »Erholung«, wohin auch Großpapa einmal in der Woche ging. Geselligkeit oder gar Freundschaften gab es nur in sehr engen Kreisen. Ich hatte schon als Kind das Gefühl, dass Großmama die Röcke raffte, wenn sie notgedrungen mit andersgläubigen Nachbarn sprach. Es war mir auch verboten, mit deren Kindern zu spielen. Vermutlich wäre ich verstoßen worden, wenn meine Großeltern erfahren hätten, dass ich mit sechzehn Jahren den ersten Kuss von einem dieser »Andersgläubigen« bekam. Es war nicht etwa die erste Liebe, sondern ein Experiment, das dessen kesse Schwester arrangiert hatte. Sie hatte befunden, dass diese Erfahrung langsam für mich fällig sei. Sicherlich eine erhebliche Grenzüberschreitung.

Obgleich die Katholiken sich eher gesellschaftlich im zweiten Rang des Krefelder Bürgertums sehen mussten, war das Katholischsein im Haus meiner Großeltern mit einem gewissen Hochmut verbunden. Dieser Hochmut siedelte auch die Hausgemeinschaft auf verschiedenen Ebenen an. Kinder waren auf einer unteren Stufe geistiger Einübung. Man wurde nicht zu früh mit in die Kirche genommen, früh genug allerdings, um den Kirchweg durch das Wiesenland auf die Stadt Krefeld zu als unendlich lang zu empfinden.

Auf der nächsten Stufe stand meine Tante Maria, ein liebes Wesen, aber die am wenigsten Begabte unter den sieben Geschwistern meines Vaters. Sie hatte ein Klosterinternat absolviert, führte neben der Großmama den Haushalt und trug in gelassener Demut die Nörgeleien der ganzen Familie. Uns Kindern gegenüber hatte sie die schöne Eigenschaft, auch einmal durch die Finger sehen zu können. In puncto Religion erfüllte sie treu alle Pflichten und ging samstags nach getaner Hausarbeit fröhlichen Herzens zur Beichte, um, wie man am Niederrhein sagt, »die Schüpp' abzukratzen«. Sie war im Jungfrauenverein, einer schicklichen Standesorganisation, über deren Ziele sie sicher nicht hinaus dachte.

Irgendwann hatte ein Mann um ihre Hand angehalten. Die Familie fand die Verbindung nicht passend. Sie hat es mir einmal zwischen Tag und Dunkel erzählt. Ich glaube, sie hat dabei ein bisschen geweint.

Für die Großmama war die Religion zweifellos ein Ordnungsfaktor. Sie achtete streng darauf, dass kirchliche und weltliche Aktivitäten koordiniert, d. h. die Zeiten für die Messe und das anschließende Frühstück auf einander abgestimmt wurden.

Die oberste Stufe dieser Hierarchie stellten Großpapa und Tante Hedwig dar, die älteste Schwester meines Vaters, Oberschullehrerin, später Studienrätin, mit einer für ihre Zeit fortschrittlichen Ausbildung: einige damals noch schwer errungene Semester an der Universität Münster, Auslandserfahrung im schicklichen Rahmen, d. h. als Deutschlehrerin in einem irischen Internat und bei dem Orden ›Notre Dame de Paris‹. Eine weitere Schwester war auch in den Orden Notre Dame eingetreten: Sie war der Stolz der Familie und der große Schatten über meiner Schulzeit.

Im Haus an der Grenze führten Großpapa und Tante Hedwig elitäre Religionsgespräche, denen die anderen Familienmitglieder nur respektvoll zuhören konnten. Der Anlass war häufig die Zeitung und zwar die erste Seite; irgendwann ging mir auf, dass in diesem Hause ein enger Zusammenhang von Religion und Politik bestehen musste, weshalb die Gespräche gelegentlich mit deutlicher Indignation geführt wurden. Man zeigte Gegnerschaften und schien auf Standpunkten zu beharren. Viel später hat mich diese Indignation vor dem Nationalsozialismus beschützt. Ich hatte instinktiv gelernt, »dagegen« zu sein.

Auch die Zeitung gab es in diesem Haus auf mehreren Ebenen. Für das Personal kam der General-Anzeiger. Er hatte sich seit Anfang des Krieges von dem Niveau eines Anzeigenblattes zu einer Zeitung mit lokalen Mitteilungen und Nachrichten von den Kriegsschauplätzen erhoben. Mit den kriegsmäßigen Einschränkungen blieb vom Personal nur eine alte taube Zugehfrau, und der General-Anzeiger verschwand. Nun kamen nur noch die Zentrumspresse, die »Germania« und die »Kölnische Volkszeitung« ins Haus, dazu die Zeitschrift »Hochland« und die »Stimmen der Zeit« aus Maria Laach.

Ich liebte die Zeitungen, wenn man sie als Unterlage zum Kirschenentkernen oder beim Silberputzen auf den Tisch legte. Eh ich lesen konnte, hatte ich entdeckt, dass sie ein verschiedenes Schriftbild hatten, und ich machte ein Spiel daraus, kleine Fetzen abzureißen und passend wieder zusammenzusetzen. Meine erste Begegnung mit dem Beruf meines Vaters und mit meinem künftigen Metier.

Als ich diese meine ersten Erfahrungen mit der Zeitung machte, war Vater schon verstorben. Er gehörte zu den ersten Toten des Ersten Weltkriegs. Zurückberufen aus der Champagne zu einem Offizierkursus und zur Verwendung als Kriegsberichterstatter, starb er in Metz an Typhus. Der Bote hatte das Telegramm wohl schon gebracht, als ich in meinem Winkel auf der Treppe saß. Meine Mutter sprach nie über diese Wochen. Zwei Monate später kam mein Bruder, kaum lebensfähig, in dem Haus an der Grenze zur Welt. Mutter und Kind hatten sie nur knapp passiert. Die Wohnung in Mannheim war aufgelöst.

So blieb Bonn, wo Großmutter Grütters uns erwartete.

## Bratäpfel, Bomben
## und die Liebe für's Leben

Wir blieben nicht lange in Krefeld. Meine Mutter fühlte sich nicht wohl in dem Haus an der Grenze, während ich als erste Enkelin und Tochter des verstorbenen ältesten Sohnes von der ersten Stunde an zugehörig war. Mutter

33

war als Beamtentochter mit solider Aussteuer, aber ohne sonstige Mitgift, ohnehin nicht Schwiegertocher der ersten Wahl in der Unternehmer- und Kaufmannsfamilie gewesen; und es zeichnete sich von Jahr zu Jahr mehr ein Abstand zwischen der Thomas- und der Grütters-Linie ab, den mein Bruder und ich schon als Kinder spürten, aber vorerst als gegeben hinnahmen. Später, als wir älter und die Konturen deutlicher wurden, haben wir diese Unterschiedlichkeit mit wachsender Spannung begleitet, Vergleiche gezogen und eine ergiebige Quelle spottsüchtiger Heiterkeit darin gefunden.

Es war nicht ganz leicht, sich »zwischen den Linien« zurecht zu finden oder gar zu behaupten. Mein Bruder, zunächst gesundheitlich schwächer, wurde von der mütterlichen Seite bevorzugt; ich war eher »eine Thomas«, was mir denn auch gelegentlich – mal heiter, mal spöttisch oder sogar vorwurfsvoll – versetzt wurde. Der Umgang mit der einen und der anderen Linie stürzte uns zuweilen in ein Wechselbad der Gefühle.

Wir haben später das beiderseitige Erbe lebenslang gut verteilt befunden: Das Korsett der Haltung und einer gewissen geistigen Eigenständigkeit, ja auch Distanz, gepaart mit Durchstehvermögen, Interesse an an allem Konstruktiven, an Sprachen kam aus der Thomas-Linie, während von der Mutter rheinische Wendigkeit, Humor, Verständnis für andere, Geltenlassen, Gemüt und Gemütlichkeit, Freude an Musik, am Lesen, Spass am Volkstümlichen, auch Handwerklichen stammte. Krefeld wäre ohnedies nicht der Standort für uns gewesen: denn mein Vater hatte voraussehend gewünscht, wir sollten im Fall seines Todes in der Universitätsstadt Bonn aufwachsen. Hinter dieser Bestimmung stand zunächst die Absicht, eine spätere Berufsausbildung zu erleichtern. Sicher aber war es auch eine besondere Zuneigung für die Stadt, in der er studiert und die erste Freiheit vom häuslichen Zwang erlebt hatte.

So kam es denn, dass meine kleine und zuweilen recht energische Großmutter Grütters im Haus an der Grenze erschien und Tochter und Enkelkinder nach Bonn holte. Sie war inzwischen in die Südstadt gezogen, in eines der gründerzeitlichen Häuser auf der Blücherstraße, und wir wohnten ein paar Straßen entfernt auf dem Jagdweg.

Mit dem Weg vom Jagdweg zur Blücherstraße setzt die erste echte Erinnerung an. Ich muss etwa drei Jahre alt gewesen sein, als das Augenleiden meiner Mutter begann. Wir gingen zur Großmutter. Mutter trug meinen kleinen Bruder auf dem Arm, und ich musste, neben ihr gehend, mich an ihrem Rock halten und stille stehen am Bordstein, den sie nicht mehr erkennen konnte. Ich kannte bald den Weg genau und wusste, dass ich nun in einer Stadt lebte. Denn hier gab es keine große freie Wiesenfläche wie vor dem Haus an der Grenze, sondern die Straßen waren viel enger und auf beiden Seiten bebaut. Wie ich in Krefeld »das Haus aller Häuser« gefunden hatte, entdeckte ich Bonn für mich als »die Stadt aller Städte«, wohlgefügt selbstverständlich, überschaubar, so und nicht anders. Weil ich meine Mutter oft begleitete, waren mir die Straßenzüge der Südstadt und zur Stadtmitte vertraut wie ein persönlicher Besitz.

Gar nicht weit war das Poppelsdorfer Schloss mit dem Weiher und der Brücke. Da war der Botanische Garten, in dem man ebenso wenig auf die Rasenflächen treten durfte wie in dem Krefelder Garten. Aber vom Schloss konnte man die lange Allee herunter laufen bis zur Bahnschranke, an der es immer was zu sehen gab. Einmal sogar ein englisches Flugzeug, das abgestürzt auf den Gleisen lag. Nach dem Krieg gab es auch wieder jenseits der Bahngleise in einem kleinen hübschen hölzernen Kiosk gebratene Kastanien, und man hatte die Wahl, entweder eine Tüte mit glühend heißen Kastanien für einen Groschen zu kaufen oder mit der Straßenbahn nach Hause zu fahren. Die Wahl war insofern nicht schwer, als der Heimweg beim Knabbern eher vergnüglich war.

Es sprach also schon einiges für Bonn. Zumal die fast täglichen Besuche bei Großmutter Grütters. Es war ein Vergnügen, die hübsche halbrunde Treppe hinauf zu klettern, die zu der Wohnung in einem Hochparterre führte. Mutter und Großmutter befassten sich viel mit meinem kleinen Bruder, und ich konnte ungehindert durch die Wohnung streifen und im Garten spielen. Er war zwar viel kleiner als der Garten in Krefeld, dafür hatte er aber viel mehr Blumen. Und über die niedrigen Mauern guckten immer freundliche Nachbarn; zudem lernte ich die ersten Tiere, einen Rauhaardackel und eine Siamkatze, kennen.

Im ersten Stock wohnten der Bibliothekar Ernst Bode und seine skurrile Frau. Er war an der Bonner Bücher- und Lesehalle (Vorgängerin der heutigen Stadtbücherei) in der Quantiusstraße tätig und las mir zuweilen vor, bis ich später seine Dauerkundin in der düsteren Bibliothek wurde. Meine Beziehung zu Büchern hat sich seither vertieft, zu den Tieren indes weniger.

Außerdem lernte ich damals die ersten Studenten kennen und hörte oft das Wort »Universität«. Sie gehörten zu den ständigen Gästen im Haus der Großmutter als Studienfreunde meines jüngsten Onkels Grütters. Er hatte angefangen, Germanistik zu studieren, stürzte sich dann aber mit Vehemenz als Freiwilliger in das Abenteuer des Krieges und wurde nach bravourösen Eskapaden sehr schnell Leutnant, geriet in französische Gefangenschaft und schrieb Briefe aus der Festung Carcasson, die mit kleinen Zeichnungen verziert waren. Diese Briefe gingen im Freundeskreis von Hand zu Hand und wurden als Vorwand genommen, sich bei meiner Großmutter zum Nachmittagskaffee mit frischen Hefeplätzchen einzuladen. Vielleicht war aber auch meine besonders hübsche Tante – jüngere kapriziöse Schwester meiner Mutter – bei diesen Besuchen gemeint. Alle arbeiteten, wie auch mein Onkel es getan hatte, mit an dem damals begonnenen »Rheinischen Wörterbuch«, zu dem Mutter und Großmutter manchen Ausdruck und manche Erklärung beisteuerten.

Andere Studenten kamen aus Großmutters Heimatstädtchen Kevelaer; oder es waren zweite, gut betuchte Bauernsöhne aus der Umgegend, die für ihr Studium in Bonn der Großmutter »rekommandiert« waren. Bei ihr trafen sich »die Niederrheiner«, und es ist ihren ländlich-deftigen Mitbringseln zu danken, dass bei »Moeder Grütters« die Hefeplätzchen mit Rosinen und der Streusselkuchen auch mit fortschreitendem Krieg nicht ausgingen.

Schöner als beides aber war für mich die Sprache, in die man beim Kaffeetisch verfiel, der niederrheinische Grenzdialekt, der sich kaum vom Niederländischen unterscheidet. Das fing schon damit an, dass der Name Grütters tief in der Kehle »Chruyters« ausgesprochen wurde. So steht er auch in alten Kirchenbüchern. Mutter und Großmutter unterhielten sich auch wohl in dieser weichen, volltönenden und vokalreichen Grenzsprache, während mit uns Kindern Hochdeutsch gesprochen wurde.

Beten, Rechnen und das Maschenzählen beim Stricken aber geschahen in den tief vertrauten niederrheinisch-heimischen Worten, und so kam es, dass ich das Vaterunser, am Sessel meiner Großmutter lehnend, zuerst auf Niederländisch lernte – so, wie damals auch noch von den Kanzeln am Niederrhein in dieser Sprache gepredigt wurde. Es ging viel Tröstliches davon aus, wenn Großmuter Grütters bei großen und kleinen Zwischenfällen, Sorgen und Zweifeln des Lebens sagte: »Laat dat maar over an Onzen Lieven Heer.« Sie wird damit auch oft meiner so früh verwitweten und bald auch erblindeten Mutter beigestanden haben.

Unter den jungen Männern, die als Freunde ihrer Söhne im Haus meiner Großmutter ein- und ausgingen, war einer, der nicht vom Niederrhein, sondern schlichtweg aus Poppelsdorf kam. Und er kam auch weniger wegen Hefeplätzchen mit Rosinen als eindeutig wegen meiner hübschen

Tante. Brillant aussehend in der kleidsamen Uniform eines Leutnants der Rheinischen Jäger, hätte man ihn leicht dem Adel zurechnen können. Aber es war nur uralter rheinischer Adel namens Müller, und er wirkte mehr als eine Laune der Erbfolge in einer halb ländlichen Familie, die am Fuß des Kreuzbergs eine kleine Feld- und Ziegenwirtschaft betrieb. Gleichwohl bekannte er sich zu dieser seiner Familie, der eine kleine, krumm gearbeitete Mutter vorstand, wenn er auch nur gebückt durch die niedrige Tür seines Elternhauses eintreten konnte. Er war dort ebenso zu Hause, wo man ihn rheinisch-herzlich »onsen Andries« nannte, wie bei meiner Großmutter, wo meine kesse Tante den Namen Andreas in Addo umgewandelt hatte. Weitere Wandlungen nach ihrem Gusto brachte sie indes wohl nicht zuwege, denn nach einer kriegsmäßig eiligen Heirat dauerte die Ehe nur wenige Jahre. Als ich, ein noch sehr kleines Mädchen, bei dem jungen Ehepaar zu Besuch war, sah ich mit Unbehagen einen bayrischen Herrn mit meiner Tante vierhändig Klavier spielen.

Ehe ich Onkel Andreas vermissen musste, stand er nach der Scheidung wieder auf unserer Schwelle, und er blieb meiner Mutter bis zu ihrem Lebensende mit einer fürsorglichen Verehrung verbunden. In der Uniform des Zweiten Weltkriegs stand er mit uns an ihrem Grab. Wortlos übertrug er die lange Zuneigung auf mich, stöberte mich auf, als ich ausgebombt auf der rechten Rheinseite lebte, und war sozusagen die erste Bestätigung, dass nicht alles verloren war. Ich habe später noch seine hilfreiche Güte erlebt, als ich ihn für einen Fürsorgefall um sein Eingreifen als Württembergischer Landessozialrichter bat.

Dann saß er viel, viel später eines Tages neben meinem Mann auf einer Bank vor einer malerischen Kulisse im Schwarzwald. Und während ich den Fotoapparat auf die beiden Herren richtete, sah ich durch das Objektiv, was mir bisher nicht aufgegangen war: sie glichen sich wie Brüder, groß, schlank, aufrecht, einander zugewandt im Gespräch mit verwandten Gesten. Onkel Andreas' schöne schwarze Haare waren schon weiß, aber seine großen dunklen Augen unter den dichten schwarzen Brauen waren unverändert. Jahre und Jahrzehnte spulten sich auf meinem Film zurück. Ich sah ihn jetzt wieder, wie er mir als einer Vierjährigen mit der schmalen langen Hand durch die weißblonden dünnen Haare fuhr und »Imma« sagte. Die anderen sagten Irmgard mit zwei ›r‹. Damals habe ich mich wohl für das ganze Leben verliebt, bis ein anderer auch einen Namen für mich fand ohne jegliches ›r‹. Er sagte »Mädele« und kam aus Schwaben. Und er glich ihm.

Zurück nach Bonn im Ersten Weltkrieg. Das Augenleiden meiner Mutter schritt fort und wurde als tuberkulös erkannt, und also wurden die Mittel aufgebracht, sie für ein Jahr nach Davos zu schicken. Mein Bruder und ich blieben in der Obhut der Großmutter zurück. Es war sehr still geworden, denn auch die letzten der niederrheinischen Studenten um den Kaffeetisch hatten in der feldgrauen Uniform von uns Abschied genommen. Meine Großmutter ließ uns die Knappheit der Lebensmittel, die mehr und mehr eintrat, nicht spüren und verzichtete sicher auf vieles. Mein kleiner Bruder bemerkte damals sehr zutreffend: »Oma hat ganz dünne Arme vom Dankesagen.«

Sie hat es sogar fertiggebracht, den häufigen Bombenalarm für uns in ein freundliches Erlebnis zu verwandeln. Rückwärts auf der Platte des Kohlenherdes hatte sie immer eine graue Emailleschale mit Äpfeln stehen, und wenn die Sirene ging, waren sie wie durch ein Wunder eben gar und schaumig aufgeplatzt. Dann raffte sie Kinder und Äpfel zusammen und lief mit uns in den Keller. So haben wir auch den langen Alarm am 31. Oktober 1918 ohne Aufregung überstanden; aber die Nachricht von den Toten und Verletzten, die am Friedensplatz Opfer des Angriffs geworden waren, drang doch bis zu uns.

Der Krieg ging zu Ende, und meine Mutter kam mit dem letzten Zug zurück aus der Schweiz, ehe die Grenzen geschlossen wurden. Der Aufenthalt in Davos hat nur eine kurze Besserung bewirkt. Aber die Erinnerung an dieses Jahr und an die Freunde, die sie in Davos gefunden hatte, ein dort ansässiges Ärztehepaar, waren noch lange in ihren Gesprächen. Und als Thomas Manns Roman »Der Zauberberg« 1924 erschien, habe ich ihn ihr vorgelesen, ohne das Geringste davon zu verstehen. Ich war eben elf Jahre alt.

## Der Zug zum Niederrhein

Er fuhr ab auf Bahnsteig 8 in Köln. »Kalte Heimat«, sagte meine Mutter. 8 war damals der letzte Bahnsteig, und es zog gewaltig vom Rhein her. Immerhin war es schon ein paar Grad kühler als in dem Bonner Riviera-Klima. »Zieh dein Wolljäckchen an.« Aber erst einmal durchatmen, wenn auch die Luft versetzt war mit dem Rauch der Lokomotiven und dem Öl, das auf die Holzbohlen der Schienenstränge tropfte.

Bewältigt waren das Umsteigen aus dem Bonner Zug, neun Minuten Übergangszeit, Aufstieg aus den Schächten der Bahnhofshalle, Stufe für Stufe, bis die Räder des Zuges zu sehen waren, der dort lange schon stand, als habe er nur auf uns gewartet. Ausschau nach einem Abteil dritter Klasse. Es wäre ein unverzeihlicher Luxus gewesen, zweiter zu fahren. Zuweilen reiste meine Mutter mit, meist wurde ich Freunden oder Verwandten anvertraut, ohne tränenden Abschied. Der ganze Niederrhein war ja wie ein größeres Zuhause. Endlose Weite nach der geordneten und geliebten Welt der Straßen und Alleen in Bonn, die allesamt irgendwann mit dem Blick auf das Siebengebirge zu enden schienen. Ab Köln Hauptbahnhof, Bahnsteig 8, fuhr der Zug in den Horizont hinein, wenn er erst einmal die Vorstädte hinter sich gelassen hatte.

Nievenheim, Norf, Neuss, Osterrath, Oppum, Krefeld, Moers, Xanten, Marienbaum. Mich bezauberte schon der Rhythmus der Stationsnamen. Ich hatte eine Melodie dazu erfunden. Immer wenn die Stationsnamen ausgerufen wurden, war sie wieder da, und ich sang sie in den Fahrtwind am halboffenen Fenster: Thema mit Variationen, wie ich später lernte. Damals war es nur das reine Glück, dem Niederrhein entgegen zu fahren.

Umsteigen in Moers. Keine Schächte, aus denen man ans Tageslicht stieg. Der Bahnhof hatte nur zwei ebenerdige Geleise. Keine abgemessene Übergangszeit. Man saß in dem Wartesaal in der tröstlichen Gewissheit, dass ja ein Zug kommen werde. Viel gab es bis dahin zu sehen. Die Reisenden hatten hier eher Körbe als Koffer, zuweilen mit einem Tuch verdeckt, zuweilen offen zu jedermanns Betrachtung und Erbauung: Eier, Gemüse, Obst, Brot oder wohl auch ein geschlachtetes Huhn. In Bonn vielleicht ein Anblick zum Fürchten. Hier eher die Erinnerung an ein deftiges Gericht.

Die Männer, die eine Kappe trugen und Pfeife rauchten, sprachen behaglich, langsam, zum Wiederkennen: so sprach Großmutter Grütters mit den Verwandten aus Kevelaer, oft auch mit meiner Mutter.

Andere kamen später, in kleinen Trupps. Sie trugen Arbeitskleidung, und ihre Augen waren groß, schwarz umrandet von Kohlenstaub. Ich lernte, dass sie »von Schicht« kamen »aus dem Pütt«. Sie brauchten Worte, die ich nicht kannte, und die irgendetwas mit ihrer Arbeit, mit ihren Frauen, ihren Kindern zu tun hatten. Sie hatten einen anderen Klang in der Stimme, im Rhythmus der Sätze, als ob sie von einer anderen Sprache herkämen. Wenn sie in den Wartesaal strömten, musste auch der Zug bald kommen.

Langes Warten schien ihre Sache nicht zu sein. Sie fuhren nur wenige Stationen mit, stiegen aus, warfen die Türen zu.

Eine Weile hatten uns die Fördertürme der Zechen begleitet, dann war wieder der Schienenweg offen in den Horizont. Noch einmal gemächlicher Halt in Kempen. Und wenn dann ein großes silbernes Kirchendach wie ein helles Schiff durch die ruhende Landschaft glitt, wusste ich, dass wir Xanten passiert hatten und bald in Marienbaum waren.

Ein winziger, klassizistisch- preußischer Bahnhof, nicht viel mehr als ein Bahnwärterhaus. Die Töchter des Stationsvorstehers standen auf dem einzigen Bahnsteig, winkten uns entgegen. Sie küssten mich und nahmen einen kleinen Koffer, das sogenannte »Ströhchen«, aus dem hellen leichten Geflecht, das aufgebläht war von meinen Kleidchen, und führten mich über die Bohlenbrücke eines schmalen Grabens zu Moeder Dijmann. Sie stand an der Tür, eine kleine vierkante Frau. An Vader Dijmann erinnere ich mich nicht. Ich glaube, sie war Witwe und hatte das Wort im Haus. Sie machte kein Aufhebens von meiner Ankunft, höchstens ein Streicheln über den Kopf und ein paar Worte an ihren Sohn Jan, den Studenten aus dem niederrheinisch/ Bonner Kreis meiner Großmutter Grütters, der mich mitgebracht hatte: »Kommt maar binnen!«

»Binnen«, das war die Küche, groß, dunkel, niedrig, mit dem Tisch in der Mitte, gescheuert, blank und von vielen Generationen abgewetzt. Das »Kleintje aus der Stadt« musste zuerst zu Abend essen, dicke Weißbrotschnitten mit Holländer Käse, danach heiße Milch, die über Zwieback – sie sagte »Beschuytjes« – gegossen war und mit Zucker und Zimt bestreut. Bis ich über dem Essen einschlief und ins Bett getragen wurde, in die Dachstube, in ein Gebirge von Kissen und Deckbett mit blauweiß karierten Bezügen. Kein Gedanke daran, dass wir zu Hause unter Laken schliefen, die meine Mutter in ihrer langen Brautzeit mit breiter Lochstickerei verziert hatte. Hier war es anders, und auch das war gut. Noch ein Kreuzchen auf die Stirn und Licht aus.

Die Tür blieb halb offen, damit ich mich nicht fürchtete und einen Lichtschimmer aus dem Haus sah. Ein letzter Zuruf »Slaap maar lekker.« Dann Schritte auf der Treppe, die nach unten führte, wo aus der Küche noch ein letzes Klappern vom Abwasch kam, und dann gemächliche Stimmen und ein Geruch von Pfeifenrauch mit einem Hauch Genever.

Wenn ich am anderen Morgen zum Frühstück kam, saß Jan da im blauen Arbeitskittel und war schon in den Ställen gewesen. Auch ein angehender Doktor der Medizin, der auf der Reise den sorgfältig gerollten seidenen Schirm am Arm getragen hatte, durfte nicht bang vor der Landarbeit sein.

Zum Haus Dijmann gehörten eine ausgedehnte Landwirtschaft und ein großer Baumgarten. Vorn an der Straße stand niedrig, aber breit gelagert das Wohnhaus mit den zwei Läden. Hier regierten Moeder Dijmann und ihre Töchter sichtbar vor aller Welt.

Das Ladenlokal war geteilt. Links die Kolonialwarenhandlung mit den Lebensmitteln, die die Bauern neben der eigenen Produktion noch hinzu kaufen mussten. Blaue Tüten für den Zucker, braune für den Kaffee baumelten an Drahthaken. In sanft metallen schimmernden, flachen Dosen war das Apfelkraut, in einer großen Tonne der Kunsthonig, der im Krieg und in der Nachkriegszeit selbst die ländlichen Läden erobert hatte. In anderen Holztonnen weiße Silberseife und grüne Seife, um die Mannshosen nach der Feldarbeit sauber zu kriegen. An der Honigtonne durfte ich gelegentlich mit dem Finger über den Rand streifen und ablecken, was nach dem Entnehmen mit dem Schaber abgestreift wurde. Ich liebte diese gelbe, klebrige Masse leidenschaftlich. Als eine Tonne zu Ende ging, wurde ich heimlich von den Töchtern pudelnackt hinein gehoben. Ich glaube, dass ich später nie mehr Kunsthonig gegessen habe. Es gab auch große Bonbongläser, in die ich gelegentlich hinein greifen durfte. Bauersfrauen, die den Besuch aus der Stadt kannten, schoben ein paar Pfennige über den Ladentisch für eine süße Schleckerei. Moeder Dijmann sah das nicht gern, weil ich mir schließlich den Bauch damit verdarb. Aber die Pfennige wurden doch in »Snoperij« umgesetzt. Geschäft war schließlich Geschäft. Und wenn es ihr gegen den Strich ging.

An ihrem Ladentisch ging es lebhaft zu mit Rede und Gegenrede, Dorfpolitik und Geschichten aus dem Nähkästchen. Und über allem der Duft der Gewürze, Zimt, Nelken, Rosmarin, die in einem Schrank mit kleinen Fächern aufbewahrt und in kleinen Tüten verkauft wurden. Manchmal durfte ich die Tütchen falten. Oder die Holzschuh aufrichten, die in allen Größen, auf die Spitze gestellt, an der Wand lehnten zum Verkauf. Auch ich bekam immer am ersten Tag gleich ein paar Klompe im Kleinstformat, mit einer tüchtigen Lage Stroh drin, damit die Füße warm blieben und mit dicken Socken. Neben den Klompe standen Besen, Harken und anderes Gerät für den ländlichen Haushalt.

Auf der anderen Seite des Ladens ging es stiller zu. Hier lagen in großen Regalen Stoffe, dunkle Wollstoffe, weiße Blusenstoffe und vor allem die großen Ballen mit Siamosen. Das war ein gestreifter, sehr fester Baumwollstoff, der hauptsächlich für deftige Schürzen verwandt wurde, die rund um pralle Hüften reichten. Ich saß auf einem Fußbänkchen und sah zu, wie eine der flinken Töchter den Stoffballen aus dem Regal zog, ihn herunter wuchtete, wobei er einen ängstlichen Augenblick lang über ihrem Kopf schwebte und mit einem gelinden Knall auf dem Ladentisch landete. Gemessen wurde mit einem hölzernen Stab, den sie Elle nannten, der aber sicher ein Meter lang war, oder an der Tischkante, wo ein Maß markiert war. Und dann glitt die Schere mit einem leisen, aber scharfen Laut durch den Stoff.

Ich kann mich nicht erinnern, dass ich viele Freunde unter den Dorfkindern hatte, obgleich ich sicher mit ihnen gespielt habe. Aber eine Freundschaft ist mir bis heute gegenwärtig: die Beziehung zum Hause Underberg. Die Familie, die ihr Haus in Rheinberg hatte, besaß noch ein

Wasserschlösschen bei Marienbaum. Sonntags gingen die Eltern Underberg mit einem ganzen Schwarm von Söhnen und Töchtern in die Kirche. Zwei Söhne waren kleinwüchsig. Sie könnten damals etwa siebzehn Jahre gewesen sein, waren schon deutlich im Wachstum zurück, aber wie Erwachsene gekleidet. Besonders imponierten mir ihre kleinen, herrenmäßigen Glacéhandschuhe. Fränzken und sein Zwillingsbruder scherten vor dem Hause Dijmann aus der Phalanx der Familie aus, stießen die Tür auf und riefen über das Scheppern der Ladenschelle hin: »Is Irmgard all ferdig?« Und ob ich fertig war. Eine der Töchter Dijmann übergab mich, blank gewaschen, gefrühstückt, in mein Mäntelchen geknöpft, mit dem kleinen Hut auf dem viel zu hellen Haar, ein altes Kindergebetbuch in der Hand, den beiden jungen Herren Underberg. Hand in Hand gingen wir der Familie hinterher.

In der Kirche saß ich still auf der Bank des Underberg'schen Kirchenstuhles und betrachtete die großen Gemälde in den starken Farben und die Muttergottesfigur, die vor vielen hundert Jahren von einem lahmen Schäfer in einem Baum gefunden worden war, wie man mir erzählte. Er wurde geheilt, und seither kamen viele Kranke und Lahme und Hilfsbedürftige nach Marienbaum. »Mergenboom« sagten die Leute und zogen damit so etwas wie einen Bannkreis von Wärme und Trost.

Manchmal nahmen die beiden Zwerge Underberg mich mit nach Hause, und wenn das Wetter danach war, durften sie mit mir auf dem Graben rund um das Schloss Kahn fahren. Ich liebte das dunkle Wasser mit der dicken grünen Entengrütze darauf und die langsamen Schläge, mit denen die Ruder in das Wasser getaucht wurden, das kleine Aufspritzen der silbrigen Tropfen. Einmal bin ich ins Wasser gefallen und, über und über mit Entengrütze bedeckt, heraus gezogen worden. Aber das bedeutete kein Donnerwetter an dem blauen, ungetrübten Himmel meiner Tage in »Mergenboom«.

# Tant' Liss und die Rosenkränze

Nach Kevelaer fuhr man Anfang September, zu den Marienfesten, die gleichzeitig unsere Namenstage waren. Die Großmutter hieß Regina, die Mutter hieß Maria Regina, und ich habe beide Namen dazu bekommen.

Man kam gegen Abend an, wenn die Pilger schon die Stadt verlassen hatten oder in ihre Gaststätten eingekehrt waren, in das Haus vom »Heiligen Antonius mit dem Schwein«, kurz »Ferkestünnes« genannt, in das Haus »Zum Weinstock«, womit hier natürlich der geistliche Weinstock aus dem Evangelium gemeint war, obgleich der rote Wein recht irdisch ausgeschenkt und genossen wurde. Oder »Zu den Goldenen und Silbernen Schlüsseln«, die allemal St. Petrus anvertraut waren.

Im »Ferkestünnes«, dem größten Haus an der Straße zur Gnadenkapelle, regierte Tante Gonde, welcher Name mit ›Ch‹ ganz hinten im Hals gesprochen wurde. Sie war die Schwester meiner Großmutter und hieß eigentlich Adelgonde. Zuviel Adel für jeden Kevelaerer Alltag. Eine dritte Schwester war in den Orden vom Guten Hirten eingetreten, hatte ihrerseits ein Kloster des Ordens bei St. Gallen gegründet, sprach französisch, schwyzerisch und niederrheinisch (und erwarb sich hohes Ansehen in Rom, weil sie die fatale Aufgabe, gefallene Mädchen zu retten, offenbar mit großem Erfolg wahrnahm).

Adelgonde ihrerseits hatte einen Herrn van Weenberg geheiratet, der außerhalb von Kevelaer eine Ziegelei betrieb und mit den roten und gelben Backsteinen ein Haus nach dem anderen baute. Er war meist unsichtbar, wurde auch nur gelegentlich im Gespräch erwähnt, und kam eigentlich erst nach der Pilgerzeit wieder zur Geltung, wenn das große weiße Haus seine Winterruhe hielt.

46

So trafen wir die Dinge an, wenn wir abends bei einbrechender Dunkelheit noch einmal durch die Straßen gingen von unserem Quartier bei Tante Trautchen aus.

»Maar even naar de Kapell' lopen.« Darauf bestand Großmutter Grütters, wenn sie schon einmal wieder in ihrem Heimatstädtchen war. Der Weg, kaum sieben Minuten weit, zog sich. Denn noch saßen ja die Kevelaerer vor der Tür, hatten die Binsenstühle auf dem Kopfsteinpflaster rückwärts gekippt, und brachten den Tag zu Ende.

Großmutter und Mutter wurden überall begrüßt mit ihren Mädchennamen. Die wenigsten wussten und merkten, dass Mutter blind war, so sehr waren mein Bruder und ich darauf bedacht, ihr zur Seite zu sein. Frank wurde von allen Mädchen bestaunt in seiner Matrosenbluse, mit seinem schwarzen Haar und seinen großen schwarzen Augen. Ich hatte inzwischen Zöpfe in nachgedunkeltem Rheinischblond wie alle anderen Kinder auch.

Spät erst kamen wir zu dem runden Platz, wo die alten Linden ihr Dach über die Kapelle halten, während die Basilika seitlich mit ihrem Turm in den Himmel stößt, und das barocke Priesterhaus seine sanft gerundeten Giebel freundlich den Kommenden zuwendet. Vor der Kerzenkapelle brannte noch da und dort ein Licht, gerade genug, um den vergoldeten Fenstergittern der Gnadenkapelle einen Funken zu entlocken. Am nächsten Morgen würde der Küster kommen mit einer kleinen Karre, und das Wachs aus den Kerzenständern schaben, damit es wieder zu neuen Kerzen verarbeitet werde. Ein ewiger Kreislauf von Frömmigkeit, inbrünstigen Bitten und ehrwertem Handel. Stimmen hinter den noch erleuchteten Fenstern der Gasthöfe. Pilger liessen den Tag ausklingen. Im matten Lichter weniger Laternen kamen die leicht gebogenen Straßen dem Kapellenplatz entgegen. Vor der Schauseite der Kapelle standen noch die Kniebänke. Aber das Gnadenbild war verborgen bis zum nächsten Tag. Wir saßen noch eine Weile auf einer Bank, machten noch einmal die Runde unter den Linden, ehe wir über die Hauptstraße, die nun silbern im hellen Mondschein lag, zurückgingen in unser Quartier bei den Verwandten.

An anderen Abenden war der Kapellenplatz erhellt vom Licht unzähliger Pechfackeln. Eine holländische Prozession war gekommen, hatte gebetet, gebeichtet und ihr Hochamt gefeiert, war eingekehrt in die Gasthäuser, war am Nachmittag singend und die alt hergebrachten Bitten murmelnd den Kreuzweg abgegangen, und tanzte nun den Windmühlentanz rund um die Kapelle. Sechs Meisjes in ihrer knapp sitzenden Tracht mit der weißen Knippmütz, je drei rechts und links bei einem Mann eingehakt, entfesselten einen rasanten Holzschuhwirbel auf dem Kopfsteinpflaster. Nicht ungewöhnlich, dass der Mann in der Mitte ein junger Kaplan war, der standfest in seiner schwarzen Soutane die Meisjes tanzen liess.

Holländische Prozessionen waren und sind immer von neuem ein Ereignis, selbst für die Kevelaerer, die sie von Kindsbeinen kennen. Noch heute wallfahren jährlich fast 500 000 Holländer nach Kevelaer. Nicht alle mehr so feierlich. Aber man kennt sie noch in der alten Reihenfolge: heute kommt Amersfort, Arnhem, Bergen op Zoom, Gouda, Leyden, Nijmegen. Erwartet war immer die Prozession aus Twente. Da trugen die Frauen keine gebauschten Rökke, sondern eine enge Tracht, die auch den Busen wegschnürte. Über Twente muss einmal eine puritanische Zeit hinweg gegangen sein, die die saftige Freude an der weiblichen Kontur verdarb. »Da komen de Gemangelde«, sagten die Kevelaerer.

Die Hausfrauen banden früher rasch eine frische Schürze um und kamen vor die Tür, wenn die Prozessionen aus dem kleinen Bahnhof quollen, die Frauen die von der Fahrt gedrückten weiten bunten Röcke schüttelten, die weißen Hauben zurecht rückten und sich in die Prozession einreihten. Die Jungfrauen beugen noch heute den Nacken, um sich die Holmen der Tragen auf die Schultern legen zu lassen, auf denen sie die juwelenblitzenden Statuen zur Gnadenkapelle tragen, Madonnen, Heilige mit fremden Namen.

Fremde Namen oft auch in der Litanei, die der Vorbeter, der Brudermeister, anstimmt, vorausgehend mit dem polierten Stab, auf dem oben das silberne Kreuz blitzt, wenn er ihn nach rechts oder nach links zu den nachfolgenden Doppelreihen der Wallfahrer schwenkt, die respondierend folgen. Es soll schon einmal vorkommen, dass auch er in der unendlichen Folge der weniger bekannten Heiligennamen den einen oder anderen nicht präsent hat. Kein Hindernis für einen geübten Vorbeter. Er singt im Kirchenton weiter »noch so nen Raren«, und von den Reihen der Pilger kommt die gewohnte Antwort: »Bitte für uns.«

Lieder,Blasmusik, Beten in der vertraut benachbarten niederländischen Sprache und das Klappern der Holzschuhe auf dem Pflaster. So schwenken sie auf den Kapellenplatz ein, ziehen in die Basilika, gehen einzeln durch das barocke Rund der Gnadenkapelle, grüßen das winzige Gnadenbild, dessen Konturen in dem breiten Rahmen von gespendetem Goldschmuck, von Ketten und Ringen, immer mehr verblassen – und fühlen sich am Ziel.

Wir Kinder gingen ihnen früher nach, eingehüllt in eine Wolke von Weihrauch, der sich mit dem faden Hauch der welkenden Streublumen auf dem Straßenpflaster betäubend verband.

Um die Balance zwischen Himmel und Erde nicht zu verlieren, hielten wir meist ein paar Groschen in der Hand; wir durften in einem der Läden, die den Prozessionsweg säumen, ein kleines Lebkuchenherz kaufen, auf dem das bunte Abbild einer viel irdischeren Muttergottes von Kevelaer klebte. Vorbei dann an den Devotionalienläden mit ihren Figuren,Weihwassergefäßen, Kreuzen, Heiligenbildern und Rosenkränzen. Vorbei auch an den Fenstern der Goldschmiede, die die glänzende Pracht der Liturgischen Geräte ausstellen, Patenen, Kelche, kleine Reliquiare, große Monstranzen, aufgefächert und strahlend wie eine Sonne im

Glanz von Gold und Halbedelsteinen. Und, mit ehrfürchtiger Neugier betrachtet, die kleinen Geräte, die der Priester auf dem Versehgang bei sich trägt. Ein Hauch der letzten Dinge mitten im bunten Kevelaerer Vormittag, in Glockengeläut, Liedern und Beten der nächsten Prozession, die schon um die Ecke bog. Bis zu dreißig Prozessionen kommen am Tag. Nach den großen und prächtigen die kleinen und armen mit verhuschten Betern, die mühsam die große Kerze vor sich her trugen. Man konnte sich aus dem Trubel zu Tant' Liss retten, einer alten Jungfer, die auf dem Marktplatz wohnte, in einem der roten Häuschen, die Onkel van Weenberg gebaut hatte. Sie war eine verwachsene, winzig kleine Person, die die bei weitem spitzeste Zunge in ganz Kevelaer hatte und darum allgemein gefürchtet war. Ihren Lebensunterhalt bestritt sie aus den Mieteinnahmen der roten Häuschen, von denen ihr einige gehörten. Das Tun und Lassen ihrer Mieter beobachtete sie scharf von dem Vorderzimmer des ersten Stockwerks, wo sie auf einem erhöhtem kleinen Podest saß, das ihr trotz ihrer kinderhaft kleinen Figur erlaubte, durch das Fenster auf den Markt zu blicken. So konnte sie Aus- und Eingehen, Fensterputzen, Straßenfegen und Rendezvous auf dem Platz beobachten, konnte von oben den Hausfrauen in die Einkaufskörbe gucken und abschätzen, ob sparsam oder üppig gewirtschaftet wurde. Sie wusste sehr genau, wann der Bürgermeister zum Rathaus ging, wann der Amtsbote in die Stadt geschickt wurde, sah den Briefträger von Haus zu Haus gehen und konnte nach den Umschlägen, die er in der Hand hielt, erkennen, ob es sich um amtliche oder private Post handelte. Sie wusste, wer viel oder wenig Briefe erhielt, und hatte auch den Briefkasten im Blickfeld. Kein Wunder, dass sie es bald heraus hatte, wenn ein Verwandtenstreit oder eine möglichst auswärtige Liebesbeziehung im Gang oder gerade eben erloschen war.

Tant' Liss, die eigentlich Elisabeth van Weenberg hiess und mit dem Haus zum »Ferkestünnes« verwandt war, schöpfte aus dem vielen Sehen, Spähen und Lugen und aus den Erkenntnissen, die sie ihrem mehr als guten Gehör verdankte, eine ungemeine Befriedigung für ihr einsames Leben. Sie war eine unerschöpfliche Verwalterin der Stadtchronik, denn was sie noch nicht wusste, wurde ihr zugetragen, wenn sie selbst morgens und abends mit kreuzweisen Besenstrichen ein Muster vor ihr Haus fegte, das keiner zu betreten wagte.

Mit ihren Mietern und Nachbarn stand sie in ständigem Streit, der sich nicht selten zu handfesten Prozessen entwickelte. Fräulein van Weenberg war bis Kleve gerichtsbekannt, wo sie unter Ablehnung jedes juristischen Beistandes ihre Sache selbst führte und, ihr armseliges Figürchen aufreckend, wortgewaltig gewann. »Ik ben eigens (selbst) Advokaat«, versicherte sie meiner Mutter, die neben ihr auf dem »Postament« am Fenster saß und zuhörte, wenn Tant' Liss die Chronique scandaleuse von Kevelaer aufblätterte. Sie schandmaulte über alles und jedes, und es gab genug kleine Geheimnisse im Städtchen und in den bekannten und verwandten Familien, die genüßlich aufzudröseln waren.

Das bucklige Fräulein van Weenberg zog ihre kleinen boshaften Geschichten gleichsam auf den Silberdraht der Rosenkränze, die sie unentwegt knüpfte. Denn auch das gehörte zu ihrem Lebensunterhalt. Von ihrem Postament am Fenster war der Silberdraht quer durch die Stube gespannt und mit einer Öse an der nächsten Türklinke befestigt. Auf ihrem Schoß hatte sie die kleinen und großen Perlen sortiert und griff mit traumhafter Sicherheit zu, um sie aufzureihen. In der rechten Hand hatte sie eine kleine Zange, mit der sie jeweils den Draht zurechtbog, abkniff, durch die Perle schob und zu einer Öse formte, in die das nächste Kettenglied hineingefügt wurde. Sie hatte die Abstände der einzelnen Gesetze des Rosenkranzes, die Folge der dünneren und dickeren Perlen mühelos im Griff und kettete ebenso schnell, wie sie ihre »Klettspraatjes«, ihre Klatschgeschichten, überbrachte.

Damit wir nicht müßig dabeisaßen, drückte sie uns auch eine ihrer kleinen Zangen in die Hand. Wir lernten den Silberdraht spannen und die Perlen aufreihen, und wir wurden nicht aus Kevelaer entlassen, bis jeder seinen eigenen Rosenkranz gekettet hatte. Zur Belohnung gab es Pflaumenkuchen, wie ich keinen mehr gegessen habe.

Eine Woche Kevelaer reichte, um Geschichten über das ganze Jahr zu spinnen, um sie immer wieder auftreten zu lassen in Gesprächen, die geistlichen Vettern der Familie, die Heerohmes, die so würdevoll in ihren Pfarrhöfen rund um Kevelaer residierten, Ohm Grades (Gerhard), der so reich war und immer am Rand des Todes, und von dem jeder ein Legat erwartete, ohne dass ich jemals von seinem Ableben gehört hätte; von den alten Häusern, die allesamt irgendwie mit der Familie der Großmutter verknüpft waren; von dem Markthaus, in dem der Urgroßvater Pilger bewirtet und Streitschriften gegen Bismarck geschrieben hatte in der Zeit des Kulturkampfes. »Bös ist sein Mark«, reimte er und legte seinen Zorn nieder, indem er sich der Pomologie verschrieb, der Züchtung hervorragender Apfelsorten. Weshalb er als »Pomologe« in unseren Familienpapieren steht.

Und immer wieder über allen die mächtige Muttergestalt der Tante Gonde im »Ferkestünnes«, die während der Pilgerzeit ein kleines Heer von Töchtern und jungen Nichten um sich scharte, die mit ihr das große Haus in Schwung hielten. Am Kopf der Treppe zu dem ersten Geschoss stehend, trennte sie salomonisch Männlein und Weiblein für die Übernachtung in ihrem Haus, in das sie ganze Prozessionen aufnahm, die morgens nach einem deftigen Frühstück wieder entlassen wurden. Und während die Pilger sich formierten und sangen »Maria, von dir scheiden wir«, hielt sie die große schwarze Seidenschürze auf, und die jungen Mädchen kippten klirrend und raschelnd hinein, was sie eingenommen hatten bei der Bewirtung und in dem kleinen Devotionalienladen, der zum Hause gehörte.

Hier wurden die Rosenkränze verkauft, die Tant' Liss gekettet hatte.

Auch wir reisten ab, benommen von vielem Sehen und Hören, Verwöhntwerden und zur Ordnung gerufen, bekreuzigt und geküsst, gemahnt und eingehüllt in den Duft von Weihrauch und Honigkuchen. Ganz schwach noch folgte der feine Geruch der Betten, in denen wir geschlafen hatten, der groben Leinenbetttücher, die über Weißdornhecken getrocknet waren.

# Thomas a Kempis, Rebhühner und Aal bei Mondschein

Oft stand am späten Nachmittag das große Auto meines Onkels vor dem hohen Gitter des großelterlichen Hauses in Krefeld. Ein staunenswertes Modell, Opel 1924, auf hohen Speichenrädern, die wie kreisende Spinnenbeine vorwärts strebten. Die Gänge waren an der Außenwand angeordnet, gleich hinter dem Horn, das mit einem schwarzen Balg betätigt wurde. Zweimal hupen, und wir kamen aus dem Garten gestürzt. Händewaschen, Haarbürsten wurden übergangen. Onkel Arthur war ein ungeduldiger Herr, der »nach dem Geschäft«, dem Tag im Kontor seiner Seidenweberei, nach Luft und Weite verlangte. So ließ die Großmama uns halt laufen, wie wir waren. Keine große Begrüßung, sondern schnell einsteigen auf die hinteren Sitze des offenen Wagens, in dem meine Tante schon saß, einen Schleier über den blonden Haaren. Neben ihr hockte meine Cousine Alice, drei Jahre jünger als ich und mit einem munteren Lockenkopf. Diese Locken hießen in der pädagogischen Sprache meiner Tanten »krumme Haare«, damit Alice nicht auf den Gedanken kam, auf diese ihre Locken, die einzigen in der Familie, eitel zu sein.

Auch sie war von ihrem Vater beim Spielen aufgelesen worden, und meine Tante hatte alles stehen und liegen lassen müssen, wenn ihr Mann in einer Mischung von plötzlich aufbrechendem Familiensinn und freundlicher Tyrannei uns alle aufgabelte. Onkel Arthur saß schon am Steuer, wenn Gevert, der Chauffeur, den Wagen mit dem mächtigen Anlasser in Fahrt brachte. Keine Ausfahrt ohne Gevert, der würdig und kerzengerad' auf dem Beifahrersitz paradierte. Denn mein Onkel hatte zwar eines der ersten Autos in Krefeld gefahren, aber nie den Schwung mit der Kurbel heraus bekommen. Außerdem trat Gevert bei Pannen in Aktion, die damals gar nicht so selten waren auf den endlosen niederrheinischen Landstraßen, immer dann, wenn weit und breit kein Haus zu sehen war. Später lernten Tante und Cousine selbst ein Rad wechseln, während mein Onkel bedächtig inspizierend auf und ab ging, eine Zigarre rauchend.

Jenseits der Häuserzeilen war das Land offen, der Himmel weit und die Erde sauber aufgeteilt in Felder, die im leichten Abendwind mit den sanften Wellen ihrer Halme unsere Fahrt begleiteten. Irgendwo Halt in einem Dorf, wo Gevert auftragsgemäß in einer Bäckerei verschwand und mit einer mächtigen Tüte voll Backwerk wieder in der Tür erschien.

Ferne Kirchtürme, da und dort eine Mühle, die ihre großen Flügel vor dem Abendhimmel drehte, schließlich Einfahrt durch ein altes Stadttor und Halt vor einer Burg und einem Denkmal. Gevert riss den Schlag auf und half meiner Tante.

»Aussteigen, Zuhören. Wir sind hier in Kempen, und der Mann da auf dem Postament ist Thomas von Kempen. Er hiess eigentlich Thomas Hemmerken und hat ein Buch geschrieben, das fast so berühmt wie die Bibel ist. Heißt

»Nachfolge Christi«. Die Burg dahinter ist das Gymnasium, das dein Vater besucht hat, Irmgard. Einmal ist er sitzen geblieben, ich auch. Das braucht ihr nicht nach zu machen. Und damit ihr den Thomas von Kempen nicht vergesst, bekommt ihr jetzt einen Malzbrocken.«

Der Malzbrocken war riesig und hatte den heimlichen Zweck, uns still zu halten, denn Kindergeschwätz störte meinen Onkel in seinen Abendgedanken. Aber er hätte nicht das Herz gehabt, uns den Mund zu verbieten. Daher der Malzbrocken. Er war so berechnet, dass er bis zum nächsten Halt reichte: »Aussteigen. Wir sind in Kalkar. Noch ein Denkmal. Der Mann auf dem Pferd ist der General Seydlitz. Soll hier geboren sein. Glaub ich aber nicht. Weiß auch nicht, wie er hierher kommt. Preußen haben eigentlich nichts zu suchen im Rheinland. Guckt euch mal um. Da drüben, das große Haus mit den vielen Fenstern und den rotweißen Fensterladen, das ist das Rathaus. Und die Dame über der Rathaustür mit der Binde über den Augen und der Waage in der Hand, das ist die Justitia, die Gerechtigkeit. Das versteht ihr erst später. Aber immer, wenn ihr die seht, wisst ihr, dass da Recht gesprochen wurde. Da saßen Richter mit großen Perücken, und Schreiber, die das Urteil mit der Gänsefeder auf das dicke Papier krakelten.«

Ein kleiner Schauder selbst am warmen Sommerabend: Gericht. Urteil unter der großen Linde auf dem Markt, der so friedlich in der späten Sonne lag, die Stufengiebel der Häuser dunkelrot vor dem hellen Himmel.

Abendglocken von St. Nicolai, mehr bedächtig die Häuser deckend als himmelstrebend. »Das Rathaus und die Kirche haben die Bürger von Kalkar aus eigener Tasche bezahlt.«

Das mussten wir wissen, das mussten wir behalten. Da steckte etwas von altem niederrheinischem Kaufmannsstolz in ein paar Worten. »Und da drinnen in der Kirche ist das schönste Mädchen vom Niederrhein, natürlich eine Maria Magdalena.« Das war nicht für uns, sondern augenzwinkernd für meine Tante bestimmt. Gevert grinste ein bisschen mit.

Mein Onkel hatte recht mit seinem Zweifel bezüglich des Generals Seydlitz. Viel später kam es heraus, dass Friedrich Wilhelm von Seydlitz garnicht in Kalkar geboren war. Er stammte aus Ohaus und war preußischer General der Kavallerie unter Friedrich dem Großen, für den er die Schlachten von Roßbach und Zorndorf gewann mit einem neuen, scharfen und blutigen Konzept der Geländereiterei. Sein Denkmal ist im Krieg zerstört worden, wie auch viele schöne Häuser rund um den Markt. Sie sind wieder aufgebaut. Aber den Seydlitz wollte nach dem Zweiten Weltkrieg keiner so recht wieder haben. Wir sprechen noch manchmal von dem Reiterdenkmal unter der Linde. Malzbrocken sind ein haltbarer Baustoff für Geschichte und Geschichten. Inzwischen hat ein Historiker uns belehrt, dass es allenfalls ein Standbild »zu Fuss« gewesen sein kann. Denn nach einer eisernen Regel durften nur regierende Fürsten zu Pferd dargestellt werden. Aber unsere Kindheitserinnerung sieht den Seydlitz doch noch über den Markt von Kalkar reiten. Was soll schließlich ein General der Kavallerie ohne Pferd? So bildmächtig und bildträchtig ist das Wort vom Reitergeneral.

Weiter, weiter: Stadtmauern, Türme der kleinen Städte, das erregende Golgatha vor dem Dom in Xanten, wo die Schächer sich in Todesqualen winden, und wo wenig weiter die Krimhilden-Mühle mit mächtigen Flügeln das Ende einer Straße anzeigt, als ob es das Ende der Welt sei. »Hier ist Siegfried geboren«, sagte mein Onkel, und es gab diesmal ein Stück Gebäck mit Schokolade und Kokosraspel. »Die Geschichte der Nibelungen werden sie euch wohl in der Schule erzählen. Gevert, wir fahren heim.«

Manchmal ging es gleich nach dem Mittagessen los. Dann war ein Korb hinten im Wagen. Wir fuhren nach Herongen zum Einkaufen. Herongen ist Grenzstation. Der Wagen blieb diesseits stehen. Wir gingen zu Fuß nach Holland, genossen die Grenze wie ein Prickeln unter den Füßen. Wir waren in einem anderen Land. Bei Koningin Wihelmintje, die wir von Bildern kannten. Nur ein paar Schilder waren fremd. Umso bekannter das Gasthaus mit dem großen Sommergarten, wo die einfachen Tischplatten auf stämmige Hölzer gerammt waren. Die Bedienung kam und entfaltete das große karierte Tischtuch mit gekonntem Schwung. Die Bestellung war einfach: viermal, sechsmal das Kaffeegedeck. Zinnerne Kannen erschienen, Berge von weißem süßen Brot, Schwarzbrot, dazu Butter und Apfelkraut oder Pflaumenmus, dazu Ouark. Gesegnete Fülle. Ich kam ja aus dem anderen Rheinland, aus der besetzten Zone, wo das Essen knapp war und die Lebensmittelkarte regierte. Heimfahrt dann mit dem Duft des Kaffees, der jenseits der Grenze gekauft war, von indischem Tee und Kandis-Klontjes.

Jahre später dann mit dem Jagdwagen der Nachbarn in die Heide, vorbei an den letzten kleinen Häuschen der Weber, die mit einem großen Fenster anzeigten, wo der Webstuhl stand und das Schiff mit der eisernen Spitze hin und herwuchtete. In allen Herbstferien das gleiche, glückliche Wiedererkennen der Landschaft, der verkrüppelten Weidenbäume, die an den Ufern kleiner Wasserläufe hocken, der Pappelreihen, die die Niers auf ihrem Weg durch die Wiesen und Felder begleiten, der Kirchtürme und der großen weißen Wolken, die ihren Schatten über das Land wandern lassen. Statt des surrenden Autos nun das weiche Federn des Wagens und der Halt auf einer kleinen Anhöhe mit Birken, die aus weißem Sand zu wachsen schienen, an den heran die violetten Flächen des Heidekrautes reichten.

Treffen und Sammeln der Jäger. Die Frauen blieben zurück, sahen den Männern nach, die weitergehend sich verteilten und mit ihren Gewehren an der Schulter zu Figuren in der Landschaft wurden. Man lag, auf die Ellbogen gestützt, im weißen Sand niedriger Dünen und verfolgte mit trägen Augen, wie sie sich in geometrischen Abmessungen zu bewegen schienen, während Hunde ihre Spur durch Rübenfelder furchten. Zuweilen flog eine Kette Rebhühner auf, der kurze und scharfe Knall eines Schusses war zu hören, ein weißes Wölkchen stieg über das Feld. Später wurde ein Tuch in die flache Sandkuhle gebreitet und der Picknickkorb ausgepackt. Zuweilen stand schon ein blasser Mond am Himmel, wenn die Heimfahrt angetreten wurde, das Federgepluster der geschossenen Rebhühner hinten am Wagen hängend.

Wenige Jahre später: Wir waren langbeinig, eckig und neugierig geworden, ob dieses stille, weite Land auch ein Abenteuer für uns bereit hielt. Wieder hielt der Wagen der Nachbarn vor der Tür, und die Großmama gab mir einen Lachsschinken und eine Dauerwurst mit als Beitrag zu dem kleinen Haushalt, den wir für eine Woche einrichten wollten in der Fischerhütte an einem alten Rheinarm.

Noch weiter das Land, das der Strom vor Urzeiten ausgependelt hatte, Seen und Inseln hinterlassend und die Dünen, auf denen jetzt die langen Gräser wachsen, die der Wind bewegt. Ich weiß nicht mehr, wo die hölzerne Fischerhütte lag. Es kann nicht weit von Xanten gewesen sein, denn auch von hier aus sah ich das große silbrige Dach des Viktorsdomes wieder wie ein Schiff, das nun über der Landschaft vor Anker gegangen war.

Das Holz der Hütte war sonnenwarm bis in die Nächte hinein. Wir nahmen Besitz von Geschirr, Geräten und Decken und lebten unter der Regie der majestätischen Nachbarin, die mit ihrer dünnen und quiseligen Gesellschafterin die Menage aufrecht hielt. »Fräulein« kommandierte uns wohl gelegentlich zum Abwasch oder zum Einkaufen im Dorf jenseits der Düne. Aber sonst waren wir frei, uns auf ein Rad zu schwingen und auf einer der Fähren über den Rhein zu setzen.

Am späten Nachmittag kam der Nachbar und Hausherr mit den Söhnen aus der Stadt nach. Dann wurden die Aalklötze gewickelt. weiße, quadratische Hölzer, an denen eine lange, dünne und sehr scharfe Leine befestigt war. Die Leine musste fest um die Klötze gewunden werden. Wer dabei schwatzte, hatte unversehens Striemen in den Händen oder wohl auch den Angelhaken, der am Ende der Leine war, in der Beuge des kleinen Fingers. Warten dann auf das Dunkelwerden, auf die ganz stillen Stunden, in denen die Boote ausgefahren werden sollten. Nacheinander glitten sie über das Wasser und sachkundig wurden zwischen leisen Ruderschlägen die weißen Aalklötze ausgelegt, deren Leine nun mit dem gelösten Angelhaken in die dunkle Tiefe glitt, während wir zwischen Schilf und Seerosen wieder landeten.

Nur wenige Stunden Schlaf, bis ein erstes Licht durch den Nebel über den alten Rheinarm filterte. Fröstelnd gingen wir in die Boote, und nun wurden die weißen Klötze eingeholt und die Aale in die Boote genommen. Wir sahen sie erst wieder, wenn »Fräulein«, die sonst eher etepetete war, sie gehäutet und goldgelb gebraten hatte, und durften den ersten Schluck Genever trinken, ohne den der fette Aal aus den alten Rheinarmen nicht zu vertragen ist. Wir waren fast erwachsen.

## Mein kleines Welttheater

Zuweilen kommt es mir vor, als hätte ich in den zwanziger Jahren alle wichtigen Erfahrungen meines Lebens gemacht: Die erste Geburt und den ersten Tod, das Zerbrechen von Familien, die ich für unverbrüchlich gehalten hatte, die lange Reihe der Schuljahre, die äußerste Not in dem durch die Besatzung vom Reich abgesperrten Rheinland, die Schleichwege, das Lebensnotwendige zu besorgen, alle Küchenkünste, mit dem Bescheidensten auszukommen, alle Überlegungen, Verbindung zu halten mit den Verwandten, den Verfall des Geldes und die Kostbarkeit ausländischer Währungen, das Zusammenleben mit wechselnder Besatzung, ein Jahr im Ausland mit fremder Sprache und dem scheinbaren Verlust der Muttersprache, das kurze Aufblühen nach der Rheinlandbefrei-ung, Feste, Theater, Konzerte, der erste Shakespeare, der erste Beethoven, und dann der jähe Absturz der Weltwirtschaftskrise, in Notverordnungen und in das politische Chaos. Und bei alle dem die Kunst zu leben und zu überleben, und ohne Neid oder auch nur Vergleich zu besser Gestellten. Ich hatte immer das Gefühl, alles zu besitzen.

Das danke ich meiner Mutter. Ich habe sie nur einmal weinen sehen, beim Tod der Großmutter, nur einmal auffahren, als ich sie gekränkt hatte. Sie war, nicht nur für meinen Bruder und mich, der Halt in allen Veränderungen. Verwandte, ihre Geschwister, Freunde kamen zu ihr, um sich Rat zu holen. Sie nahm jeden auf, hatte für jeden Zeit, hörte zu, sagte wenig, aber genug, um weiter zu helfen. Als es keine Kohlen im Rheinland gab, weil die Besatzung sie requirierte und vor unseren Augen auf langen Zügen nach Frankreich beförderte, trafen sich Menschen in ihrer Küche am glimmenden Torffeuer und fanden Wärme. Und aus dem geringsten Anlass und mit den bescheidensten Mitteln wurde mitten in der Not ein kleines Fest. Sie tanzte für ihr Leben gern, war musikalisch, trommelte an Regentagen mit den Fingerspitzen preußische Armeemärsche und Operettenschlager für uns auf die Fensterscheiben und hatte ein Erzähltalent, das uns die Zeit vergessen ließ. Ich höre ihre Stimme noch heute mit dem ein wenig kehligen Ton von der holländischen Grenze.

Die Schule bei den Schwestern Unserer Lieben Frau stellte kein ernstliches Problem für mich dar, denn ich kannte sie schon lange, ehe ich eingeschult wurde. Die Direktorin, Schwester Maria Aquina, war eine Schwester meines verstorbenen Vaters, und es war ein großes Geheimnis zu wissen, dass sie eigentlich Alice Thomas hieß. Meine Mutter hatte mir auch einmal erzählt, dass man der Tante Alice beim Eintritt in den Orden die Haare abgeschnitten habe. So gehörte es für mich zu den Sensationen meiner Kinderzeit, scharf hinzusehen, ob nicht doch ein paar kurze Haarspitzen unter der Haube vorkamen.

Schon als Dreijährige habe ich meine Mutter zu Besuchen dorthin begleitet, die Poppelsdorfer Allee entlang zur Clemensstraße (heute Dyroff-Straße), welche versteckt hinter der dunkelroten Kreuzkirche liegt. Die Schwestern lebten in einem hohen alten Haus, das vorher »Höhere Töchterschule« gewesen war. Wir wurde eingeladen und mit Malzkaffee und weißem Kuchen bewirtet, während meine Tante bei uns saß, ohne irgend etwas zu sich zu nehmen. Nachher ging Mutter mit Tante Maria Aquina auf streng gezogenen Gartenwegen hin und her, während mich die jungen Schwestern mit in die großen kahlen Schulzimmer nahmen und mir erlaubten, auf der Tafel zu schreiben. Sie trugen eine strenge schwarze Tracht mit einer steif gefältelten weißen Rüsche um das Gesicht, und wenn sie sich über mich beugten, hatte ich das Kruzifix nahe vor Augen, das sie an einer selbst geknüpften Schnur um den Hals trugen. Es ist für mich das Kruzifix meines Lebens geblieben – auch über gottvergessene Zeiten hin.

So glitt ich mit fünf Jahren mühelos in das Schulleben hinüber, zumal die Schule bald in eine noble Villa auf der Königstraße verlegt wurde, und der erste Unterricht durch Schwester Maria Theresia in einem halbrund vorgebauten Raum stattfand, der früher sicher einmal ein Salon gewesen war.

Ich blieb dreizehn Jahre bei den Schwestern Unserer Lieben Frau, von der Grundschule bis zum Abitur. Wenn ich nur nicht ständig am Vorbild meiner in der Tat hoch begabten Tante Direktorin und an meinem verstorbenen Vater gemessen worden wäre. Dass dessen Schulleistungen nicht unbedingt vorbildlich gewesen waren, erfuhr ich zwar gelegentlich durch meine Onkel. Es hat mich redlich Überwindung gekostet, von diesem Wissen keinen Gebrauch zu machen.

Die Erziehung war streng und verbot uns jedes Aufsehen erregende Verhalten, weder durch Kleidung noch durch vorlautes Reden. Schwarze Wollstrümpfe und hoch geschlossene Kleider waren Vorschrift. Und in schwarzen Strümpfen und unförmigen Turnanzügen haben wir auch auf den öffentlichen Sportplätzen an der Gronau unsere Leichtathletik absolviert, zum Gaudium der Studenten, die von den benachbarten Sportfeldern aus feixten. Selbst auf ganz privaten Wegen in der Stadt war man vor der Aufmerksamkeit der Schwestern nicht sicher. Und als wir später in das Tanzstundenalter kamen, war es äußerst bedenklich, mit einem Studenten gesehen zu werden, zumal die Schwestern die Farben aller Verbindungen fast noch besser kannten als wir. Mit einem Studenten einer nicht-katholischen Verbindung über die Poppelsdorfer Allee zu gehen, hätte eine Schulkatastrophe bedeutet.

Allenfalls hatten wir durch Leistung aufzufallen, aber auch damit durfte keine von uns renommieren. Die Lehrpläne der Ordensschulen waren berühmt gut und wurden streng überwacht. Das Abitur legten wir vor einer Kommission des Provinzialschulkollegiums ab. Auch an diesem hochfeierlichen Tag holte mich noch meine Verwandtschaft mit der Tante Direktorin ein, die damals allerdings schon in wesentlich höheren Rängen eine deutsche Ordensschule in Mailand leitete, welche überwiegend von den Töchtern des oberitalienischen Adels besucht wurde. Die Oberschulrätin erkannte mich, als ich ihr vorgestellt wurde, nicht nur gleich als deren Nichte, sondern erinnerte sich auch, dass eine weitere Tante in der Spitze des deutschen katholischen Lehrerinnenverbandes agierte, und mein Vater eine Hoffnung der katholischen Sozialpolitik gewesen war. So wurde auch hier Besonderes erwartet, und man brummte mir im Latein nicht etwa den üblichen Caesar, sondern einen Augustinus-

Text auf. Unvergesslich: es war der Tod der Hl. Monika, der Mutter des Kirchenlehrers. Und zugegen war bei ihrem Sterben – was ich genüßlich übersetzte und erklärte – der Knabe Adeodatus, ein nicht eben ehelicher Sohn des großen Kirchenlehrers aus den Zeiten vor seiner Bekehrung. Ich bewältigte den Text – und erfuhr nachher, dass die Frau Oberschulrätin selbst kein Latein gelernt hatte. Das war der Unterschied einer Generation in der Mädchenbildung von damals.

Dieser letzte Schultag brachte mir eine weitere heimliche Genugtuung. Ich war Jahre zuvor einmal so unvorsichtig gewesen, zu sagen, ich wolle, wie mein Vater, Redakteur werden. Von diesem Tag an stand unter allen Aufsätzen nur noch Zwei minus, damit ich mir um des Himmels willen nicht einbildete, auf diesem Gebiet begabt zu sein, denn die Presse galt als ein verrufenes Arbeitsgebiet für Frauen. Der Abituraufsatz aber war vom Provinzialschulkollegium wesentlich besser beurteilt worden, und so musste die Note im Abiturzeugnis herauf gesetzt werden. Und als wenige Jahre später mein erstes (bescheidenes) Büchlein erschien erschien, meinte meine Deutschlehrerin bei einer zufälligen Begegnung säuerlich, man müsse mir wohl gratulieren. Ich genehmigte mir die Genugtuung zu sagen, sie müsse nicht.

Soweit die Schule. Ich treffe heute noch immer wieder Liebfrauenschülerinnen aus allen Teilen Deutschlands, die wie ich zu Bescheidenheit und Leistung erzogen sind, und wir genießen die Rückschau auf die schwarzwollenen Strümpfe ebenso sehr wie das unausgesprochene Bewusstsein, dass diese unsere Schule uns Haltung und Halt fürs Leben gegeben hat. Aber das war eine spätere Einsicht.

Wir müssen noch einmal zurück in das kleine Welttheater der zwanziger Jahre.

# Schüsse auf der Straße
# und Millionenrausch

An einem Tag im Jahr 1923 durften wir die Schule nicht verlassen nach dem Unterricht. Wir wurden in die große kahle Küche im Kellergeschoss geführt und bekamen dort etwas zu essen, während eine Schwester uns vorlas. Selbst hier im Keller, der Fenster über der Erdoberfläche hatte, waren Tumulte zu hören und pfeifende Schüsse. Die Separatisten, die das Rheinland vom Reich trennen wollten, hatten Bonn eingenommen, und es ging wüst zu im Kampf um das Rathaus, der sich auch in die Straßen der Südstadt hin ausweitete. Als es ruhiger wurde, kamen die Eltern, um die Schülerinnen abzuholen. Ich ging allein nach Hause, denn meine blinde Mutter konnte mich nicht abholen. Auch dieser Weg gehört zu den Erfahrungen, die ich als selbstverständlich und endgültig hinnahm.

Es brodelte damals ständig in Bonn, und es kam immer wieder zu Zusammenstößen zwischen der französischen Besatzung und den Studenten oder der Bevölkerung. Für meinen Bruder und mich war die Besatzung eine gewohnte Erscheinung. Wir hatten schon 1918 die erste Begegnung mit Kanadiern gehabt, die eines Abends in das Haus an der Argelanderstraße eindrangen, in dem meine Mutter mit uns und mit unserer Großmutter Grütters nun lebte. Wir waren fünf und drei Jahre alt, als baumlange Offiziere in die Vorküche traten, in der wir beide eben in einer mächtigen Zinkwanne saßen und gebadet wurden. Sie schenkten uns Schokolade, boten meiner Mutter und meiner jungen Tante Zigaretten an – und beschlagnahmten die Wohnung meiner Großmutter.

Sie zogen bald wieder aus, aber die Wohnung blieb beschlagnahmt, denn die Wohnungsnot war wegen der Besatzung groß in Bonn. Allerdings hatte meine Großmutter es durchgesetzt, dass wir statt Besatzungssoldaten eine junge deutsche Familie aufnahmen. Sie zog mit einem Baby ein, das später Spielkamerad meines Bruders wurde. Der Vater war Koch bei den Engländern, die auf dem Venusberg ihre Kantine hatten. Er kam meist sehr spät von der Arbeit, klopfte im Vorübergehen an die Tür meiner Mutter und reichte irgendwelche Nahrhaftigkeiten aus der englischen Küche hinein. Aus dieser Quelle stammte auch der Kaffee, der in einer großen braunen Bunzlauer Kanne aufgegossen und am wieder entfachten Torffeuer getrunken wurde. Morgens fanden wir Kinder ungewohnt weißes Brot auf unserem Frühstücksteller.

Christian Hagen, ein genialer Koch, ist mir später noch dann und wann in großen Hotels begegnet, zuletzt in tadellos weißer Montur in den Salon der Frau des belgischen Botschafters Remy Baert beordert. Dort war er angestellt. Frau Baert hatte von unserer Bekanntschaft seit Urzeiten erfahren und freute sich unserer Erinnerungen, die ich übersetzte. Einmal gab Mevrouw Baert ihn frei, um bei mir für ein Familienfest zu kochen. Er duzte mich wie in alten Zeiten und schickte mich aus meiner eigenen Küche. Das war 1960. Vierzig Jahre nach jenen Besatzungszeiten, in denen er uns zusteckte, was er eben erobern konnte.

Damals hatten die Besatzungssoldaten zum gewohnten Bild in Bonn gehört. Wir sahen Franzosen, wenn sie mittags in langen Reihen gestikulierend und parlierend vor den Kantinen standen, die blauen Mäntel an den Enden zurückgeknöpft, und das blecherne Essgeschirr an einem Gürtelhaken hängend. Wir kannten auch die afrikanischen Truppen, die in Bonn stationiert waren und die einen roten Fez trugen. Die Bonner nannten sie deswegen »Blumenpott-Husaren« oder die »ärme Heidenkinder«, für deren Christianisierung sie früher in besseren Zeiten das Stanniolpapier ihrer Schokoladentafeln gesammelt hatten. Einmal waren auch Spahis, schlanke Reiter auf schönen arabischen

Pferden, in Bonn, angetan mit weiten weißen Gewändern und bewaffnet mit Speeren. Ein rasch vorüberjagender Zug abenteuerlicher Gestalten inmitten einer Parade. – Uns wunderte nichts mehr, seit wir bei der ersten englischen Besatzung die Schotten in ihren kurzen Röcken hatten tanzen sehen, und auch wohl mal riskiert hatten, deren Saum zu heben.

Wir kannten auch den freundlichen alten französischen Abbé, der nicht weit von uns entfernt wohnte und Deutschen umsonst Unterricht gab. Dieser Unterricht war Bestandteil der »Pénétration pacifique«, der sanften Durchdringung durch kulturelle Angebote, mit der die französische Besatzung die Rheinländer zu gewinnen suchte. Das gelang so wenig wie die gesellschaftliche Annäherung, die der konziliante Oberst Gehn versuchte, und auf die weder der Dechant noch der Oberbürgermeister eingingen. Den alten Priester aber liebten wir Kinder, denn er war blind wie unsere Mutter, und wir führten ihn behutsam über die Straßenkreuzung.

Die Besatzung hat uns auch als Kinder schon Einschränkungen unterworfen, aber in unserem täglichen Leben eigentlich wenig beeinträchtigt. Aufregender war die Inflation. Seit ich zehn Jahre alt war, durfte ich zu Hause Zeitung lesen – im Gegensatz zu dem Großelternhaus in Krefeld, wo die Zeitung für Kinder strikt verboten war. In Bonn aber war Zeitunglesen nicht nur erlaubt, sondern notwendig, denn ich las meiner Mutter unter anderem auch die täglichen Mitteilungen über das Fortschreiten des Geldverfalls vor. Das war lebenswichtig. Wer zu spät kam, dem war das Geld unter den Händen zerronnen. Die Witwenpension meiner Großmutter, die Kriegsrente meiner Mutter wurden in immer kürzeren Abständen von wenigen Tagen ausgezahlt. Es gab mehrere Zahlstellen in der Stadt; die unsere war die alte Beethovenhalle kurz vor der Rheinbrücke.

Wir machten uns frühzeitig auf, mit Einkaufstaschen ausgerüstet, denn es war sinnvoll, schon auf dem Rückweg die ganzen bunten Scheine mit den astronomischen Zahlen in Lebensmittel umzusetzen. Am nächsten Morgen waren sie vielleicht nur noch die Hälfte wert.

Und so gingen wir den gewohnten Weg durch die Poppelsdorfer Allee quer über den Markt zur Beethovenhalle, wo an Tannenholztischen das Geld ausgezahlt wurde. Man wartete in langen Schlangen, ein bisschen betäubt von dem faden Geruch des Öls, mit dem die alten Holzbohlen des Fussbodens behandelt wurden, und dem fast sichtbar dichten Atem einer fröstelnden Menschenschlange. Schließlich das sonderbare Gefühl, ein Bündel von bunten Scheinen mit vielen Nullen in der Hand zu halten, rasches Nachzählen, und dann der Weg zurück in die Stadtmitte. Ich weiß noch den Namen des jüdischen Metzgers, bei dem meine Mutter einzukaufen pflegte, und der mir eine dicke Scheibe Wurst über alle Köpfe hin reichte, mit der Mahnung an die drängelnden Kunden: »Drückt dat Kind nit dot.« Nach dem Einkauf, bei dem ich das Bezahlen besorgte und achtgeben musste, dass uns nicht zu wenig heraus gegeben wurde, kam die wunderbare Belohnung: eine Tasse glühend heisse Schokolade mit einer Sahnehaube für mich, eine Tasse Kaffee für meine Mutter. Schließlich der lange Heimweg mit den schweren Taschen; oft mit der Straßenbahn, die mit lautem Geklingel gleich vor unserem Haus hielt. Dankbares Aufatmen und Aufwärmen an dem Torffeuer des Küchenherdes, in dessen rotem Schein die Großmutter uns erwartete. Denn das Gaslicht war rationiert.

Geld hatte aber in diesen Tagen noch eine andere, faszinierende und geheimnisvolle Dimension für uns. Oft kam ein Brief an meine Großmutter, die »Frau Witwe Obergütervorsteher« Regina Grütters mit einer fremden Briefmarke. Darin waren ein kurzer Brief meines ältesten Onkels von der Grütters-Linie, der in Holland lebte, und ein paar einfache, vielleicht sogar abgenutzte Geldscheine von minderem Aussehen, Banknoten in Gulden.

Wir Kinder bestaunten sie trotz ihrer abgenutzten Schäbigkeit und kamen uns reich vor. Mutter und Großmutter überlegten, wie die Gulden nutzbringend zu wechseln seien. Das erfolgte über die Bonner Niederlassung der Deutschen Reichsbank, an der wiederum ein Verwandter, früherer Berufsoffizier, hinter dem Schalter saß und uns das gewechselte Geld aushändigte. Ein Fest war es, wenn nachts die Türglocke dreimal ging, und der Onkel aus Holland sich über die Grenze und durch die Besatzungszonen bis zu uns durchgeschlagen hatte. Er war ein sehr eleganter, mittelgroßer Herr mit den gleichen scharf geschnittenen Zügen wie meine Mutter. Aber während sie eine fast römische, in sich ruhende Schönheit war, hatte sein Gesicht etwas abenteuerlich Kühnes, das mich ebenso faszinierte wie von ihm fern hielt.

In der Tat hatte er auch schon einiges an Abenteuern hinter sich gebracht, war vor dem Militärdrill zum tiefen Schmerz seines vorbildlich preußisch-korrekten Vaters bis nach Südamerika geflohen, von wo er außer einigen harten Erfahrungen einen veritablen kleinen Affen mitbrachte und bei seiner Mutter deponierte. Jakko war ein paar Monate lang mein Spielgefährte. Dann biss er mich, weil ich ihn am Schwanz hinter dem Ofen vorziehen wollte, wurde in einen Käfig gesperrt, holte sich in der Zugluft des Wintergartens eine Lungenenzündung und starb.

Mein Onkel lebte seit Kriegsende in den Niederlanden und hatte dort eine junge Frau aus betuchtem Hause geheiratet, ehe sein Beruf als Angestellter einer großen Wollfirma ihn bis an die afrikanische Ostküste nach Durban führte.

Sein Leben in fernen Erdteilen hatte nicht nur seiner Sprache einen fremden Klang gegeben, sondern ihm auch eine Malaria eingetragen, deren Rückfälle ihn auch gelegentlich während eines Besuches bei uns trafen. Dann lag er in dem riesigen Ehebett meiner Großmutter, und sie saß neben ihm, horchte auf seine wirren Fieberträume, sah unseren alten Sanitätsrat den Kopf schütteln und befahl ihrerseits den Kranken an »onzen lieven Heer«, dem sie regelmäßig ihre unruhigen Söhne und Töchter und meine blinde Mutter anvertraute.

Wie der Onkel aus Holland kamen auch die anderen Brüder meiner Mutter bei Nacht und Nebel über irgendwelche Schleichwege in das besetzte Rheinland, um wenige Stunden oder Tage die Geborgenheit zu geniessen, die Großmutter und Mutter ohne Frage gaben. Sie kamen auch, um ihren Rat zu holen, wenn das Leben dieser Jahre sie schüttelte und wieder einmal eine im Krieg schnell geschlossene Ehe zerbrach. Mein Bruder und ich kannten die langen Gespräche, bei denen wir ausgeschlossen waren.

Meist war es spät abends, wenn die Türklingel ging, denn die auswärtigen Verwandten kamen bei Dunkelheit in die Besatzungszone, und die Einheimischen mussten die Ausgangssperre umgehen. Aus dem Schlaf geweckt, hörten wir, wie meine Mutter das Feuer neu schürte, flüsternde Gespräche, Weinen, verhaltenen Zorn, untröstlichen Kummer und die ruhige Stimme unserer Mutter. Morgens dann am Frühstückstisch übermüdete, verschlossene Gesichter. Frank und ich wussten, dass wieder eine neue Scheidung in der Familie bevorstand, wetteten gelegentlich auf den nächsten Eklat. So lebte man in den zwanziger Jahren eben. Nichts schien Bestand zu haben als unser Zuhause. Aber alle, die so aus der Familie gingen, sind früher oder später wieder zu meiner Mutter gekommen, und sie wurden aufgenommen, als ob sie nie gegangen seien. Noch Jahrzehnte später kamen sie zu mir, um über meine Mutter zu sprechen. Alle Wunden waren ausgeblutet, neue haltbare Bindungen gefunden. Der Himmel schien sich aufgehellt zu haben.

# Beethoven, Shakespeare
# und die große Freiheit

Aufgehellt hatte sich zunächst der Himmel auch über dem Rheinland und über Bonn. Der Separatisten-spuk war verflogen, die Inflation war beendet. 1925 wurde trotz der Anwesenheit der Besatzung die Jahrtau-sendfeier begangen. Die wenigsten wussten, was da gefeiert wurde, aber in der Schule wurde es uns eingehämmert. 925 hatte Heinrich I., der Vogler, das Rheinland für das deutsche Reich erkämpft. Plakate mit drei Fanfarenbläsern trugen die Kunde in die Welt. Wir waren stolz, denn ein Bonner Künstler, Leo Breuer, hatte das Plakat entworfen. Ganz Bonn war eine einzige Theaterszenerie. Wir gingen stau-nend an den Schaufenstern der Innenstadt entlang; jedes war ein Bühnenbild mit historischen Figuren. Geschichte war auf Schritt und Tritt präsent.

Zugleich wurde aber auch neue Geschichte in aller Stille vorbereitet: die Befreiung des Rheinlands von der Besat-zung. Wir sahen die französischen Familien in unserer nä-heren Umgebung die Koffer packen. An der Kantine, die wir vom Erkerfenster beobachten konnten, wurden die letz-ten Rationen ausgegeben. Die schäbige Glastür öffnete sich nicht mehr. Der höfliche Kommandeur hatte Abschiedsbe-suche gemacht; ein letztes Mal erklang die Marseillaise vor der Kommandantur auf der Poppelsdorfer Allee, dann das Einholen der Flagge und ein lautloser Abschied. Das alles geschah kaum zweihundert Meter von unserer Wohnung, aber es war uns streng verboten zuzuschauen. Die Bonner hielten sich mit einem gewissen rheinischen Taktgefühl zu-rück. Abends auf dem Marktplatz sangen sie das Niederlän-dische Dankgebet. Ein Leipziger Verleger schickte der Stadt Bonn eine Rechnung, weil hier angeblich eine von ihm edierte Fassung gesungen worden sei. Aber wie konnte ein Sachse hineinreden, wenn die Rheinländer mit ihrem Herrgott sprachen? Die Rechnung wurde nie bezahlt, wie man mit Genugtuung in der Zeitung las und mit einem nobel zurechtweisenden Brief unseres Oberbürgermeisters Dr. Johannes Falk beantwortet. Wir Kinder kannten unseren Oberbürgermeister und bewunderten ihn.

Wir kannten auch den Intendanten des Stadttheaters, Professor Albert Fischer, der abgrundhäßlich und geistesabwesend durch die Stadt ging. Unbegreiflich die Verwandlung, wenn er auf der Bühne stand, als Shylock, als Nathan, als listenreicher Sünder im »Zerbrochenen Krug«. Seine Inszenierungen waren Tagesgespräch in Bonn, eine atemlose Folge, denn alle vierzehn Tage wechselte der Spielplan.

Oft durfte ich meine Mutter ins Theater begleiten. Es war ein langer dunkler Weg von der Argelanderstraße aus, vorbei am Wirtshaus »Zum gequetschten Heiland«, durch die damals leicht verrufene Kasernenstraße zu dem kleinen alten Theaterbau, der an der Stelle des heutigen Finanzamtes stand. Mir kam der Bau großartig vor mit den drei weit geöffneten Eingangstüren, dem Zeremoniell an der Kasse, bis man Karte und Programm in der Hand hielt, seine Garderobe abgegeben hatte und den halbrunden Gang entlang zu unseren Plätzen ging. Rundum roter Samt und nachgedunkeltes Gold, und Zeit genug, um – halb ungeduldig, halb gebannt – den Bühnenvorhang zu bestaunen, den der Bonner Maler Heinrich Brüne, sehr nahe dem Stil der französischen Impressionisten, gemalt hatte. Und wenn dann die roten Samtfalten auseinanderrauschten, standen wir unter verzaubernden Lichtbögen mit Shakespeare auf dem Rialto von Venedig. War der gebeugte, schräg blickende Shylock mit den wirren Haaren wirklich der Herr Intendant und Professor an der Universität, den wir im dunklen Mantel und großen Hut in die Hörsäle gehen sahen? Dieser Dämon, der sich anschickte, Jahrhunderte der Verachtung und Verfolgung heim zu zahlen, und dem die klare, ja strahlende Stimme der

Portia in der Rolle des gelehrten jungen Richters vergeblich die unvergleichlichen Ewigkeitsverse von der Gnade spricht. Es war damals Ingrid Fernolt, die in schlanker schwarzer Tracht eines renaissancehaften Rechtsgelehrten wie eine Silhouette vor dem leuchtenden Bühnenhintergrund stand, um dann im letzten Akt wieder als anmutiges Edelfräulein mit Bassanio zu wandeln in ihrem Park, »in solcher Nacht«, die alle Zärtlichkeit in sich zu beschließen schien. Nie wird man später wieder Shakespeare so erleben wie in der erwachenden Aufnahmefähigkeit einer Vierzehnjährigen, die italienischen Gärten, den Rialto und das Strahlen junger Liebe vor dem dunklen Hintergrund von düsterem Hass und uralter Vergeltung, wie ihn Albert Fischer seinen Shylock herausschreien und jammern ließ.

Zweierlei blieb mir aus diesem ersten Shakespeare-Abend: auf dem langen dunklen Rückweg nach Hause sprach meine Mutter von den Judenverfolgungen, rückte mir das Bild eines scheinbar nur rachsüchtigen Shylock zum historischen und menschlichen Verstehen zurecht. Und zum anderen zu Hause das Nachschlagen in einer alten Folio-Edition aus dem Besitz meines Vaters, um die Worte von der Gnade noch einmal zu lesen, und zu begreifen, was ich schon in der Aufführung geahnt hatte: die Schlegel-Tieck-Übersetzung erreicht Shakespeare nicht ganz. Seither versuche ich immer wieder und bis heute, sie in der Tiefe ihrer Aussage zu erfassen, stehe zuweilen erneut im spirituellen Bann der großartigen Anfangzeile: »The quality of mercy is not strained« und möchte übersetzen: »Der Gnaden Fülle weiß von keinem Mass.« Denn letzten Endes ist es auch in meinem Leben oft genug auf menschliche und jenseitige Gnade angekommen.

Ein anderer Shakespeare -Abend: »Hamlet« – mit dem grüblerischen Dr. Ludwig Achaz in der Titelrolle. Ein Bühnenbild in brennendem Rot und samtenem Schwarz, in dem Verschwörung flüsterte und das grelle Lachen des vorgetäuschten Wahnsinns jählings aufbrach, bis der Dänenprinz mit dem berühmten letzten Wort die Tragödie endete: *Der Rest ist Schweigen.*

Schweigen auch bei der späten Heimkehr, bis man im Dunkeln Dinge zu fragen wagte, die sich im hellen Alltag seltsam ausgenommen hätten, wie Treue und Untreue, Liebe und Tod.

Es gab Aufruhr in dem kleinen Bonner Stadttheater, als Fischer es wagte, das sozialrevolutionäre Drama »Masse Mensch« von Ernst Toller zu inszenieren. Im Foyer prallten die Meinungen aufeinander, und die riesigen Kanonenöfen, die sonst sanfte Wärme verbreiteten, schienen geladen und zu glühen, angefacht von dem Zorn der Menschen. Bei Büchners »Woyzeck« kam es zu Tumulten, und die Theaterbesucher verließen bei offener Szene den Zuschauerraum. Fischer ließ den Geist der Zeit in das Theater ein. Er wagte Inszenierungen, die allerorts Skandale erzeugten. Er hatte die heroische Gerda Gymnich zu einer ebenso glühenden wie letztendlich skeptisch erkennenden » Heiligen Johanna« in der Sicht von George Bernard Shaw inspiriert. Ich sah sie als weise Amme in Lessings »Nathan« neben Fischer in der Titelrolle. Und immer wieder schuf Walter von Wecus die hinreißenden Bühnenbilder in glutvollen Farben, kühnen Bogen, maurischen Konturen, kongenial den Inzenierungen des Intendanten Fischer.

Walter von Wecus war es auch, der in Godesberg im Redoutenpark die riesige Bühne für das »Große Welttheater« von Calderon de la Barca aufbaute. Godesberg sollte Festspielstadt werden. Der Kölner Kardinal Schulte und der Oberbürgermeister Adenauer zählten zu den Schirmherrn. Empfehlung genug für die Schwestern Unserer Lieben Frau, die Aufführung mit einigen höheren Klassen zu besuchen. Mitten im Sommer ein Abend unter eisig kalter Sternenpracht. Im Dunkel die Konturen der Godesburg. Hell beleuchtet stieg der Bau der Bühne in steilen Stufen aufwärts, auf jeder Ebene gotische Bogen, aus denen die Engel hervortraten, die das Spiel mit Trompetenstößen ankündigten. Sie hallten über die Stadt hin. Hoch oben »der Meister« in Sternenmantel und Strahlenkrone, tief unten Frau Welt, die Schönheit, der Reiche, der Weise, der Bettler. Wir sahen sie agieren, gerufen und gerichtet werden und mit dem Tode abgehen. Uns schauderte, nicht nur von der Nachtkälte.

Viele Jahre nachher hat mir ein Godesberger erzählt, sein Vater, ein Maler, habe dem Tod die grellweißen Rippen auf das schwarze Trikot gezaubert. Diese prosaische Aufklärung kam leider zu spät, um sie in den pflichtgemäßen Schulaufsatz über das »Große Welttheater« einzuflechten.

1927 Beethovens 100. Todestag, für Bonn ein Fest, das die lange besetzte, viel gedemütigte Stadt in erneutem Glanz zeigte. Ein Meer von Fahnen, eine unvorstellbare Fülle von Ehrengästen, selbst aus Frankreich, selbst aus Amerika, Nationen, deren Soldaten bis vor kurzem als Besatzer hier das Regiment geführt hatten. Jeden Tag lange Berichte über glanzvolle Veranstaltungen.

Ich erinnere mich der »Missa Solemnis« im Münster, die ich mit einer Tante besuchte. Die Karten hatten wir durch Vermittlung des damaligen Reichskanzlers Wilhelm Marx erhalten, der einer ihrer Vettern war. Der Kanzler selbst aber wurde nicht eingelassen, weil er seine Karte nicht vorzeigen konnte, und auf seine entrüstete Gegenrede, er sei immerhin Reichskanzler, bekam er die rheinisch gelassene Antwort, das könne jeder sagen. Schließlich der große Abend auf dem Markt, der den Bonnern gehörte: Der Städtische Musikdirektor Max Anton dirigierte die Egmont-Ouvertüre, und von der doppelläufigen Rokoko-Treppe des Rathauses erklang der Schlusschor der Neunten: »Freude, schöner Götterfunken«, gesungen von den Bonner Chören.

Auch wir hatten als Schülerinnen der Liebfrauenschule mehrfach die Ehre, diesen berühmten Chor in der alten Beethovenhalle mitzusingen. Hin- und hergerissen zwischen hoch-festlicher Stimmung und gelangweiltem Warten, standen wir in kahlen Räumen die Zeit bis zum Auftritt durch. In allen Ecken war noch das Provisorium sichtbar, als das die Halle 1870 zu Beethovens hundertstem Geburtstag gebaut war. Das Provisorium hatte sich selbst überlebt, war angeschmutzt, ärmlich und unansehnlich. Aber alle Dirigenten lobten die Akustik in den höchsten Tönen. Und die hochgestimmte Erwartung der Konzertbesucher wertete die hölzerne Armseligkeit auf. Die Bonner Beethovenhalle war in der Tat eine der berühmten Kunststätten der zwanziger Jahre.

Und so standen wir denn endlich in unseren weißen Kleidern auf den Stufen der hohen Konzertbühne vor der riesigen Orgel in der vordersten Front des Städtischen Gesangvereins, um mit unseren jungen Stimmen die etwas angejahrten Sängerinnen zu unterstützen. Und wenn Max Anton dann den Stab hob zu unserem Einsatz, war alle Langweile und alle Kritik an dem bescheidenen Interieur der Beethovenhalle vergangen. Wir sangen begeistert, und begeistert waren die Konzertbesucher, die den Konzertsaal mit den alten Stühlen und die Galerie mit den verdächtig dünnen Stützen bis zum letzten Platz füllten.

Hier hatte ich auch meinen ersten Beethoven gehört: »Die Wut um den verlorenen Groschen«. Die große Pianistin Elly Ney, als Tochter des Standesbeamten Wilhelm Ney in Bonn aufgewachsen, hatte die Vorgängerschule unserer Liebfrauenschule besucht und lud uns, wenn sie wieder einmal in Bonn war, zu einem Konzert in die Beethovenhalle. Das Programm für die Schülerinnen begann jeweils mit der furiosen »Wut« oder den »Rheinischen Tänzen«. Sie sprach auch mit uns, ließ sich fragen. So glitten wir in Beethovens Welt hinein, lernten hören und begriffen, dass er hier in Bonn geboren, hier heimisch gewesen war und zu uns gehörte. Durch Elly Ney war Beethoven in unser Leben getreten. Ich kannte sie von jenem ersten großen Beethovenfest des Jahrhunderts mit dem Nimbus strahlender Locken bis zu ihrem Alter, bis zu der Erscheinung der fast statuarischen Frau, die mit schwerem Haupt Beethoven so ähnlich geworden war. Zuletzt in den fünfziger Jahren ein Abend im Moerser Schloss, wo sie zum atemanhaltenden Erschrecken des Cellisten Ludwig Hoelscher und eines kennerischen Publikums aus dem betörenden Schwung eines Beethovenschen Rondos nicht mehr herausfand und, benommen von den Klängen, die unter ihren Händen hervorquollen, das Haupt träumend zurückbog.

Theater, Musik und Dichterlesungen gehörten zum Bonner Kulturkalender. Für Dichter auf Vortragsreisen war Bonn ein Magnet. Die Germanisten der Universität luden ein, und die Buchhandlungen, insbesondere die Gilde-Buchhandlung stellten geradezu »Dichter zum Anfassen« vor. So den Flamen Felix Timmermans. Er hatte in Köln das deutsche Publikum im Geniestreich gewonnen, als er mit Deutschkenntnissen, die ihm erst in letzter Minute im Hotel eingetrichtert waren, aus dem »Pallieter« las. Nur die tiefe Verwandtschaft der Sprachen und seine spontane Fähigkeit, Worte und Bilder hinüber zu bringen, schlugen die Brücke zu den Hörern. Auch als seine Bücher hervorragend übersetzt waren, blieb sein Deutsch dem Brabanter Tonfall verhaftet, und es war eher die Wärme und Farbigkeit seiner Schilderung, die seine Hörer mit dem Land an der Nethe, mit dem heimatlichen und heimeligen Städtchen Lier, mit den Beginen, den Pfarrherrn, den Bauern, den Händlern, den Landfahrern und den Bettlern bekannt machte. Ich liebte diesen Tonfall, der mich an die Sprache des niederrheinischen Grenzlandes erinnerte, die in den Stimmen meiner Mutter und meiner Großmutter mitschwang, und an das Niederländische, das ich ein Jahr lang als nachkriegsverschicktes, vom Hunger bedrohtes Kind im Harlemer Meerpolder selbst gesprochen hatte.

Einen Abend las Timmermans in Bonn aus seinem Roman »Die Delphine«, vielleicht das am wenigsten bekannte unter seinen übersetzten Büchern. Viel später erfuhr ich durch seine Tochter Lia, wie es zu dieser bezaubernden

Biedermeiergeschichte kam. Timmermans hatte beim Kramen in einer alten Kommode das melancholische Bildnis einer schönen Frau im Reifrock gefunden. Keiner konnte ihm sagen, woher das Bild kam und wen es darstellte. Er betrachtete es oft, aber erst nach Jahren wurde die Biedermeierdame ihm zum Mittelpunkt einer Erzählung, als er eines Nachts ein sehnsüchtiges Lied auf der Straße hörte, von einer schönen Männerstimme gesungen. Da verband sich das Bild der unbekannten melancholischen Frau mit dem Lied zu einer poetischen Geschichte. Der Sänger, ein nobler Herr aus dem Patriziat des kleinen Städtchens, und die Frau, die Timmermans Anna Maria nannte, verliebten sich. Aber er war verheiratet, und also musste das Lied mit einer traurigen Strophe enden, mit jener leisen Melancholie, die auch in den Glockenspielen der flämischen Türme mitschwingt.

Anderen Tages ging ich zur Gilde-Buchhandlung, wo Timmermans, umlagert von Menschen, seine Bücher signierte. Auch ich hatte eins gekauft, ein Bändchen der berühmten Inselbücherei: das »Jesuskind in Flandern«. Die kleinen Bücher kosteten damals eine Mark. Zu mehr hätte es nicht gelangt. Als ich vor ihm stand, sah er mich freundlich an wie alle Menschen, die auf ihn zu kamen. Er schrieb seinen Namen, und ich sagte artig »Bedankt, Mijnheer«, wie ich es in Holland gelernt hatte. Da nahm er mir schnell das Büchlein noch einmal aus der Hand und zeichnete eine kleine Blume unter seinen Namen. Ich ging so beglückt nach Hause, wie man es nur mit sechzehn Jahren sein kann. Und es wurde ein langer Abend mit Vorlesen und Gesprächen über Flandern. Es war das Traumland meiner Mutter, das sie von frühen Reisen her kannte. Sie sprach von den Wällen, die die kleinen Städte wie ein Arm umfassen, von den Brücken über dunkle Kanäle, die oft unterirdisch weiterführen, von den barocken Häusern des Beginenhofes in Brügge, von dem nah gelegenen alten Hafen, der nun »Minnewater« heißt, und von der Kirche Unserer Lieben Frau, wo das schönste Grabmal diesseits der Alpen errichtet wurde für Maria von Burgund, die ein Königreich beherrschen sollte und so früh starb.

Die kleine Blume, die Timmermans mir mit seiner Schreibfeder in mein Buch gezeichnet hatte, sollte die erste von weiteren Blumen sein, die ich von ihm erhielt. Zehn Jahre später war ich Volontärin beim General-Anzeiger und schrieb über eine Lesung von Felix Timmermans. Trotz des Krieges war er wieder nach Bonn gekommen. Er hatte viele Freunde im Rheinland. Er besuchte mich in der Redaktion, und von nun an schrieb er mir dann und wann eine Karte aus Lier, alle unterzeichnet mit einer Blume. Der heitere und gelassene Mann hatte uns gegenüber gesessen eine Stunde lang in unserem Arbeitsalltag, die Hände gekreuzt, das Gesicht unter dem dichten krausen Haar allen freundlich zugewandt, doch nicht unkritisch, mit sehr wachen Augen. »Er war einer von jenen Menschen, die nur da zu sein brauchten, damit alles gut wurde«,schrieb seine Tochter später. Und so haben wir ihn auch empfunden.

Wenig später hat ihn der Krieg aus Lier vertrieben und auf die Flucht gejagt. Er kam krank zurück, und als er 1947 starb, hörten wir es erst viel später, denn die Grenzen waren damals dicht. Seine Bücher habe ich nicht über den Krieg retten können, und auch seine Postkarten mit der Blume nicht. Aber mit den Jahren hat sich sein Flandern doch auf eine ganz neue Weise für mich aufgetan, und ich habe es sozusagen an Timmermans Hand betreten. Doch das gehört einem anderen Kapitel an.

Die Welt schien also für ein paar Jahre in Ordnung zu sein in Bonn nach dem Abzug der Besatzung, jedenfalls soweit unsere Orientierung reichte. Wir waren zu Hause und in der Schule auf Bildung und kulturelle Werte hin erzogen, mit einem gewissen gesellschaftlichen Schliff versehen, der durch die Tanzstunde und durch Einladungen bei befreundeten Familien eingeübt wurde. Höhepunkt im Jahr war jeweils ein Karnevalsfest in der »Lese«, dem Haus der aus

kurfürstlicher Zeit stammenden Lese- und Erholungsgesellschaft an der heutigen Adenauerallee. Damals wussten wir
noch nicht, dass just in diesen Ballsälen ein pikantes Kapitel
aus dem skandalösen Bonn-Roman »Alraune« von Hanns
Heinz Ewers spielte, in dem die Prinzessin Viktoria zu
Schaumburg-Lippe ihren Auftritt im Tanz mit einem betö-
rend schönen Knaben hat.

Der Roman »Alraune«, hinter dem ein veritabler Bonner Sitten-Skandal vom Anfang des Jahrhunderts steht,
wurde vor uns natürlich in dreimal gesicherten Bücher-
schränken verschlossen. Aber die Prinzessin zu Schaumburg-Lippe kannten die Bonner alle vom Ansehen. Wenn
ich nachmittags mit meiner Mutter über die Rheinpromenade ging, begegnete sie uns oft, groß, überschlank, häss-
lich, mit intelligentem, lebhaften Gesicht und sportlich elegant gekleidet. Sie wurde viel gegrüßt und grüßte ihrerseits
zurück, die beiden großen Windhunde dekorativ mit sich
führend. Oder man sah sie auch oft auf dem sogenannten
offenen «Perron« der Straßenbahn fahren, die vor ihrem
Palais hielt, die Zigarette in der Hand.

Natürlich erfuhren wir auch von dem Klatsch, der hoch
aufschäumte, als die Prinzessin, ohnehin kein Kind von Trau-
rigkeit, sich nun mehrfach mit einem jungen Russen sehen
ließ, von dem alle Welt wusste, dass er von einem Lands-
mann bei ihr eingeführt, sich noch eine passable Hose hatte
borgen müssen, um ihr vorgestellt zu werden. Atemlos verfolgte man damals in Bonn diese seltsame Amour, sah im
General-Anzeiger die Bilder ihrer Hochzeit mit Alexander
Zoubkoff unter den traditionellen russischen Kronen und im
Brautschleier ihrer Großmutter, der Königin Viktoria.

Zwei Jahre später las man in der Zeitung, dass Zoubkoff
ihr Vermögen durchgebracht hatte und die Prinzessin ihr
Palais verlassen musste, in der Villa Friede in Mehlem ein
Domizil fand, erkrankte und im sogenannten »Klöster-
chen« in Kessenich starb. Die Mutter einer Schulfreundin
nahm uns mit zur Vorbesichtigung der Auktion im Palais

Schaumburg, bei der ihr ganzer Besitz unter den Hammer kam, ohne auch nur annähernd das Maß der Schulden zu decken. In der langen Reitbahn waren Möbel, Porzellan, Silber, Bilder, Leinen und Stickereien ausgestellt und auch die Hochzeitsgeschenke zu ihrer ersten Eheschließung, Prunk über Prunk, den wir atemlos bestaunten.

Das war im November 1929. Selbst für junge Mädchen, deren Gedanken zwischen Schule, Konzert, Theater, Tanzstunden und dem sonntäglichen Studentenbummel vom Kaiserdenkmal bis zum Poppelsdorfer Schloss kreisten, war es unübersehbar, dass es in Bonn nach der kurzen Blüte in der zweiten Hälfte der zwanziger Jahre nun nicht mehr zum Besten stand.

Die schönen Bürgerhäuser der Südstadt, in der wir wohnten, und die nach Krieg und Inflation wieder schmucker ausgesehen hatten, lagen wie unter einem grauen Schleier, weil ihre Pflege zu teuer war. Die reichen Bürger, die in der Inflation ihr Geld verloren hatten, wurden nach kurzer Atempause von dem Konjunkturrückschlag getroffen, der sich als Folge der Weltwirtschaftskrise allenthalben bemerkbar machte. Bonn, hochverschuldet, konnte sich die Erhaltung des schönen Stadtbildes nicht mehr leisten. Die öffentlichen Bauten, die Parkanlagen sahen wie verstaubt aus, und überall schienen Spinnweben zu hängen.

Dazu kam der politische Terror zum zweiten Mal in diesem Jahrzehnt über die Stadt. Wir hatten als kleine Schulmädchen die Schüsse der Separatisten erlebt. Nun gingen Kommunisten und Nationalsozialisten aufeinander los und lieferten sich blutige Straßenschlachten. Durften wir damals der Separatisten wegen die Schule nicht verlassen, so war es uns jetzt verboten, durch die umkämpfte Altstadt zu gehen. Überall waren riesige, auf hölzerne Plakatwände geheftete Wahlaufrufe in grellen Farben und schreienden Texten zu sehen. Marschkolonnen zogen durch die Stadt, Sprechchöre skandierten wüste Drohungen. Stiefel knallten über das Pflaster beim Vorbeimarsch vor dem Kaiserdenkmal. Wir hörten von Übergriffen, Verhaftungen, lasen Anschläge mit Schmähworten, erfuhren durch die Zeitung noch mehr, als wir sahen. Überall die Symbole von Hammer und Sichel, und Hakenkreuze, die immer grösser wurden, die Winkel des Kreuzes wie Speichen überdimensionaler Räder, bereit, über uns hinweg zu rollen. Eine Wahl folgte der anderen. Namen, die heute auftauchten, waren morgen in den Schmutz getreten. In uns kam die Angst hoch.

Irgendwann verließ der Geschichtsunterricht die gewohnten Bahnen, und unsere kleine bucklige Studienrätin versuchte, uns einen Weg zu führen durch die Wirrnisse der Zeit. Ich erinnere mich, wie sie zum ersten Mal vom Nationalsozialismus sprach und Furcht, aber auch Abwehr vor dem Kommenden in uns Wurzel fasste.

Irgendwann besuchte ein mir unbekannter Geistlicher meine Mutter. Ich hörte nachher, es sei Dr. Karl Sonnenschein gewesen, einer der großen Begründer der katholischen Sozialarbeit, Freund und wenig älterer Weggenosse meines Vaters, der ihn zur Führung des Deutschen Katholischen Arbeitersekretariates ausersehen hatte. Vielleicht lag in den letzten Gesprächen mit meiner Mutter schon die Ahnung, dass der frühe Tod meinen von seiner Aufgabe leidenschaftlich überzeugten Vater vor dem Zusammenstoss mit dem Nationalsozialismus, vor »Schutzhaft« und vermutlich sogar vor dem KZ bewahrt hat.


# Viel Mut

## und eine Schreibmaschine


Am 30. Januar 1933 ging ich mit einem Studenten am Ostrand des Venusberges spazieren. Er war Mediziner in einem höheren Semester, sehr groß, schlank, dunkelhaarig. Wir wussten noch wenig von einander, hatten uns kurz zuvor kennengelernt. Ich weiß nicht mehr, wie und wo. Er war zurückhaltend, ich in keiner Weise neugierig, und so genügte es uns, bei einander zu sein, unsere Schritte einander anzupassen und mit tastenden Worten zu entdecken, was uns vielleicht verbinden könne. Ich hatte das unbenennbare Gefühl eines Neubeginns und mochte seine fast scheue Art, mit der er mich im Gehen bei der Hand hielt.

Wir gingen durch das Unterholz nahe den Straßen, die in die Stadt führten; es war kalt und muss im frühen Nachmittag gewesen sein, denn es begann zu dämmern, als wir aus der Stadt fernen brodelnden Lärm bis zu uns herauf schallen hörten. Wir blieben stehen und horchten. Ich sehe noch, wie er bleich wurde und sein Gesicht auf einmal eine andere, harte Kontur bekam. Wir gingen die letzten Schritte bis zur Treppe, die in die Straße hinunter führte. »Ich darf dich nicht mehr nach Hause bringen«, sagte er leise. Ich sah ihn an, zum ersten Mal, wie mir schien, und verstand, was er andeutete. Ich habe ihn nie wieder gesehen und seinen Namen erst wieder gelesen in der Liste der früheren jüdischen Mitbürger, die die Stadt Bonn seit den siebziger Jahren regelmäßig zu Gast lud. Er muss die Stadt kurz nach unserem wortlosen Abschied verlassen haben. So erfuhr ich spät, dass er die Zeit des Nationalsozialismus überlebt hatte.

Am nächsten Morgen hatte ich dann im General-Anzeiger von der Entscheidung für Hitler gelesen. Der 30. Januar 1933, später als der Tag der »Machtübernahme« glorifiziert, hatte zu lautstarken Demonstrationen und harten Auseinandersetzungen der sogenannten Harzburger Front (Vereinigung der Nationalsozialisten, Deutschnationalen und des Stahlhelms) mit den Kommunisten in Bonn geführt. Das also war das unheimliche Brodeln aus der Stadt gewesen, das uns am Waldrand erreicht hatte.

Ich habe noch heute das Gefühl, als ob dieses Brodeln in den folgenden Jahren nicht verstummt sei, als ob sich unterirdisch etwas Bedrohliches vorwärts arbeitete, das Bonn veränderte und schließlich an den Rand des Unterganges führte. Ich erinnerte mich immer wieder der vorsichtigen Worte unserer Geschichtslehrerin, die schon vor fünf Jahren den Nationalsozialismus skizziert hatten. Ich hörte Beschwichtigungen: man glaube so wenig an die Dauer dieser Regierung wie an die der schnell wechselnden vorherigen Kabinette. Andererseits waren rüde Übergriffe und die Veränderungen im Stadtregiment unübersehbar, und ich spürte auch bei dem ersten Besuch in Krefeld eine Stimmung in der Familie, die Depression und Wachsamkeit signalisierte. Hier hatte ich ja schon früh gelernt, »dagegen« zu sein.

Es kam eine Zeit der Sprachlosigkeit. Man vermied es, mehr als Familiäres zu bereden, als ob man durch das Schweigen zu den öffentlichen Vorgängen eine Schutzmauer um die eng Verwandten und sich selbst ziehen könne, als ob innerhalb des engsten Kreises diese teils schleichenden, teils offensichtlichen Veränderungen nicht wahr wären. Keiner wusste, wohin das trieb. Der Mut, Fragen zu stellen, schwand. Man klammerte sich an das Tägliche, suchte daran Halt und Form. Und man wusste, dass dieses Alltägliche, das man früher gering geachtet hatte, nun sehr erhaltenswert war. In das Jahr 1933 fiel unser letztes großes Familienfest, die Goldene Hochzeit meiner Großeltern. Sie wurde nicht mehr in dem geliebten alten Haus an der Grenze gefeiert. Die Großeltern hatten den schönen, aber herzlich unkomfortablen Bau in Krefeld aufgegeben zugunsten eines viel kleineren, aber modernen, bräunlich-roten Ziegelhauses in Viersen. Sie waren hierher gezogen, um in Hausgemeinschaft mit ihrer ältesten Tochter Hedwig, der Studienrätin, und der lieben und mir aus Kinderzeiten so vertrauten Tante Maria zu leben, die nach wie vor, oft gescholten, aber ihrer selbst sicher, den Haushalt führte. Hinter dem Haus war ein Garten, kaum ein Viertel des alten Gartens in Krefeld, der ein Stück des ehemaligen Tierparks gewesen war, tief und dämmerig und voller Hollunderduft. Hier waren die Hecken noch niedrig. Die Nachbarn schauten gesprächsbereit über den Zaun. Aber sie kapitulierten vor der strengen Miene der Großmama, die noch immer mit der linken Hand den langen und weiten Rock leicht raffte und die Rechte vor den Mund hielt, weil sie wie eh und je ein wenig hüstelte. Es gab nicht mehr so viele Schlafzimmer in diesem neuen Haus, und so konnten nicht mehr gleichzeitig so viele Gäste hier übernachten. Immerhin gab es zwei freundliche Giebelkammern für Logierbesuch.

Vor dem Haus breitete sich so etwas wie ein Dorfanger aus mit einem Weiher, der von hohen Ulmen umstanden war. Links war eine Zeile gleicher Backsteinhäuser, rechts verlor sich der Blick in unbebautes Gelände. Und gegenüber lag, von den Bäumen fast verdeckt, die Weberei, in der mein Bruder nach dem Wunsch und Willen meines Großvaters die Anfangsgründe unseres traditionellen Familienberufs erlernte. Mein Großvater war mit dem Besitzer dieser Weberei gut bekannt, und so konnte es nicht fehlen, dass gleich zwei erfahrene Männner über sein Lernen und seine Fortschritte wachten. Es hatte uns allen dreien sehr weh getan, als er von Hause wegging aus diesem kleinen engen Familienverband einer blinden Mutter mit ihren Kindern. Wahrscheinlich grollte ich damals meinem Großvater, weil er Frank nach einem Besuch mit sich genommen hatte. Wenn mein Bruder jetzt nach Hause kam über ein Wochenende, war er irgendwie anders, sprach anders, hatte selbstständige Meinungen und etwas von einer frühen Männlichkeit.

Wahrscheinlich habe ich ihn beneidet. Er hatte davongehen können. Ich blieb zurück, um meine blinde Mutter zu pflegen und mit ihr unseren kleinen Haushalt zu führen. Berufschancen gab es für mich nicht. Das hatte uns eine Berufsberaterin schon beim Abitur deutlich gemacht. Für ein Studium war kein Geld da, und überdies waren Frauen in den meisten Berufen nicht gern gesehen. Eine Ausnahme war der Lehrberuf. Aber dahin zog mich nichts. Ein Jahr also Handelsschule, ein Jahr in einem bescheidenen Schneideratelier, wo ich wenigstens lernte, mich preiswert und dabei recht chic zu kleiden.

Und so hatte ich denn auch unter der Anleitung einer ältlichen Mamsell, aber nach einem modischen Schnittmuster, die vielen Meter Seide verarbeitet, die mein Krefelder Onkel uns für die Festkleider zur Goldenen Hochzeit geschickt hatte. Ich erinnere mich noch an mein schlankes Kleid in einem sanften Rot mit einem großen weißen Tellerkragen. Meiner Mutter hatte ich mit Hilfe der Mamsell eines der damals modischen Mantelkleider genäht aus einer schweren blauen Seide.

Zum letzten Mal wurde für ein Familienfest der endlose Tisch ausgezogen, der ein kompliziertes Scherensystem unter der Platte verbarg, und in den noch weitere Platten eingelegt werden konnten. Und zum letzten Mal wurde für einen feierlich-fröhlichen Tag mit dem großen Service aus Trierischem Porzellan gedeckt, von dem meine Urgroßmutter jeder Tochter zweiundsiebzig Gedecke mitgegeben hatte. Sie hatte mit großen jungen Familien gerechnet und damit Recht behalten. Jede der Töchter hatte acht Kinder, und mit Schwiegerkindern und Enkeln waren wir schon eine stattliche Schar. So hatte das reichliche Porzellan häufige Verwendung gefunden, denn die Familienkreise hatten sich bei Taufen, Erstkommunionen, Verlobungen und Hochzeiten zusammen gefunden zu gediegenen Essen, bei denen der Wein von der heimatlichen Mosel nicht fehlen durfte. Der Merler Stephansberg hatte einen sanften grün-goldenen Glanz, wenn die Herren die Römer hoben. So auch jetzt.

Aber vorher waren wir am Morgen gemeinsam zur nahgelegenen Kapelle eines Frauenklosters gegangen, die kleine Großmama wie immer an dem Arm des hochgewachsenen Großpapas, dem sie nach seiner liebevollen Interpretation genau bis ans Herz reichte.

Hier sollten wir denn erfahren, warum für die Goldhochzeitsmesse nicht die stattliche Remigiuskirche, sondern die kleine und bescheidene Klosterkapelle gewählt worden war, denn aus einer Seitentür trat in der Ordenstracht der Schwestern Unserer Lieben Frau meine Tante Schwester Maria Aquina hervor. Sie, die damals schon längst in Italien weilte und in Mailand die deutsche Schule als Direktorin leitete, hatte (mit finanziellem Nachdruck meiner Onkel) nach Deutschland kommen dürfen. Nach der Messe wurden wir in den Klostergarten geschickt, während meine Großeltern mit der Tante Maria Aquina im einem kleinen Speisezimmer frühstückten.

Dann sollte sie mit einem Auto meiner Onkel auf dem schnellsten Weg in ein Kloster ihres Ordens in Mühlhausen gebracht werden. Das Haus ihrer Eltern durfte sie nicht betreten. Aber vorbeifahren durfte sie.

Wir von der jüngeren Generation merkten an gewissen Signalen, dass meine Onkel etwas im Schilde führten. Und also wunderte sich keiner, als das Auto just vor dem Haus Hohlstraße 18 eine Panne hatte, einer der vier Onkel die Motorhaube hochhob, mit besorgtem Gesicht wieder auftauchte und mit entschuldigenden Gesten und hilflosen Mienen meine Tante bat, mit den Großeltern auszusteigen. Wir anderen hatten inzwischen verstanden, waren ins Haus gestürmt und hatten sämtliche Türen und Fenster aufgerissen, sodass unsere »Ehrwürdige« wenigstens in das Haus hinein sehen konnte, und ich erinnere mich, dass ich auch ihr Porträt herausholte, die schaurig schön kolorierte Fotografie der achtzehnjährigen Alice Thomas im pompösen Goldrahmen, das die heutige Schwester Maria Aquina im Schmuck üppiger Zöpfe und mit Spitzenstehbort um den Hals zeigte.

Sie hat dann lächelnd ihren Brüdern den kleinen Betrug mit der Autopanne vor dem elterlichen Haus verziehen, aber im Sinne der Ordensregel doch auf eine schnelle Weiterfahrt gedrängt. Wenige Jahre nach dem Krieg durfte sie das Haus nicht nur betreten, sondern Tage darin bei ihrer letzten verbliebenen Schwester wohnen. Sie trug dann auch nicht mehr die strenge Krause ums Gesicht, und ihre Röcke waren fussfrei. So sehr hatte sich die Welt verändert seit unserem letzten großen Familienfest.

Damals hatte der Orden der Schwestern Unserer Lieben Frau noch am folgenden Tag die ganze Hochzeitsgesellschaft in das Mutterhaus nach Mülhausen geladen. Ich habe nur die Erinnerung an einen weiträumigen Park, in dem ich mit Vettern und Kusinen auf Erkundung ging. Vermutlich haben wir einige der ehemals so beliebten Grotten mit Heiligenstatuen und buntem Glas gefunden und bestaunt. Jenseits der Klostermauern lag die weite niederrheinische Landschaft, die mich immer so angezogen hatte und eine Art Sehnsucht hervorrief, der ich mich heute noch nicht entziehen kann.

An diesem Tag gab es anderes zu bewältigen: wir sahen den bewussten, sehr würdigen Abschied für immer zwischen unserer Ordensfrau und ihren Eltern, kurz, tränenlos und von einer seltsamen, schon fast jenseitigen Fassung.

Großmama starb wenige Monate später nach kurzer Krankheit, während derer sie noch empört den ärztlich angeordneten Sekt abgelehnt hatte. Wir wussten, dass Sekt ein Reizwort für sie war, denn um 1875 hatten sich ihr Vater und sein Bruder veruneinigt und rüde getrennt, weil der eine dem Trend zum deutschen Sekt folgen wollte, während der andere nur der französischen Produktion den Namen »Sekt« zuerkannte. Sie gehörte zu der Anti-Sektlinie des Hauses Treis. Die jüngere und jüngste Generation der Familie hat später anders entschieden. Großmama hinterließ ein ebenso kurzes wie wirkungsvolles Testament: Nach fünfzig Jahren glücklicher Ehe sollte Emil Stephan Thomas nun endlich ein Bett nach seinen Maßen bekommen. Der baumlange Niederrheiner hatte klaglos all die Zeit in dem zu kurzen Ehebett geschlafen, das der Schreiner an der Mosel nach dem dortigen Menschenmaß angefertigt hatte.

Er hat nur noch wenige Jahre für das neue Schlafgefühl gehabt und wurde dann höchst würdig, wie er es gewünscht hatte, im extra angefertigten Frack seiner Goldenen Hochzeit zur letzten Ruhe getragen; in einem Sarg nach seinen Maßen, versteht sich. Die letzten, einsameren Jahre hatte er noch genutzt, seine achte Sprache zu lernen. Es war Schwedisch. Was ihm an der neuesten Zeit nicht gefiel, hat er nur in sehr kurzen, sehr scharfen Anmerkungen oder in langen Gesprächen mit seiner ältesten Tochter zur Kenntnis gegeben.

Bei seiner Beerdigung ging der Trauerzug durch die Stadt. Die Messe war noch »dreispännig«, d. h. von drei Geistlichen gelesen, wie in alter Zeit, und als wir uns auf den langen Weg zum Friedhof begaben, merkten wir mit Erstaunen, dass für Großpapa der Verkehr perfekt umgeleitet war. Er hätte es mit Genugtuung wahrgenommen. Ich traue ihm sogar zu, dass er diesen feierlichen Kondukt vorher sicher gestellt hatte. Für die Rückfahrt waren Trauerkutschen geordert, und weil es in Viersen deren nicht genug gab, hatten die Hauderer, so nannte man dort noch die Fahrzeughalter, ein paar Hochzeitskutschen mit blauseidenen Polstern dazu geschickt. Sie wurden natürlich den jüngeren »Damen«, d. h. den Enkelinnen zugeordnet; und da die Türen niedrig und der Weg steinig war, mussten wir uns in der blauen Seide festkrallen, um nicht heraus geschleudert zu werden. Weder ich noch meine Kusinen sind mit einem so unbequem-pompösen Gefährt zu unserer eigenen Hochzeit gefahren.

Die Testamentseröffnung war feierlich und eindrucksvoll. Wir erbten als Nachkommen des ältsten Sohnes die goldene Familien-Uhrkette, die ohnedies längst leihweise in dem Besitz meines Vaters gewesen war. Als ich meine Mutter darauf ansprach, gab sie mir leise zu verstehen, das Erbstück sei in der Nachkriegszeit, als der Hunger im Rheinland am größten war, um einige Zentner Kartoffeln getauscht worden. Sie hatten uns über einen schlimmen Winter gerettet.

Ich lebte also mit meiner Mutter nun allein, und irgendwie musste ich mein Schulwissen einsetzen, um zu einem

Lebensunterhalt zu kommen. Meine alte Kinderfrau Elisabeth Groß hielt dergleichen für völlig überflüssig. Sie sagte in schönstem Bonner Platt zu meiner Mutter: »Dat Irmgardje hätt keen rude Haar und keene Buckel, dat kritt ene Mann.« Meine Brille, die ich seit dem vierzehnten Jahr trug, schien ihr allerdings in dieser Hinsicht bedenklich. Auch meine blinde Mutter war über meine Brille entsetzt gewesen und tastete oft mein Gesicht ab in der Vorstellung, ich sei entstellt.

Der Versuch einer zugeheirateten, energischen Tante, mich in einem Lebensmittelbetrieb unterzubringen, damit ich wenigsten meine Handelsschulkenntnisse nutzen konnte, endete kläglich schon bei der Vorstellung. Der Inhaber der Firma muss ganz richtig erkannt haben, dass ich mich ganz und gar nicht für sein Haus eignete, und der überwältigende Vanilleduft des dort hergestellten Puddingpulvers brachte mich zu einem erschreckenden Gallenanfall.

Dagegen tauchte ich mit stiller Wonne ein in den Modergeruch eines großen Verlagsarchivs, dessen Ordnung mir als einer entfernten Verwandten angetragen wurde. Ich saß Stunden für Stunden in einem weiten, halb oberirdischen Keller, öffnete eine Kiste nach der anderen, und holte bibliophile Kostbarkeiten ans Licht. Bei Ferdinand Dümmlers Verlag, 1808 in Berlin gegründet, waren Romantiker versammelt, deren Namen wir in der Schule mit Respekt gelernt, und deren Werke ich mit Passion gelesen hatte. Vieleicht als einzige meiner Klasse, denn ich war oft aufgezogen worden, wenn ich während der Turnstunde abseits hinter dem Vorhang hockte, der unser Umkleiden züchtig verbarg, und Romantiker las.

Nun hielt ich Erstausgaben in der Hand, Bücher von der edlen Schlichtheit, wie sie zu Beginn der Romantik verlegt worden waren von jenem Ferdinand Dümmler, der in den Freiheitskriegen einst Lützower Jäger, aber gelernter Buchhändler und in Friedenszeiten dann Verleger mit »gesegnetem Gang der Geschäfte« geworden war. Hier fand ich Namen der großen Literaturgeschichte, Clemens Brentano, Friedrich de la Motte-Fouqué, Adelbert von Chamisso, Heinrich von Kleist, E. T. A. Hoffmann, umgeben von der Glorie der Zeit deutscher Erhebung gegen Napoleon. Aber ich begriff auch den Geist, aus dem die Schwesteruniversitäten Berlin (1812) und Bonn (1818) gegründet wurden, als mir Johann Gottlieb Fichtes »Wissenschaftslehre« zu Händen kam. Ich verstand die einmalig glückliche Periode der Geistesgeschichte, in der Dichtung und Wissenschaft noch eins waren unter der gläsernen Kuppel eines geschlossenen Weltbildes, sodass der Dichter zugleich Sprachgelehrter, Mathematiker, Musiker, Rechts- und Staatswissenschaftler sein konnte.

Bei Auspacken und Sortieren vollzog sich sozusagen unvergessbar eindringlich der Verlauf der weiteren Geistesgeschichte des 19. Jahrhunderts vor mir. Ferdinand Dümmler und seine Nachfolger folgten den wissenschaftlichen Intentionen ihrer Zeit, blieben einerseits den Universitäten, insbesondere den Naturwissenschaften, verbunden. Ich sah nach der unwiederholbaren Einheit des Wissen die unvermeidliche Aufgliederung und fortschreitende Spezialisierung. Die auf den Gründer folgenden Verleger entsprachen aber auch dem Bedürfnis nach einer allgemein volksbildenden Darstellung des gewaltigen Fortschrittes der Wissenschaften im 19. Jahrhundert durch fortlaufende Publikationsreihen.

Im ersten Weltkrieg war der Verlag in unerfahrenen Händen dem Niedergang ausgesetzt. Damals trat Antonio Lehmann als Käufer auf, und er verlegte den Verlag Ferdinand Dümmler nach Bonn. Er war es auch, der mir die erste Sichtung des Archivs anvertraut hatte. Ein Mann von großartiger Welt- und Weitsicht. Als Herder-Schüler war er nach Südamerika entsandt worden, um dort Raum und Geltung zu schaffen für deutsches Bildungsgut. Er gründete die weithin geltende Libreria Lehmann in Costa Rica, und das Wappenschild des mittelamerikanischen Landes an seinem Hause in Bonn zeigte an, dass er dessen Konsul in Deutschland war.

Mit der Übernahme führte er den nach Herkommen und Leistung hoch respektablen Verlag in Bonn zu neuem Ansehen, weitgehend auch der Tradition entsprechend in enger Zusammenarbeit mit den Professoren der Bonner Universität als Autoren. Als Antonio Lehmann 1941 starb, vertraute mir die Familie seinen Nachruf an. Ich war inzwischen unter dem Sohn und Nachfolger, Konsul Dr. Willy Lehmann, Autorin des Verlags mit meinen drei ersten kleinen Büchern geworden. Doch das ist ein späteres Kapitel.

Zu Hause war der Schreibtisch meines Vaters mir überlassen worden. In den Schubladen lagen noch einige wenige Manuskripte in seiner winzigen präzisen Schrift. Hier sah ich, dass mein Vater nicht nur politischer Redakteur gewesen war, sondern auch der Geschichte, der rheinischen Geschichte, besonders der anekdotischen Seite, zugetan. Seine mitteilsame Schreibweise floss für mich mit den Erzählungen meiner Mutter zusammen, und mit einem Mal war das Thema meines ersten Aufsatzes da. Zugleich wohl auch der journalistische Instinkt für zeitgerechte Wirkung. Es war kurz vor der Karwoche, und ich schrieb die vergessene Geschichte von der Entstehung des Karfreitags-Hymnus »Stabat mater« nieder, die ich in einem alten Buch aufgespürt hatte.

Vielleicht hab ich auch noch ein bisschen dazu erfunden vom Prunk des mittelalterlichen Aufzuges in der italienischen Stadt Todi, in dem auch der Rechtsgelehrte Jacopone schritt, der vor seinen Augen eine der Tribünen für die Damen der Stadt zusammenbrechen sah; sie riss auch seine junge Frau mit in den Tod. Immer ihr Sterben vor Augen, verließ er die Welt und schrieb als Franziskaner den Hymnus vom Leiden der Mutter unter dem Kreuz, der durch Giovanni Battista Pergolesis Komposition unsterblich wurde.

Ich borgte mir eine Schreibmaschine, schrieb den Aufsatz mit drei Durchschlägen und sandte ihn an den General-Anzeiger, an die Kölnische Volkszeitung und an eine Frankfurter (nicht, »die« Frankfurter) Zeitung. Er wurde dreimal angenommen, und zwei Zeitungen gaben mir die Chance zur weiteren Mitarbeit: der General-Anzeiger und die Kölnische Volkszeitung. Im Rausch der ersten Honorare kaufte ich eine Schreibmaschine, die kleine Erika. Sie blieb bis zu Beginn der sechziger Jahre im Gebrauch.

Wie es weiterging? Für die Kölnische Volkszeitung schrieb ich so etwas wie den »Bericht aus Bonn«, der sich weitgehend an der Universität und am kulturellen Leben orientieren musste, denn ich begriff auch ohne Aussprache mit der Redaktion, dass andere Themen in Anbetracht der Zeichen der Zeit nicht in Frage kamen. Beim General-Anzeiger, der von den Nationalsozialisten misstrauisch bewachten bürgerlichen Zeitung, empfahl sich die gleiche Linie.

Sie war ohnehin auch die meine. Das hatte man in der Redaktion wohl sehr schnell begriffen und verpflichtete mich weiter mit Aufträgen. – Nur von einem ersten soll hier die Rede sein.

Es stand ein Orientalistenkongress in der Universität an, ein großes Ereignis mit Gästen aus aller Welt. Ein Vorbericht war geboten. Also steuerte ich das Orientalistische Institut – damals auf der Poppelsdorfer Allee – an, und startete das erste Interview meines Lebens. Man reichte mich gleich durch zu Professor Paul Kahle, einem sehr gütigen Herrn, der mir Anfängerin freundlich entgegen kam und mich mit allem Wissen ausrüstete, dessen ich bedurfte. Als Höhepunkt dieses Privatissimums in Orientalistik führte mir Professor Kahle seine fernöstlichen Schattenspiele vor. Ich schrieb einen begeisterten Vorbericht und referierte Tag für Tag von allen Vorlesungen der Tagung. Das war zwar nicht üblich und nicht erwartet worden, aber das Feuilleton, damals noch »unter dem Strich«, war für Tage mit Texten gefüllt, die weitab von nationalsozialistischer Thematik und dennoch unangreifbar waren. Professor Kahle musste drei Jahre später Universität und Land verlassen, weil seine Frau mit den Söhnen nach der »Reichskristallnacht« einer Jüdin beim Aufräumen in ihrem Ladenlokal geholfen hatte.

## Es ging auch ohne Parteinummer

Nun hatte sich also mein alter Wunsch, Journalistin zu werden, überraschend schnell erfüllt. Natürlich musste ich auch, den damaligen Vorschriften entsprechend, Mitglied der Reichsschriftumskammer werden. Das war für mich so etwas wie eine Zitterpartie. Da ich bisher ganz zurückgezogen mit meiner Mutter gelebt, keinen Anspruch auf eine Anstellung irgendwo erhoben hatte, war meine Existenz der Partei noch nicht aufgefallen. Jetzt musste ich mich bei einer zuständigen Stelle melden, um den Beruf einer freien Mitarbeiterin von Zeitungen ausüben zu dürfen. Es kann sogar sein, dass ich dazu eine Aufforderung erhielt. Und sicherlich einen Fragebogen. Ich füllte ihn aus. Da, wo die Frage nach meiner Mitgliedschaft in der NSDAP stand, machte ich schlichtweg einen Strich. Vermutlich ist mir nicht allzu wohl gewesen, als ich diesen Fragebogen nach Berlin schickte, und ich sah eine Rüge und sogar eine Ablehnung voraus. Aber erstaunlicherweise kam nur ein kleiner mausgrauer Ausweis mit einem Hakenkreuz auf der Vorderseite zurück. Und neben dem Stichwort »Parteinummer« stand auch hier ein schöner gerader Strich. Mit diesem Ausweis habe ich die noch fällige Zeit des tausendjährigen Reiches überstanden, und erst ein amerikanischer Besatzungsoffizier hat mir das seltene Stück abgenommen.

93

Der Reichsschriftskammer in Berlin war die damals 22-jährige Schreiberin im fernen Rheinland wohl zu unwichtig gewesen, und hier hat keiner mehr meinen Ausweis sehen wollen.

Natürlich lernte ich während der Zeit meiner freien Mitarbeit beim General-Anzeiger und bei der Kölnischen Volkszeitung auch Kollegen der braunen Couleur kennen. Aber da ich völlig unbefangen nur meine Arbeit tat und keine näheren Kontakte einging, kamen keine Fragen auf.

Inzwischen suchte und fand ich mein Arbeitsgebiet fast von selbst. Ich hatte schon seit Kindertagen, seit den Fahrten mit meinem Onkel zu den niederrheinischen Städten, Kirchen und Rathäusern und seiner eindringlichen Unterrichtung mit dicken Malzbrocken ein lebhaftes Interesse an der Kunstgeschichte entwickelt, dem meine blinde Mutter aus der Erinnerung nachgeholfen hatte. Sie war es wohl auch, die mich zuerst auf die öffentlichen Vorlesungen von Professor Paul Clemen aufmerksam machte. Denn sie war schon als Braut während der Studentenzeit meines Vaters mit ihm samstags um zwölf Uhr in den berühmten Hörsaal 10 der Universität gepilgert, um wie viele junge Damen »der gebildeten Stände« Kunstgeschichte zu hören. Daher war ich schon in meinen Schulzeiten bei Clemen gelandet, was von unserer Schule sehr gern gesehen wurde.

Als ich mich nun als junge Journalistin nach Themen umsah, die ich dem General-Anzeiger anbieten konnte, stand die rheinische Kunstgeschichte obenan. Denn schon damals erschien – und zwar einmal in der Woche – eine ganze Seite »Unser Land«, die Geschichte und Kunstgeschichte der engeren und weiterem Umgebung von Bonn aufnahm, heute durch die »Rheinische Chronik« weitergeführt.

Auch diese Thematik war unanfechtbar in der Zeit des Dritten Reiches, denn alles, was entfernt nach Heimat, Blut und Boden roch, konnte passieren und war zugelassen. Paul Clemen war zwar seit 1936 emeritiert, lebte aber noch in

Bonn und hielt in vielen rheinischen Städten vor Kunstvereinen Vorträge, die immer deutlicher auf die Bedeutung der rheinischen Kunstdenkmäler im gesamten deutschen und europäischen Zusammenhang hinwiesen und bei der unausgesprochenen, aber unverkennbar drohenden Kriegsgefahr auf ihren Schutz vorbereiteten. Clemen wusste sehr bald, wer da kontinuierlich berichtete, sprach mich an, und so kamen lange Gespräche, oft auf der Fahrt, zustande, die die Kunstgeschichte bei mir verankerten, ehe eine günstige Wendung mir die späte Chance zum Studium bei seinem Nachfolger gab. Als er seinen Wohnsitz nach Süddeutschland verlegte, schenkte Clemen mir eines seiner Bücher mit der Widmung »Fräulein Irmgard Thomas mit Dank für alles, was sie für die rheinische Kunstgeschichte getan hat«. Und dabei stand ich doch erst am Anfang. Aber er wusste wohl, dass er mich für mein Leben begeistert hatte und seine Begeisterung weitertragen würde.

Zu Clemens Generation der großen Bonner Gelehrten gehörte auch der Literarhistoriker Oskar Walzel. Ich weiß nicht mehr, aus welchem Anlass ich in sein Haus kam und fortan regelmäßig eingeladen wurde. Er hatte einen unverkennbar österreichischen Charme, der sich freilich mehr und mehr verdüsterte. Auch er war 1936 emeritiert worden, hatte aber noch einen großen Kreis von bewundernden Schülern und Freunden um sich, zu denen auch der junge, im Dritten Reich von der Universität entfernte Privatdozent Heinrich Lützeler gehörte. Winzig klein von Gestalt, pflegte Lützeler zur entsprechenden Jahreszeit mit riesigen Gladiolensträußen bei Walzel aufzutauchen.

Ich fühlte mich zuerst sehr fremd in dieser Ansammlung von jungen Akademikern und gelehrten älteren Herren, zu denen auch der Kirchenhistoriker Wilhelm Neuss gehörte, und Clemens bescheidener Bruder Karl, Professor der evangelischen Theologie.

Hier im Hause des berühmten Germanisten Walzel sah ich auch Albert Fischer wieder, den Bonner Intendanten, der mir als Shylock und in anderen Rollen so großen Eindruck gemacht hatte. Er hatte sein Amt 1933 verlassen, war aber noch als Honorarprofessor in der Sprecherziehung tätig. Überwältigt von soviel stadt- und universitätsberühmten Leuten, war ich wohl zuerst etwas verloren in diesem Kreis. Aber ich fügte mich bald ein, zumal mir die Frau des Hauses, eine etwas gefürchtet scharfzüngige Dame, mehr liebenswürdige Aufmerksamkeit angedeihen ließ, als mir als jüngstem Gast zukam.

Ich hörte vieles bei den Nachmittagen im Hause Walzel, die bei reichlicher Bewirtung bis gegen neunzehn Uhr reichten, tat manchen Blick hinter die Kulissen der Universität, denn der akademische Klatsch blühte. Nur eines hörte ich nicht: dass die Ehefrau des Geheimrats Walzel getaufte Jüdin war. Wohl wurde der Walzel-Kreis unübersehbar kleiner und kleiner, so dass zuletzt nur noch Lützeler, Professor Neuss und ich übrigblieben. Damals hatte ich aber auch schon durch den Chefredakteur des General-Anzeigers (auch einem ehemaligen Walzel-Schüler) erfahren, dass Frau Walzel wohl nur durch die Ehe mit einem »Arier« geschützt war. Er sah für mich wie für die Redaktion eine gewisse Gefahr durch meine Besuche im Hause Walzel. Doch brachte ich es nicht über das Herz, das zusehends verfallende alte Ehepaar in der bedrohlichen Stille ihres vereinsamten Hauses allein zu lassen. Bis Oskar Walzel mir wie auch Lützeler und Neuss mit einer letzten aufgebotenen patriarchalischen Würde sein Haus verbot. Ohne zu sagen, dass es zu unserem Schutz geschehe. Nur der katholische Pfarrer der benachbarten Elisabeth-Kirche hatte noch Zugang.

Im September 1944 wurde Frau Walzel nach Theresienstadt verschleppt. Anfang 1945 starb er selbst bei einem Bombenangriff, der die Irrenanstalt in Endenich traf. In dem Chaos der letzten Kriegsmonate hatte ich nichts von seinem Tod erfahren. Erst 1949 erhielt ich die Einladung der Universität, bei der Enthüllung eines Gedenksteines für den Gelehrten und seine Frau auf dem Südfriedhof zugegen zu sein. Geladen waren nur Professor Neuss, Heinrich Lützeler und ich.

Zurück in die dreißiger Jahre.

Alles ging dem Krieg entgegen. Seit 1936 war Bonn wieder Garnison. Die Wehrmacht war über die gleiche Brücke zurückgekehrt, über die die letzten Soldaten des Kaiserreichs das linke Rheinufer 1918 verlassen hatten.

Ich erinnere mich, dass ich mit meiner Mutter auf dem Balkon stand und die Soldaten einer neuen Armee in Richtung auf die Ermekeilkaserne marschieren sah in endlosen Kolonnen. Marschschritt und rhythmische Musik. Der Blick hinunter auf die Männer im Gleichschritt machte mich schwindelig. Als sie längst vorübergezogen waren, glaubte ich noch den Asphalt der Straße in schwingender Bewegung zu sehen. Wenig später machte ein entfernter Verwandter meiner Mutter einen Abschiedsbesuch, in der Uniform eines Obersten. Er war Berufsoffizier gewesen, hatte achtzehn Jahre des zivilen Lebens als pflichtgetreuer Bankbeamter im ungeliebten Zivil zugebracht. Wir haben ihn nicht wieder gesehen.

Das Bild der Stadt veränderte sich durch die graugrünen Soldatenuniformen, die die braunen der Parteiformationen überwogen. Manche sah man auch in der Universität, im Theater, in den Lichtspielhäusern. Sie schienen Zeit, viel Zeit zu haben, als warteten sie auf etwas. Keiner hätte gewagt, von Kriegsfurcht zu sprechen. Aber sie war da. Sie veränderte die Stadt. Stumm sah man zu, wie Bunker gebaut, Stollen in den Venusberg, unter die Godesburg getrieben wurden und Schutzräume entstanden. Es gab Alarmübungen und Verdunkelungen.

Es ist in unserem heutigen Lebens- und Freiheitsgefühl und dem bürgerlichen Recht der Einsprache, der Demonstrationen, kaum vorstellbar, dass man Jahre widerspruchslos unter dem wachsenden Druck der Gewissheit dieser Kriegsvorbereitungen lebte, sich im Täglichen damit arrangierte und in selbst geschaffenen Reservaten einer vorsichtig eingegrenzten Geselligkeit, der Kunst und Kultur einen Ausgleich fand. Theater, Konzerte, Vortragswesen funktionierten, und da mir mehr und mehr Berichterstattung aufgetragen wurde, konnte ich meiner Mutter oft genug den üblichen zweiten Presseplatz anbieten. Sie war zunächst wenig begeistert gewesen von meinem Wunsch, beruflich den Spuren meines Vaters zu folgen und hielt Journalisten für lockere Vögel, bereit, jeder Verlockung zu einem unsoliden Leben mit spätem Ausgehen und dergleichen Eskapaden zu folgen. Aber zum Glück verlockte mich keiner, und die Beziehungen zu den Kollegen waren eher unterkühlt, weil man Frauen in diesem Beruf damals kaum schätzte. Außerdem hatte ich weder Zeit noch Interesse an dergleichen Freizeitvergnüglichkeiten, die schon durch Freundschaften und Familienbeziehungen ausreichend anstanden. Vielmehr arbeitete ich intensiv daran, meine beruflichen Möglichkeiten zu erweitern und fand damals Kontakte zu anderen Zeitungen und zum Westdeutschen Rundfunk, der mich bisher kaum interessiert hatte.

Rundfunk war zwar die große Sensation meiner Kinderzeit gewesen, schon weil er im Rheinland durch die Besatzung verboten gewesen war. Und ich hatte gespannt miterlebt, wie einer meiner jungen Onkel Einzelteile eines Rundfunkgerätes aus dem unbesetzten in das besetzte Gebiet geschmuggelt und das erste Radio gebastelt hatte. Es funktionierte erstaunlich gut, und die versammelte Familie Thomas hatte im *Haus an der Grenze* regelmäßig die Abende am Rundfunk verbracht bis zum mitternächtlichen Schluss mit der Nationalhymne. Da auch die Hymne im besetzten Gebiet verboten war, hatten wir sie mit dem inneren Hochgefühl des Widerstandes gegen die Besatzungsmacht gehört.

Diese Zeiten waren längst vorbei, und der Rundfunk war mit Unterhaltungssendungen Allgemeingut geworden, jetzt auch seit Jahren von den Nationalsozialisten als Propagandamittel eingesetzt. Dennoch gab es noch Lichtblicke im

Rundfunkprogramm. Eine vielgeliebte Sendung war damals am Sonntagmorgen »Das Schatzkästlein« von Martin Rockenbach. Meine Mutter hatte diese Sendung für sich entdeckt. Für sie als Blinde war der Rundfunk von Beginn an ein Fenster zur Welt gewesen, die ihr sonst so weitgehend verschlossen war. Ich hatte dem Rundfunk auch jetzt nur wenig Aufmerksamkeit geschenkt, vermutlich weil ich immer mehr lesend in einer Welt von Büchern lebte. Aber das »Schatzkästlein« berührte meine alte Leidenschaft für die Romantiker. Und also schrieb ich nach dem Vorbild einer Sendung eine Fortsetzung dieser Reihe über den Dichter Novalis mit einem Titel, der weitab vom rüden Zeitgeschehen lag: »Nach innen geht der geheimnisvolle Weg«.

Martin Rockenbach nahm die Zusendung einer völlig Unbekannten nicht nur sehr wohlwollend auf und ließ sie nach ein paar einleitenden Sätzen und mit einer schönen Musikeinblendung passieren, so wie ich sie geschrieben hatte; mit einem für damalige Zeiten ansehnlichen Honorar kam auch die Aufforderung, an dieser Sendereihe weiterhin mit zu arbeiten. Mir wurden literarische Porträts aus der Romantik aufgetragen. Ich war in meinem Element, in einem meiner geheimen Reservate dieser Zeit. Und ich bin Rockenbach und der Sendereihe treu geblieben, bis der totale Krieg ihr ein Ende setzte. Nur einen Wunsch erfüllte mir Rockenbach nicht: Ich habe keine Sendung selbst sprechen dürfen. Ob ihn meine damals schon etwas rauhe Stimme störte oder ein gewisser rheinischer Singsang, habe ich nie erfahren.

Damals erhielt ich vom General-Anzeiger den Auftrag zu einer größeren Artikelserie »Der kurfürstliche Hof in Bonn«. Natürlich stürzte ich mich mit Elan auf das Thema und saß viele Stunden im Stadtarchiv. Dort behinderte ein völlig unwilliger Archivar, der erste hauptamtliche, den die Stadt angestellt hatte, mich mehr, als er meine Arbeit förderte. Er hielt eine Darstellung aus der Stadtgeschichte für seine ausschließliche Aufgabe und verkannte völlig, dass hier eine mehr feuilletonistisch-anekdotische Form der Geschichte gefordert war, die keinen wissenschaftlichen Anspruch erhob.

Diese Artikelserie hatte einen erstaunlichen Eolg: Sie wurde mein erstes Buch im Verlag Ferdinand Dümmler, und Konsul Lehmann, für den ich noch vor kurzer Zeit das Verlagsarchiv geordnet hatte, wurde mein erster Verleger. Kaum waren die Folgen der Artikelserie erschienen, als der Buchverleger mit dem Zeitungsverleger ins Gespräch kam und die Serie mit Text und Bild im Zeitungssatz übernahm. Das kleine Buch erschien unmittelbar nach dem Abdruck der Serie, und die erste Auflage war sehr bald vergriffen. Ich wusste damals kaum, wie mir geschah, und ich weiß heute nicht mehr, wie dieses mein erstes Buch aussah, denn erhalten ist nur ein ramponiertes Exemplar mit einem nachkriegsmäßig gebastelten Einband ohne Bild.

Aber für mich ist »Der kurfürstliche Hof in Bonn«, der Anfang 1939 erschien, mit einer besonderen Erinnerung verbunden. Meine Mutter hat ihn zum großen Teil nach meinem Diktat niedergeschrieben. Seit mein Bruder am Niederrhein lebte und seine erste Ausbildung in der Weberei erhielt, hatte ich für meine Mutter viele Briefe an ihn geschrieben. Als ich mit den ersten Honoraren eine Schreibmaschine erstanden hatte, war mir erst eigentlich klar geworden, was es bedeutete, dass ich auf der Handelsschule blind schreiben gelernt hatte. Es war nicht ganz leicht, diese Kenntnisse auf meine Mutter zu übertragen, die ja die Maschine nicht vor sich sah. Ich setzte den Lehrprozess in Gang, den ich selbst durchexerziert hatte, indem ich auf die Grundtasten für das Blindschreiben, die Buchstaben f und j, je einen Wachstropfen fallen ließ und ihr das Zehnfingersystem von diesen Tasten aus vermittelte. Sie konnte nun nicht nur bald ihre Briefe selbst schreiben, sondern auch mir bei meiner Arbeit helfen, eine Erweiterung ihres Lebensgefühls – fast nur noch gleich zu setzen mit dem Telefonieren.

Das Telefon hatte bald zu meiner journalistischen Grundausstattung gehört. Meine Mutter hatte es misstrauisch betastet und war nicht zu bewegen, es selbst zu bedienen. Vermutlich hatte sie zuletzt vor ihrer Erblindung die Apparate noch an der Wand hängend gesehen und die jeweilige Verbindung noch von dem »Fräulein vom Amt« erfragen müssen. In den zwanziger Jahren waren private Telefone in Bonn noch selten gewesen, zumal auch die Besatzung wie bei allen Kommunikationsmitteln Einfluss genommen hatte. Im übrigen galt das Telefon auch noch lange als Luxus.

Nun aber stand es da auf meinem Schreibtisch, und ich lockte sie heran, indem ich meinen Bruder anrufen ließ. Nachdem die erste Scheu überwunden war, lernte Mutter auch die Wählscheibe bedienen, und in den wenigen Jahren, die ihr noch vergönnt waren, hat sie ihre Freude daran gehabt, mit Freunden und Verwandten zu telefonieren. Oder auch meinen täglichen Anruf zu hören: Ich bin fertig mit der Arbeit, ich komme nach Hause.

Für mich hatte mit dem selbstgewählten und Schritt für Schritt eroberten Beruf ein neues, strenges Leben begonnen, das mich aber jeden Tag von neuem faszinierte. Ich hatte kaum noch Kontakt zu meinen Klassenkameradinnen, von denen einige geheiratet, nur wenige einen Beruf ihrer Wahl gefunden hatten. Von einer Abiturientia von sechsundzwanzig Mädchen hatten, soviel ich mich erinnere, vier mit Auszeichnung, zwölf mit gut und der Rest immerhin mit Anstand bestanden. Nur vier haben nachher studieren können.

Vorbei war auch die Zeit der Studentenflirts, die uns früher in Atem gehalten hatten. Für eine ernstere Bindung war die Zeit wenig angetan, und mir war der eigene Boden unter den Füßen wichtig. Zum anderen hätte ich meine Mutter nicht verlassen oder irgendeiner anderen Versorgung überlassen wollen und können. Die besonderen Umstände unseres Lebens durch den Tod meines Vaters, durch ihre Erblindung und meine frühe Verpflichtung, ihr beizustehen, hatten mich überdies auch zu einer kritischen Selbstständigkeit erzogen, die vermutlich nicht gerade anziehend wirkte.

Meine Berufstätigkeit wurde von der Verwandtschaft zunächst kritisch beäugt und dann anerkannt. Ich hatte bewiesen, dass man mit einer Schreibmaschine und ein paar Blättern weißem Papier sehr wohl seinen Lebensunterhalt erwerben, und es vielleicht sogar zu etwas bringen konnte.

## Zeitung bis zum bittren Ende

Seit der Mitte der dreißiger Jahre ging eine Prophezeihung um: Wenn die Frauen rote Schuhe tragen und Hüte wie zu Karneval, dann gibt es Krieg. Anfang September 1939 schrieb mein Bruder in einem Feldpostbrief aus Polen: »Lass Dir nicht einreden, dass Deine roten Sandalen Schuld am Krieg sind. . .« Frank war genau 25 Jahre und einen Monat später als unser Vater, und genau wie er unmittelbar von einer militärischen Übung in Marsch gesetzt worden. Meine Mutter hat wie ich die Jahre nachgerechnet. Aber wir haben uns nicht in schmerzliche Reminiszenzen verloren. Sie nahm Stricknadeln und graue Wolle und begann ein neues Paar Socken für meinen Bruder, stellte das Radio, Marke Volksempfänger, an und winkte mir beruhigend zu: ich ging zur Redaktion.

Für mich geschah mit Kriegsbeginn ein unerwartetes Wunder. War ich bisher freie Mitarbeiterin gewesen, wurde ich nun Volontärin im General-Anzeiger. Der Krieg hatte es möglich gemacht: Ich konnte meine Berufsausbildung zur Redakteurin beginnen, denn schon zeichneten sich durch die Einberufung die ersten Lücken in der Zahl der Redakteure ab. Anstellung und Berufsausbildung – ein großes Glück und zugleich ein großes Problem.

1939 war auch mein zweites Buch erschienen: »Gelehrtes und musisches Bonn«, eine kleine Geschichte der Universität, schmal und bescheiden neben der stattlichen Chronik von Bezold, aber lesbar, etwas anekdotisch und genau das, was der Bonner Bürger von »seiner« Universität wissen wollte.

Auch dieses kleine Buch war aus einer Artikelserie im General-Anzeiger hervor gegangen und in Ferdinand Dümmlers Verlag erschienen. Konsul Willy Lehmann, Inhaber des Verlages, tat ein Übriges. Er überreichte dem derzeitigen Rektor der Universität, Prof. Dr. Karl Chudoba, das erste Exemplar. Chudoba schlug das Büchlein auf, blätterte, schmunzelte und fragte: Was hat Fräulein Thomas studiert? Mein Verleger berichtete wahrheitsgemäß, dass ich bisher noch keine Chance zum Studium gehabt habe: Vater früh gefallen, kein Geld zum Studieren, Arbeit als freie Journalistin, teils auch im Verlag. . .

Chudobas Antwort war ein Stipendium. Ich durfte studieren, was ich wollte. Ich zog mein bestes Kostüm an und machte einen Dankeschön-Besuch. Aber noch wusste ich nicht, wie ich Studium und die notwendige Berufsausbildung vereinigen sollte.

Zuerst war die Beichte im General-Anzeiger fällig. Verlagschef Dr. Otto Weidert und Chefredakteur Edmund Els berieten: Man wollte mir die Chance nicht verbauen. Man war auch wohl ein wenig geschmeichelt von der Tatsache, dass eine Artikelserie im General-Anzeiger solche Bewertung fand – und akzeptierte mich als Volontärin, die zugleich Studentin sein sollte. Außerdem sah man zweifellos hier eine Chance, die Beziehungen zur Universität nutzbringend auszubauen, zumal ich schon bisher vielfach Berichte und Interviews aus dem Umkreis der Universität gebracht hatte.

Nun begannen vier harte Jahre. Als erste Frau in der Männerwelt der Zeitung war ich nicht unbedingt geliebt.

Ich spürte die Zurückhaltung der Redakteure. Mehrere von ihnen hatten selbst ein Studium aufgeben müssen, um in diesen miesen Zeiten im Beruf schneller vorwärts zu kommen. Und diesem Fräulein Thomas schien alles zuzufallen. Davon konnte indes keine Rede sein. Ich musste schon manchmal auf die Zähne beißen. So an jenem Tag, als im Zweiten Weltkrieg Paris eingenommen wurde. Ich hatte in der vorhergehenden Nacht einen geradezu höllischen Gallenanfall gehabt und war noch nicht zu mir gekommen, als das Telefon klingelte. Ehe ich dem Chefredakteur sagen konnte, ich sei krank und könne heute nicht zum Dienst kommen, teilte er mir mit, ich müsse eine Bildseite Paris mit entsprechendem Text gestalten. Wenn ich denn schon krank sei, werde er mir einen Boten mit den einschlägigen Unterlagen schicken. Ich sei ja wohl schon mal in Paris gewesen. Ende des Gesprächs.

Natürlich war ich noch nicht in Paris gewesen, und mir war viel zu schlecht, um nur daran zu denken. Aber dann stand der Bote vor der Tür. Und ich tat, was erwartet wurde, nahm meine kleine Schreibmaschine im Bett auf die Knie, umgab mich mit Bildern und Stadtplänen von Paris, hörte zwischendurch im Rundfunk die aktuellen Meldungen über den Einzug der deutschen Truppen, übergab mich spätestens alle Viertelstunde und hatte um zwölf Uhr meine Seite fertig. »Und Sie sind doch in Paris gewesen«, knurrte mein Chef und war hochzufrieden mit einer begeisterten, aber neutralen Schilderung der »ville lumière«.

Schlimm waren die Nächte in der Technik. Untechnisch wie ich war, liebte ich dennoch den Raum mit dem rhythmischen Geräusch der Setzmaschinen, mit dem bleichen Glanz der gezahnten Bleistangen, die gestapelt lagen, um zur gegebenen Zeit in die Setzmaschine eingefügt zu werden und, durch eine beständige kleine Gasflamme erhitzt, das Metall für den Guss der Bleizeilen freizugeben. Ich wusste, dass mein Vater schon durch solche Räume gegangen war und sich die erste Zigarette des Tages an der kleinen Gasflamme angezündet hatte. Ein kurzer Nervenkitzel und streng verboten.

Ich liebte den stampfenden Takt der Rotationen, der unser kleines Verlagshaus erbeben ließ, und der mich begleitete, wenn ich nach getaner Nachtarbeit in den Morgen hinaus ging.

Ja, schlimm waren in der Tat die Nächte am Mettiertisch. Die kriegsmäßige Verdunkelung erlaubte keinerlei Lüftung in dem großen, lang gestreckten Raum, in dem das schmelzende Blei die Temperaturen hochtrieb. An dem langen, schmalen, eisenbeschlagenen Tisch stand ich dem Metteur gegenüber, einem schweren wuchtigen Mann mit kahlem Kopf, sicher der Erfahrenste im Hause, der schon Generationen von jungen Redakteuren die Kunst der Gestaltung der Zeitungsseiten, des sogenannten Umbruchs, beigebracht hatte. Aber zum ersten Mal stand ihm eine junge Frau gegenüber. So viel ich schon geschrieben hatte, so wenig wusste ich von der Technik.

Die Einweisung des Chefredakteurs war kurz gewesen. Dann blieb ich allein mit dem Metteur und den Druckfahnen, auf denen die Texte der Artikel einspaltig lang, noch ungegliedert, herunter liefen. Der Metteur seinerseits hatte die »Schiffe« mit den bleiernen Druckzeilen neben sich. Und ich lernte also, wie diese Texte umbrochen wurden, d. h. zu ein-, zwei- oder dreispaltigen Artikeln im Gesamtbild einer Zeitungsseite zusammengebaut wurden aus den Bleizeilen. Die Anweisung dazu gab der Redakteur. Und dazu gehörte einfach Mut und Übung, denn für ihn stand die Schrift der Bleizeilen ja nicht nur auf dem Kopf, sondern auch spiegelverkehrt. Der Metteur griff mit traumhafter Sicherheit die Bleizeilen. Seiner Erfahrung verdanke ich für lange Zeit, dass mir die Seiten gelangen. Eine Angstpartie jedesmal, wenn der Metteur mit den Bleizeilen nicht auskam beim Umbruch. »Fräulein Thomas, kürzen sie zehn Zeilen«. Vielleicht mussten auch noch fünf Zeilen dazu geschrieben werden. Das durfte nicht mehr und nicht weniger sein, und manchmal auf die halbe Zeile passen. Blitzschnell musste ein neuer Übergang im Text gefunden und an den Setzer gegeben werden, der die neuen Bleizeilen dazu herstellte.

In vielen Nächten gab es Fliegeralarm. In den angespannten Arbeitsprozess hinein heulten die Sirenen. Jahre lang kümmerte sich keiner in der Technik um den Alarm. Man machte weiter, obgleich die Lage des Verlagshauses gegenüber dem Bahnhof nicht unbedenklich war. Oft genug sind später die Glas- und Bombensplitter in die Rotation geschlagen, die vorn an der Straße hinter großen Glasscheiben stand. Es gehörte zu den täglichen Wundern, dass die Rotation bis zur nächsten Ausgabe der Zeitung von hauseigenen Kräften jeweils funktionsfähig wiederhergestellt wurde.

Unvorstellbares wurde in jenen Kriegsjahren von der Technik geleistet, um die tägliche Ausgabe des General-Anzeigers zu sichern trotz wachsender Behinderungen im Herstellungsprozess: Nachtarbeit bei Verdunkelung, Fliegeralarm und ständig geringer werdenden Lebensmittelzuteilungen und weiteren Einberufungen. Unvorstellbar auch die Leistung von Verlag und Redaktion, das Unternehmen zu erhalten und nicht in die Hände der Nationalsozialisten fallen zu lassen.

In den Jahren meiner freien Mitarbeit bei der Zeitung hatte ich schon eine gewisse Einsicht in die Zwangssituation der Redaktionen erhalten. Aber eine wirkliche Vorstellung von dem nationalsozialistischen Druck auf die tägliche Redaktionsarbeit bekam ich erst als Volontärin. Nun lernte ich den Alltag der Redaktion kennen. Täglich stapelten sich Stöße von Papier in grell bunten Farben auf dem Schreibtisch des Hauptschriftleiters: die sogenannten Sprachregelungen für die Berichterstattung. Von 1933 bis 1945 sollen fünfzig- bis achtzigtausend dieser Sprachreglungen herausgegeben worden sein. Die genaue Zahl ist nicht mehr festzustellen, weil alles Schriftliche unter Sicherheitsvorkehrungen verbrannt werden musste. Diese Sprachregelungen gingen vom Reichspropagandaamt aus und wurden uns von der nächst zuständigen Dienststelle in Köln übermittelt.

Die Sprachregelungen waren Vorschriften über Themen, Berichterstattungen, Behandlung politischer Fragen, die die Zeitung wahrzunehmen hatte. Oft ging die Sprachregelung so weit, dass wörtliche Wiedergabe verlangt wurde. Die Redaktionen wurden auch angewiesen, welchen Platz sie den aufgenötigten Texten zu geben hatten, d. h. an welcher bedeutenden oder weniger auffallenden Stelle sie zu veröffentlichen waren. Ferner gab es Anweisungen für Schlagzeilen und deren Größe. Auch das zeitliche Zurückhalten mancher Nachrichten durch sogenannte »Sperrfristen« gehörte zu dem Instrumentarium der Sprachregelungen.

Sehr wichtig waren auch die Regelungen über die Veröffentlichungen der Bilder. Der General-Anzeiger, ein technisch immer besonders fortschrittlicher Betrieb, verfügte damals schon über eine ausgebaute Chemiegraphie, die eine umfangreichere Bildberichterstattung ermöglichte als bei anderen Zeitungen. Ein Umstand, der einerseits der NS-Selbstdarstellung viele Möglichkeiten einräumen, andererseits aber auch Unerwünschtes an den Tag bringen konnte, und daher scharf bewacht wurde.

Seit Kriegsbeginn hatte die Zahl der Sprachregelungen erheblich zugenommen. 1940 führte Goebbels die »Tagesparole« für die Presse ein. Es handelt sich dabei, wie ein früherer Chefredakteur des General-Anzeigers in seinen Erinnerungen schrieb, um »fast fertig ausformulierte Artikel zu den wichtigsten Themen des Tages«. Sie beherrschten denn auch die erste Seite der Zeitung.

Der lokale und kulturelle Teil der Zeitung war den Propagandaämtern bis zu Kriegsbeginn nicht so wichtig; und so hatte ich in den Jahren meiner Freien Mitarbeit den NS-Druck weniger empfunden. Obwohl mir wie jedem politisch Andersdenkenden die Grenzen, innerhalb derer man sich noch mit Veröffentlichungen bewegen konnte, bekannt genug waren.

Mit Kriegsbeginn griff die Zensur auch auf den Lokalteil über. Alles wurde »kriegswichtig«. Die örtlichen Parteidienststellen waren nun mehr als vorher an einer Berichterstattung über ihre Aktivitäten interessiert, um Eindruck auf die Bevölkerung zu machen und sich »nach oben« durch besonderen Einsatz auszuzeichnen. Längst ehe die Formulierung vom »totalen Krieg« gefunden war, sollte sich nach dem Willen der Nationalsozialisten der Krieg als ständiger Bewusstseinsinhalt und Motor des täglichen Lebens abzeichnen.

Für uns war es in dieser Zeit und unter diesen Umständen ein nie formulierter, aber immer bewusster Auftrag, in der bürgerlichen Zeitung dem Leser etwas von dem Ton bürgerlichen Lebens zu erhalten, eine andere Sprache zu sprechen als die »lingua tertii imperii«, die Sprache des Dritten Reiches.

So gehörte es zu meinen Aufgaben, vorgegebene Texte neu zu formulieren, ihnen den Ton eines traditionellen, dem Leser vertrauten Stils der Berichterstattung zu geben. Was der Westdeutsche Beobachter hymnisch feierte, bekam bei uns einen wesentlich nüchterneren Klang. Unvermeidbares wurde erheblich herabgespielt dargeboten. Aktivitäten der Parteigliederungen mussten aufgenommen werden. Aber es bestand immerhin die Chance, sie auszuwählen und ihnen eine bestimmte Richtung zu geben. So bot es sich an, von allen NS-Aktivitäten die Arbeit der Frauenschaft bei der Berichterstattung zu bevorzugen.

Die NS-Frauenschaft war damals in einem schönen Eckhaus Poppelsdorfer Allee / Baumschulallee sesshaft, wo politische Schulung und Kurse stattfanden. Es war verhältnismäßig leicht, die NS-Frauen von der Politik weg zu locken und auf das Thema vorbildlicher kriegsgemäßer Haushaltsführung zu bringen, so dass ich statt der üblichen Parolen Rezepte und brauchbare Tips bekam, die ich veröffentlichen konnte ohne falschen Zungenschlag. – Ein kleines Beispiel für die Auseinandersetzung mit den Anforderungen nach Berichterstattung und Veröffentlichung, die uns von den Parteiformationen täglich auferlegt wurden.

Jede der Formationen, von der Hitlerjugend bis zu den zahlreichen NS-Verbänden, versuchte unentwegt, »kriegswichtige« Leistungen zu erbringen und sich in der Öffentlichkeit damit darzustellen. Es ging der Partei um eine ständige Infiltration nationalsozialistischen Gedankengutes in das bürgerliche Leben, um eine Stärkung der Bereitschaft, kriegsbedingte Anforderungen zu erfüllen. Daher wurden jetzt auch im Bereich der lokalen Berichterstattung über Parteiveranstaltungen die im politischen Bereich schon längst üblichen Sprachregelungen eingeführt, d. h. markig nationalsozialistische Formulierungen mussten in der Berichterstattung eingefügt werden. . . .So dass man gelegentlich die eigenen Texte nicht wieder erkannte.

Entsprechend suchte die bürgerliche Presse Lücken, in die man ausweichen konnte, entwickelte Abwehrmechanismen gegen den permanenten Druck und versuchte, die bürgerliche Existenz zu erhalten und darzustellen.

# Wissenschaft im Kampf für Deutschland

Es lag nahe, auch im Krieg der Berichterstattung über die Universität eine hervorragende Rolle im Bonner Lokalteil zuzuweisen. Dabei kamen mir die Kontakte mit dem Rektor der Universität, Professor Karl Chudo-ba, zugute, der mir auf Grund meines Buches »Gelehrtes und musisches Bonn« das Stipendium gewährt hatte und mir nun bereitwillig Interviews gab.

So erinnere ich mich der Vorbereitungen und der Durchführung einer Vortragsreihe der Universität, die alle Fakultäten in Erscheinung treten ließ. Sie hieß »Wissenschaft im Kampf für Deutschland«.

Diese Vortragsreihe lief über mehrere Semester, und es gehörten geradezu halsbrecherische Verrenkungen dazu, alle Zweige der Wissenschaft in diesem Programm kriegsbezogen und kämpferisch darzustellen. Es gelang, soweit ich mich erinnere, von den ersten germanischen Zaubersprüchen und den deutschen Minnesängern bis zur Astronomie. Nur das Referat eines evangelischen Theologen ließ allzu offenherzig dessen Distanz zum Nationalsozialismus durchblicken, so dass den Zuhörern eine Gänsehaut über den Rücken lief.

Unter den Zuhörern müssen jeweils Spitzel gewesen sein, die durchweg nichts zu berichten hatten, weil die Professoren sich streng an den Gesamttenor des Programmes hielten. Nach dieser Vorlesung des evangelischen Privatdozenten aber brach ein wahres Unwetter los. Mir war gleich klar, dass hier keine Besprechung des Vortrags auf der Lokalseite bzw. im damaligen aktuell-feuilletonistischen Bereich »unter dem Strich« stattfinden konnte, und Chudoba bestätigte mir in einem brandeiligen Telefonat, dass auch keine Erwähnung der Vorlesung erwünscht sei. Mit einem wahren Kraftakt ist es dem Rektor dann gelungen, die Universität, seine Vortragsreihe und auch den Privatdozenten zu retten.

Die Vortragsreihe »Wissenschaft im Kampf für Deutschland« wurde zu einem echten Bindeglied zwischen Bürgerschaft und Universität, sicherlich zunächst augenzwinkernd und mit der gewissen rheinischen Durchschau aufgenommen, dann aber auch als ein Bildungsangebot in immer dürrer werdenden Zeiten gewürdigt. Der General-Anzeiger kündigte die Vorlesungen nicht nur umfänglich an, sondern jede einzelne Vorlesung wurde mit einem heute kaum mehr vorstellbaren Platzaufwand besprochen. Mit jeder dieser

Vortragsbesprechungen war ein Teil der Lokalseiten unanfechtbar und unverdächtig gefüllt. Die Vorlesungen dieser Reihe wurden denn auch noch fortlaufend als ansehnliche Broschüren veröffenlicht, was abermals eine redaktionelle Würdigung erfuhr.

Die Berichterstattung über diese spektakuläre Vorlesungsreihe fiel mir zu, wie ich überhaupt das damals sehr blühende Vortragswesen der Bonner Bildungsvereine ständig referierte. Und das mit offensichtlichem Engagement. So dass der hübsche Spruch aufkam: *Wenn man Fräulein Thomas einen Platz im Himmel anbietet oder den Platz in einem Vortrag über den Himmel, geht sie in den Vortrag.*

Einen weiteren Freiraum gewährten die Theater und Konzertkritiken und die Kunstausstellungen in dem damaligen Obernier-Museum. Das Museum war die Stiftung eines Mediziners, Professor Franz Obernier, an die Stadt Bonn, die die Villa des Professors den Bonner Künstlern zur Verfügung stellte.

Damals waren in Bonn und der näheren Umgebung etwa hundert Künstler ansässig. Sie haben kaum einen Beitrag zur »Kunst im Dritten Reich« geboten, sondern sich in harmlos-legitime Landschaften geflüchtet. Bis auf wenige bestellte Hitler-Bildnisse und eine geschnitzte Pimpfengruppe (jüngste Formation der Hitler-Jugend) dürften Bonner Künstler zwar Abstriche, aber keine Zugeständnisse an die braunen Machthaber gemacht haben.

So verlief denn auch eine Gaukulturwoche in Bonn wenig spektakulär. Einige hochdekorierte Parteigrößen, sogenannte »Goldfasanen«, erschienen anlässlich der Bonner Ausstellung in Galauniform und waren vermutlich enttäuscht, weder martialische noch Blut- und Bodenbilder anzutreffen, sondern überwiegend Rhein-, Sieg- und Eifelszenerien. In Bonn ging anschließend ein Bonmot des jungen Privatdozenten Heinrich Lützeler um: »So leise Bilder und so laute Stiefel.« Ihm war die Venia legendi (das Recht, an der Universität zu lesen) ohnedies längst entzogen.

111

Einige Bonner Künstler waren schon emigriert, so Leo Breuer und Magda Felizitas Auer, die für ihren ersten Höhenflug in die Bereiche der abstrakten Kunst mit dem Arbeitsverbot der Reichskulturkammer belegt waren.

Unter dem Motto »Kultur hat auch im Krieg Bestand« erhielt ich den Auftrag, Künstler in ihren Ateliers aufzusuchen. Das waren Atempausen unter Gleichgesinnten, der Krieg schien sehr weit. Ich erinnere mich an den Maler Karl Nonn, Senior der Bonner Künstler, berühmt und beliebt wegen seiner Eifelbilder in leuchtendem Ginstergold, wegen seiner Rhein- und Mosellandschaften. In seinem Atelier sah ich ein Bild, das er nie augestellt hatte: einen Frauenakt vor einem wunderbaren alten flämischen Schrank. Ich blickte ihn fragend an, und er lächelte. »Da weiß keiner wat von«, sagte er im schönsten Bönnsch. Und in der Tat blieb das Bild wohl lange sein Geheimnis. Weder Sohn noch Schwiegertochter kannten das Bild und brachen angesichts meiner Beschreibung des Aktbildes in die entsetzten Worte aus: »Dat kann doch unser Mama nit jewesen sin.«

Ich habe das Bild wiedergefunden. Es ist in Süddeutschland in guten Händen. Ein ganz anderer Karl Nonn, als ihn seine Freunde kannten. Damals stand ihm die größte Erschütterung seines Lebens noch bevor, die Zerstörung seiner Heimatstadt Bonn. Angesichts der Trümmer wurde der poetische Realist Karl Nonn zum Expressionisten.

Eine strenge Welt war das Atelier der Bildhauerin Ingeborg von Rath am Rochusweg. Sie war eine sehr schöne junge Frau, die Fertiges, Begonnenes, Porträtbüsten, ein Grabrelief mit Blick und Wort streifte und unberührt schien von den Forderungen einer »linientreuen« Kunst des Dritten Reiches. Erhalten sind von ihren Arbeiten die Bildnisse Bonner Professoren. Ich sah sie wieder als 80-jährige mit noch immer lebhaften Augen und sensiblen Händen. Aber sie hatten längst aufgehört zu formen.

Ich durfte rheinische Dichter und Schriftsteller besuchen. Zuerst Wilhelm Schmidtbonn, der nach vielen Jahren eines ruhelosen Wanderlebens wieder nach Deutschland gekommen war. Er musste seinen letzten Wohnsitz in Ascona aufgeben, weil ihm der Ehrensold als Mitglied der Deutschen Akademie der Künste und Wissenschaften während des Krieges nicht im Ausland ausgezahlt wurde. Aber in seiner Heimatstadt Bonn hatte er keine Wohnung gefunden, die seinem Bedürfnis nach Ruhe und Weite zugleich nachkam. So lebte er nun in Bad Godesberg, in einem Haus an der Konstantinstraße, von dem aus er einen großen Ausblick auf das Siebengebirge hatte. Seine Gäste beschenkte er mit diesem Ausblick, ehe er sie in das Studierzimmer mit den schönen Biedermeiermöbeln führte, die heute im Besitz der Stadt Bonn sind.

Ich kam, um ihm im Auftrag der Redaktion zum Rheinischen Literaturpreis zu gratulieren. Man hatte mir einen Strauß Gladiolen in die Hand gedrückt, und ich wagte kaum, sie zu übergeben. Sie schienen mir so riesig für den kleinen alten Herrn, der so gar nicht die Geste des großen Dichters hatte. Schmidtbonn, der seiner Vaterstadt den Roman »Der dreieckige Marktplatz« gewidmet hatte, als einer der ersten Naturalisten ein neues Zeitalter herbeiführte, zum Expressionisten wurde und zum großen Erzähler, war bedrückt bei seiner Heimkehr. Deutschland war ihm fremd geworden, beherrscht von Mächten, deren Bedrohlichkeit er spürte. Er lebte in Angst, fasste nicht leicht Vertrauen. Dennoch wurde aus diesem ersten Besuch eine freundliche Wechselbeziehung, die sogar über seinen Tod hinausging und erst mit dem Tod seiner Witwe endete.

Eine neue, unverfängliche Artikelserie war mit den Besuchen rheinischer Autoren geboren. In dem weltverlorenen kleinen Ort Felderhoferbrücke im Bröltal lebte damals Josef Winkler, der den »Tollen Bomberg« geschrieben hatte, aber auch den »Chiliastischen Pilgerzug«, die Geschichte eines Massenwahnsinns, ein prophetisches Werk. Er hatte hier Zuflucht gefunden mit seiner schönen Frau, die eine Jüdin war, nur geschützt durch die Ehe mit ihm und schließlich auch das nicht mehr, so dass er sie in die Schweiz ausreisen lassen musste. Seither geisterte er durch den alten Gasthof, in dem Gleichgesinnte zusammentrafen. Ich traf ihn, sprühend von skurrilen Einfällen, wenn er mit Freunden unter den uralten Bäumen am Hause plauderte. Aber ich wusste auch, dass er zornig stampfend im langen weißen Nachthemd in seinem Zimmer mit den niederen Balken und den ausgebleichten Dielen Verse rezitierte und jeden anfuhr: »Lasst mich in Ruhe, ich dichte ein Heldenepos!« Es sollte Jan van Weerth gelten. aber es wurde nie fertig, denn zwischendurch verliebte sich Joseph Winkler, den alle »Söpi« nannten, in die sehr schöne Chefsekretärin des General-Anzeigers, die mich auf einem Besuch in Felderhoferbrücke freundschaftlich begleitet hatte. Ja, er erschien sogar wie ein ältlicher Wichtelmann mit Lodenmantel und Jägerhut im Empfangsraum des General-Anzeigers, um sie zu sehen, nachdem die poetische Werbung seiner Liebesbriefe nichts genutzt hatte.

Einen Hügel weiter wohnte, seit er in Köln ausgebombt war, Jakob Kneip, der zu den rheinischen Expressionisten in der Literatur gehörte und sein Heimweh nach der Heimat auf dem Hunsrück in dem damals vielgelesenen Roman »Hampit, der Jäger« niedergeschrieben hatte. In seinem Fachwerkhaus tanzten die Mäuse über Tische und Bänke, und seine handfeste Frau hatte eine Leine quer durch die Küche gespannt und alle Lebensmittel in Tüten mit Wäscheklammern daran befestigt. Ihn störten die Nager nicht, wenn sie nicht gerade die Beine seines Fichtenholz-Schreibtisches oder seine Filzpantoffeln anknabberten.

Und wieder einen Hügel weiter saß in einem Fachwerkhaus Franz Matthias Jansen, der Maler und Graphiker, der zu der Gruppe »Junges Rheinland« gehörte und in leidenschaftlich-expressiven Bildern die Apokalypse der Zwanziger Jahre, Nachkriegsmisere mit ausgelaugten Gestalten der Krüppel, den fetten Schiebern und den Dirnen gleichsam herausgeschrieen hatte, bis neue Machthaber einen neuen Krieg anzettelten und ihm die spitze Feder verboten. Hier in der Einsamkeit des Bröltales erreichte ihn dennoch der rheinische Preis für eine beglückend rheinische Landschaft. Die Stadt Bonn besitzt seine imponierende graphische Mappe »Der Rhein«, die den großen Atem der Stromlandschaft hat und weitergibt.

In Bad Godesberg saß ich dem blinden Dichter Adolf von Hatzfeld gegenüber. Heute gehe ich oft an seinem Grab auf dem Zentralfriedhof vorüber und erinnere mich der höflichen Noblesse, mit der er die Besucherin empfing und, ihr zugewandt, von dem lange gehegten Traum einer Kultur- und Wirtschaftsgemeinschaft aller rheinanliegenden Staaten von Basel bis Rotterdam sprach. Ein Europäer lange vor der ersten Stunde der Europäischen Gemeinschaft, ein Seher ohne Augenlicht. Er hatte es sich in verzweifelter Jugend selbst durch einen Pistolenschuss genommen. Von Hatzfeld sprach auch von Tilla Durieux, die ihn seine ersten Verse im Haus von Bruno Cassirer rezitieren ließ und seinen Weg ebnete. Er war lange eine bekannte Stimme in den Rundfunksendern der Zeit, ein Erzähler, der als Blinder die Welt in glühenden Farben sah.

Einen habe ich nicht mehr angetroffen: Hein Lersch. Der Kesselschmied aus Mönchengladbach, ein kleiner und schmaler Mensch, der die Fron im Eisen erlebt hatte, der von der Größe und der lebenslangen Last der Arbeit wusste. Die Arbeit hatte ihn freigeben müssen, als die Lunge streikte. In Bodendorf an der Ahr hatte er mit seiner Frau Erika und den Kindern ein ländliches Domizil gefunden. Ich kam eben zu seiner Trauerfeier zurecht, als die rheinischen Dichter in Bad Neuenahr seine Totenmaske mit Lorbeer umgaben. Lersch hatte frühe Verse der Mutter und den Müttern einer ganzen Nation ins Gebetbuch geschrieben, als er in den Ersten Weltkrieg ging: Lass mich gehen, Mutter, lass gehen, alles Weinen kann nun nicht mehr nützen.

115

Nach dem Krieg sah ich Erika Lersch wieder in einem Altenheim an der Ahr, und sie begleitete mich noch oft zu den Konzerten in Bad Neuenahr. Wenn Beethoven auf dem Programm stand, sprach sie von dem Verstorbenen, der mit der Beethoven-Interpretin Elly Ney Briefe wechselte und auch ihr Verse schrieb: »Lösch aus das Licht, und dann lösch aus das Licht...«

Namen, die längst Literaturgeschichte geworden sind. Damals waren sie so etwas wie eine längs des Rheins reichende Kette von Menschen, die die gleiche Sprache sprachen, bei denen man nach kurzer Verständigung willkommen war. Und die Berichte über diese Dichter und Künstler waren eine Botschaft an die Leser, dass es noch etwas anderes gebe als NS-Parolen.

Im seltsamen Zwielicht vom Glanz römischer Hinterlassenschaft am Rhein und nationalsozialistischem Kulturverständnis ist mir der Fund des Kölner Dionysos-Mosaiks in Erinnerung. Neben der Nordseite des Domes gingen die Bagger in die Tiefe, um den Bunker zu bauen. Das war bekannt. Überraschend kam aber die Nachricht, es sei ein wichtiger römischer Fund zu Tage gekommen. Schnelle Fahrt mit der alten Rheinuferbahn, Pressekonferenz am Rand der Baugrube dicht am Dom, schwindelnder Abstieg in die Tiefe, Zurückschlagen einer Zeltbahn und das Wunder strahlender Farben: Das Dionysos-Mosaik leuchtete auf dem dunklen Grund feuchter Erde, die es mehr als eineinhalb Jahrtausend gehütet hatte. Glanzvolles Heidentum zu Füßen des größten Domes der Christenheit. Noch war nicht alles freigelegt, aber in sattem, tiefen Violett, in brillierendem Türkis, in warmem Braun später Blätter, wanden sich schon die Traubengirlanden um Dionysos, den Gott des Weines.

Wenige Tage später lud der NS-Oberbürgermeister Peter Winkelnkämper zur offiziellen Besichtigung. Zuerst Feierstunde im Stapelhaus – noch stand ja die alte Rheinfront mit ihren steilen Staffelgiebeln, fürstliche Bewirtung in Kriegszeiten, einführendes Referat eines Kunsthistorikers, NS-Eigenlob, und dann Besichtigung. Abstieg gut 20 Meter tief auf schmalen Leitern.

Die Presse war angemessen gekleidet. Wir waren ja schon einmal in der Tiefe gewesen. Aber »die Offiziellen« trugen Paradeuniform, und ihre Damen Cocktailkleider und die höchsten Absätze zu Ehren des römischen Gottes, der da unten unbeeindruckt in strahlender antiker Heiterkeit auf sie wartete. Sie taten sich bitter schwer an diesem großen Tag.

Über dem Mosaik wuchs später das Germanische Museum empor. Aber die Luft der neuen Zeit hat dem kostbaren Erbe der Antike sehr zugesetzt. Die Farben, die mit einer unvorstellbaren Leuchtkraft aus der feuchten Erde kamen, sind verblasst, und sie konnten auch nicht belebt werden, als die Großen dieser Welt beim Kölner Gipfel 1999 auf dem Mosaik tafelten.

Ich schrieb damals einen Aufsatz »Herbst der Antike« und erfuhr spät erst, dass der General-Anzeiger Komplimente dafür erhielt und Anfragen um Nachdruck. Als ich Goethes »Campagne in Frankreich« las, habe ich im Nachhinein begriffen, welche Glücksmomente Kunst im Krieg vermitteln kann.

## Der Tag, der alles änderte

Es war der 22. Juni 1941. Ich aß mit meiner Mutter im damaligen Stadtgarten-Restaurant zu Abend. Auf Abschnitte der Lebensmittelkarte, aber nicht schlecht: Es waren die ersten Maiskolben meines Lebens. Gegen 21 Uhr

117

setzte die leise Hintergrundmusik aus dem Lautsprecher plötzlich aus, und die allzu bekannten Fanfa-renstöße kündigten eine Nachricht an: Hitler hatte 152 deutsche Divisionen, mehr als drei Millionen Mann, für einen neuen Blitzkrieg aufgeboten. Er wollte die UdSSR »in einem schnellen Feldzug niederwerfen«, ehe er England anging. Schweigen im großen Restaurant.

»Das ist das Ende«, sagte meine Mutter leise vor sich hin. Ich sah mich um; kein Tisch in unserer Nähe. Keiner hatte die wenigen Worte gehört, die für eine Verhaftung gereicht hätten. Mir wurde in diesem Augenblick klar: Wir hatten in einer Scheinwelt gelebt bisher. Sicher war der Krieg allgegenwärtig. Aber die Bonner glaubten allen Ernstes, ihre Stadt werde kaum Luftangriffen ausgesetzt werden. Viele Kliniken, viele Lazarette trugen auf dem Dach das Rote Kreuz. Man fühlte sich in deren Schutz. Das rheinische, gelassene Temperament tat das Übriges.

Meine Mutter hatte nicht nur wollene Socken für meinen Bruder gestrickt, sie hatte ja auch gelernt, Schreibmaschine zu schreiben, und ich hatte viel Feldpost zu besorgen. Es war mir gelungen, ihn nach dem Frankreich-Feldzug von der Front zurückstellen zu lassen als einzigen Sohn eines im Ersten Weltkrieg gefallenen Vaters. Er war in München. Aber was bedeutete dieses schonende Privileg angesichts des ungeheuren Menscheneinsatzes im Osten?

Das Klima in der Zeitungsarbeit änderte sich. Nacheinander wurden die Fenster zugeschlagen, die wir unseren Lesern noch offengehalten hatten mit der Kulturberichterstattung im Rheinland. Der Ton der Parteimitteilungen wurde schärfer, und es gelang uns seltener, ihn abzumildern. Die Zeitung hatte ihren Lesern täglich eine Durchhaltepropaganda vorzusetzen, deren Maßstäbe Hitler schon in seinem Buch »Mein Kampf« gefordert hatte: Das geistige Niveau der Propaganda sei einzustellen nach der Aufnahmefähigkeit der Beschränktesten unter denen, an die sich die Propaganda richtete: »Handelt es sich um ein ganzes

Volk, so kann die Vorsicht bei der Vermeidung hoher geistiger Voraussetzungen gar nicht groß genug sein.«

Zum »Durchhalten« wurde täglich stoßweise NS-Literatur auf den Schreibtisch geliefert, und es gehörte schon einige literarische Erfahrung und Geschicklichkeit dazu, statt dessen bei Hölderlin, Goethe, Schiller, Matthias Claudius passende Zitate für Lebensmut und Unbeugsamkeit zu finden. Mehrfach musste ein Beethoven-Brief herhalten: »Ich will dem Schicksal in den Rachen greifen.« . . .

Spürbarer wurde die Zensur, deren Dienststelle in Köln in der Alten Universität am Rhein war, und die wir jetzt öfter aufzusuchen hatten. Jedes unerwünschte Wort wurde zur Gefahr. Redakteure wurden zur Zensurstelle bestellt, und man wartete bedrückt darauf, ob sie wiederkamen.

Ein Tag ist mir in Erinnerung. Ich hatte früh morgens Dienst und betrat um kurz vor acht die Redaktion. Auf meinem Schreibtisch lag ein frisches Exemplar der Zeitung. Zwanzig vor acht hatte der Druck begonnen. In der Mitte der ersten Seite ein Aufruf des Reichsjugendführers. Der Text lief genau bis zum mittleren Knick der Zeitung. Darunter im freien Raum: »Heilt Hitler«, Axmann.

Ich bin damals – vermutlich mit sehr weichen Knien – die drei Stufen zur Technik hinunter gelaufen und habe gerufen: »Rotation anhalten.«

Keiner rührte eine Hand. Was hatte ich als jüngstes Mitglied der Redaktion und überdies noch als Fräulein schon zu sagen. Ein Teil der Auflage war schon aus dem Hause. Gegenüber am Bahnhof war der Zug in die Eifel mit unseren Zeitungen planmäßig abgefahren.

Erst als ich zum Telefon stürzte, um den Hauptschriftleiter anzurufen, begriffen die Männer. Der stampfende Rhythmus der Rotation endete und hallte nach. Einer setzte kurz den Stichel an, um den verhängnisvollen Buchstaben t zu beseitigen. Dann wuchtete die Rotation von neuem an. Der General-Anzeiger wurde in Bonn, Beuel und der weiteren Umgegend wie üblich ausgeliefert.

Sehr bleich war der Hauptschriftleiter quer durch die Stadt zum Verlagshaus gelaufen. Ein schlimmer Tag für ihn, der – obgleich nicht Parteimitglied – bis jetzt, wenn auch oft angefeindet, die Stellung hatte halten können. Ein schlimmer Tag für den Verlag, denn jeder war sich bewusst, dass der Gauleiter nur auf einen Grund wartete, den Betrieb zu schließen und an den Westdeutschen Beobachter zu überantworten. Äußerste Gefahr für den politischen Redakteur, der für die Seite verantwortlich war. Ich weiß nicht mehr, wie wir den Tag bestanden haben. Nur eins war sicher: Unsere Bezieher in der Eifel haben den verhängnisvollen Fehler nicht wahrgenommen, oder sie haben geschwiegen. Ein zweites Mal soll der gleiche brisante Fehler beim Sport vorgekommen sein. Aber auch hier hatte er keine Folgen.

Vorsicht war schon immer geboten gewesen, auch bei dem unvermeidlichen Zusammentreffen mit den Kollegen der NS-Presse. Aber wem konnte man überhaupt trauen? Wir hatten Signale. Wurde eine Runde gesprächig, konnte es geschehen, dass einer aufstand, um den Tisch ging und hinter dem Rücken eines Sitzenden das Feuerzeug aufflammen ließ. Man war gewarnt.

Immer häufiger heulten die Sirenen bei Tag und Nacht. Die Zerstörung der rheinischen Städte begann. Auch die Bonner konnten nicht mehr an Schonung im Schutz des Roten Kreuzes glauben. Wir wohnten auf der Poppelsdorfer Allee kurz vor dem Schloss. Von den Sirenen aufgestört, taumelten die Käuzchen, die in den alten Ulmen vor dem Schloss hausten, im irren Flug über die Bäume der Allee hin und schrieen.

Ich saß am Bett meiner Mutter, ohne Hoffnung. Sie starb an einem Krebsleiden, sehr still, fast ohne Schmerzen. Für wenige Tage hatte ich sie in einem Krankenhaus behütet zurück lassen können, als sich überraschend die Möglichkeit ergab, meinen Bruder zu sprechen. Ich wurde zur Berichterstattung nach Bayreuth geschickt. Es ging nicht um Wagners »hehre« Kunst, es ging um Propaganda. Mit fünf

Kollegen der NS-Presse begleitete ich einen Zug, in dem Soldaten und Rüstungsarbeiter zu Richard Wagners berühmtem *Grünen Hügel* gekarrt wurden, um mit dem »Fliegenden Holländer« neue Zuversicht zu tanken. Journalisten durften nicht im Hotel wohnen, sondern wie die Soldaten und Rüstungsarbeiter in Privatquartieren. Ich wohnte im Haus der Leichenfrau, ließ Wagner an mir vorüber gehen, fuhr nach München und traf Frank. Dann fuhr ich nach Hause, brachte der Mutter ein kleines Geschenk von ihm und konnte ihr noch sagen, er sei in Sicherheit.

Als es bald darauf zu Ende ging, war er in Rom, in irgend einer militärischen Funktion bei der Deutschen Botschaft, und ich hatte einen harten Auftritt mit dem Kreisleiter, der mir ein Telegramm mit der Nachricht ins Ausland genehmigen musste. Frank kam, aber er kam zu spät. Bei der Beerdigung gaben uns auch einige Kollegen in brauner Uniform die Ehre. Ich war dankbar, dass wir aus der Familie angemessenes Übergewicht von Heer und Marine zu bieten hatten.

Der Sarg war kaum unter der Erde, als die Sirenen wieder heulten. Frank und ich gingen schweigend zu Fuß vom Nordfriedhof nach Hause, dreiviertel Stunde. Als er wieder abfuhr, rief er mir aus dem Zugfenster zu: »Komm zu Weihnachten nach Rom.«

Irgendwie hatte der Chef für grünes Licht gesorgt, und ich fuhr ab mit dem Auftrag, zu berichten, wie die Ewige Stadt den Krieg bestand. Geschlossene Museen, keine Audienzen im Vatikan, aber Wege durch Rom mit Goethe als Führer, und gegen Abend in letzter kühler Wintersonne ein Aperitif mit meinem Bruder auf dem Pincio.

Es wurde eng für mich zwischen Studium und Beruf. Für meine Mutter war es eine der letzten Freuden gewesen, als ich das Thema zu meiner Doktorarbeit bekam. Ich studierte ja schließlich an der Universität, die sie schon als Gasthörerin mit meinem Vater besucht hatte. Meinem Ordinarius hatte ich ein Thema abgelistet, das der Presse nahe stand: Kunst und Kunstkritik um 1900. Er hatte Mühe, es der Fakultät plausibel zu machen. Von der Kunstgeschichte verlangte man noch eine gewisse historische Distanz. Gearbeitet habe ich im Südost-Turm der Universität. Dorthin war die Bibliothek des Kunsthistorischen Instituts verlagert.

Der Krieg schritt fort, und die Bombardierungen wurden häufiger. Schließlich bat ich meinen Ordinarius inständig, mich zu prüfen. Ich fürchtete, es müsse sonst auf den Trümmern der Universität geschehen. Mein Diplom hat das Datum vom 25. Juli 1944. Am 18. Oktober 1944 brannte die Universität lichterloh. Vorher hatte ich Seiner Magnifizenz, dem Rektor, noch einen Dankeschön-Besuch gemacht für die Chance, die er mir gegeben hatte durch das Stipendium.

Zu meiner großen Überraschung hatte Chudoba einen Abschluss mit dem höchsten Prädikat »Summa cum laude« erwartet. Ich machte ihn sanft darauf aufmerksam, dass bei einer Existenz zwischen Redaktion und Hörsaal, dem Haushalt und der Pflege meiner Mutter »cum laude« eigentlich ganz achtbar sei.


## Das letzte Kapitel


An dem 18. Oktober 1944, an dem die Universität ausbrannte, wurde auch das Haus des General-Anzeigers zerstört. Es war eng geworden in dem ohnehin kleinen, verschachtelten alten Haus gegenüber dem Bahnhof. Der Verlag nahm nach einander Betriebe auf, die in Köln ausgebombt waren. So leistete der General-Anzeiger dem Verlag Dumont-Schauberg und der Kölner Verlagsanstalt Hilfe, die 1943 zerstört worden waren. Auch ein Armee-Nachrichtenblatt zog ein, ohne sich allerdings sehr breit zu machen. Jetzt musste mit einer durch Einberufungen immer geringer werdenden Personalkapazität viel mehr geschafft werden.

Ab 16. August 1944 musste der alte Name »General-Anzeiger« verschwinden. Die Zeitung hieß nun »Bonner Nachrichten – Tageszeitung für Bonn und Umgebung«.

Anfang Oktober trat dann die lange befürchtete Beschlagnahmung durch den Gauleiter Grohé ein. Das Kölner Haupthaus des »Westdeutschen Beobachters« war längst im Bombenkrieg zerstört, und die Redaktion hatte zwangsweise da und dort hospitiert. Die anrückenden NS-Kollegen ließen uns höhnisch wissen, dass keines ihrer bisherigen Ausweichquartiere länger als fünf Tage Bestand gehabt habe.

Am 18. Oktober traf eine Sprengbombe das Verlagshaus. Es war morgens gegen 10 Uhr. Außer mir und dem Chef des Armee-Nachrichtenblattes war kein Redakteur im Haus, als die Sirenen einen bisher noch nicht gehörten Alarm gaben. Ich blieb am Schreibtisch; aber hinter mir riss der Chef des Armee-Nachrichtenblattes die Tür auf. Und dieser stets höflich distanzierte Österreicher schrie mich an: »Komm sofort in den Keller!« Und ehe ich mich aus meinem Sessel erhoben hatte, zog er mich am Kragen meiner Jacke hoch und schleifte mich zur Kellertreppe. In dem engen Luftschutzraum drängten sich Mitarbeiter aller Abteilungen. Eine Detonation warf uns übereinander, Mörtelstaub drang in den hermetisch geschlossenen Raum. Noch sehe ich unsere schöne Sekretärin mit weniger Angst als Indignation ein Taschentuch ans Gesicsht drücken. Eine Luftmine war über uns auf einem alten Steinboden zerschellt. Entwarnung, Öffnung der Türen, beißender Rauch, Flammen. Gleichzeitig mit den Sprengbomben waren Brandbomben geworfen worden. Die uralten Holzböden unseres Verlagshauses brannten lichterloh. Durch riesige

Brandlöcher tropfte das Blei der neben den Setzmaschinen gelagerten Stangen – hoch flüssig durch den Zusatz von Antimon – auf unseren Fluchtweg. Wir griffen jeder einen Pakken Zeitungen, die gestapelt lagen, und hielten sie über die Köpfe, hasteten zu der rückwärtigen Wagenausfahrt, stiegen über Leichen von Menschen, die hier Zuflucht gesucht und unseren Keller nicht mehr erreicht hatten.

Als ich, schwarz im Gesicht, auf der Straße stand, kam der Hauptschriftleiter mir entgegen: »Gehen Sie sofort zum Kreisleiter und holen Sie einen Benzingutschein. Wir müssen in Andernach weiter arbeiten.«

Ich lief quer über den Kaiserplatz durch Wolken von Staub und Rauch zum Hofgarten. Die Universität war eine Flammenhölle.

Vor mir erschien ein Guckkastenbild von 1777 wie eine Vision. Damals hatte der Bau, der kurfürstliches Schloss war, ebenso gebrannt. Unter einer der ersten von Splittern zerfetzten alten Ulmen stand Chudoba, den ich so oft als stolzen Rector Magnificus gesehen hatte, und weinte hemmungslos. Die Tränen hinterließen Spuren in seinem von Feuer und Rauch geschwärzten Gesicht. Einen Augenblick standen wir uns gegenüber, hielten uns einer an den Schultern des anderen. Dann rannte ich schräg über die Hofgartenwiese zur Koblenzer Straße. Eine Villa, Dienstsitz des Kreisleiters, war unzerstört. Der Bombenangriff hatte eine haarscharfe Schneise vom Rheinufer bis zur Bahnlinie geschlagen.

Ich riss die Tür auf zu einem Raum, in dem sich viele Uniformen drängten, bahnte mir einen Weg zum Schreibtisch des Kreisleiters, sagte in völliger Geistesabwesenheit an diesem Unglücktag »Guten Morgen« und verlangte den Benzinschein. Zuerst der Anpfiff, »Heil Hitler« zu sagen, dann ohne Frage oder Kommentar den Schein und einige Blätter mit vorgefertigten Texten über die Zerstörung der Stadt und Mitteilungen an die Bürger über Bunker, Essensausgaben, Unterkünfte, Dienststellen der Partei, die zuständig waren für Evakuierung.

Wenig später dann auf dem Weg nach Andernach. Anderen Tages wurde wirklich die Zeitung wieder in Bonn ausgeliefert. Die Redaktion war in einem Haus auf der Bachstraße untergekommen. Die Verlage, die der General-Anzeiger aufgenommen hatte, waren weiter gezogen auf der Suche nach einer Bleibe. Auch das Armee-Nachrichtenblatt hatte sich nach Osten abgesetzt, nachdem ich seinem Chef, meinem österreichischen Retter, den Ruß aus den blonden Haaren gewaschen hatte.

Als die Brücke bei Sinzig bombadiert war, konnten wir nicht mehr nach Andernach fahren zum Drucken. Noch einmal gelang es, das zerstörte Haus teilweise herzurichten, und auf einer Rotation, die schon vorher in einem hinteren Teil des Gebäudes aufgestellt worden war, zu drucken. Treffpunkt bei allen Alarmen war der Bahnhofsbunker.

Nach dem Bombardement vom 18. Oktober wurde Bonn evakuiert. Wir mussten berichten über den planmäßigen Ablauf der Aktion und über die Aufnahme in Thüringen. Ich verfügte noch über solide Wintergarderobe, Reithosen meines Bruders, Stiefel, Pullover, einen Mantel aus einer Vorkriegsdecke. Und also musste ich fahren.

Auf einem Abteil des Zuges stand in großen Lettern »Presse«. Ich war allein darin mit einer Rotkreuz-Schwester, lief mit ihr durch die Korridore, ging in die Abteile, sah, wie die Menschen verpflegt wurden mit Butterbroten, wie wir sie seit langem nicht gesehen hatten. Eine alte Frau saß völlig unberührt von allem, das um sie vorging, in der Ecke eines Abteils dritter Klasse und hielt eine Blechkaffeekanne mit Zwiebelmuster mit beiden Händen fest.

Der Zug wurde umgeleitet, musste warten, wurde überholt, hatte keine Einfahrt. Ich schrieb an meinem Artikel, als die Schwester mich fragte, ob wir in unserem Abteil eine junge Frau unterbringen könnten. Bei ihr hatten Wehen begonnen. Zwei kleine Kinder hatte sie noch bei sich. In Marburg hielt unser Zug. Auf dem Bahnsteig Rotes Kreuz und »Braune Schwestern«. Sie nahmen unsere Schwangere in

125

Empfang, Koffer, Kinder und Kartons, und es ging weiter.

Spät abends kamen wir in einem Dorf an. Menschen erwarteten den Zug mit den Evakuierten. Sie sprachen einen fremden Dialekt. Irgend ein Mann in brauner Uniform las bei blauem Licht Namen und teilte unseren Zug auf in Menschengruppen. Aufnehmende und Aufgenommene gingen in der Dunkelheit davon. Kinder weinten, müde und verunsichert. Viele Menschen gingen teilnahmslos mit denen, die sie führten.

Ich wurde in einem kleinen Haus freundlich aufgenommen, erhielt ein überraschend gutes Abendbrot, wurde sehr viel gefragt und antwortete vorsichtig. Ich konnte ja im Haus des Ortsgruppenleiters gelandet sein.

Zwei Tage später fuhr ich zurück. Mit Hilfe meines Gastgebers fand ich eine Bahnverbindung, die über Weimar führte und kam in eine tote Stadt. Das Goethe-Haus am Frauenplan stand offen. Unbehelligt konnte ich durch alle Räume gehen. Sie waren leer. Aber für mich waren sie belebt mit den Menschen, die mit und um Goethe gelebt hatten, seiner Frau Christiane, seinem Sohn August, dem »Frauenzimmerchen« Ottilie, Riemer, Zelter, dem Herzog Karl-August, Mutter und Tochter Schopenhauer. Keiner hinderte mich zu bleiben, so lange ich wollte. Noch ein letztes Mal im Kriege »Trost bei Goethe«.

Ganz von selbst fand ich den Weg zum »Elefanten«, wo man nicht einmal Essensmarken von mir verlangte; und ein Antiquitätenhändler verkaufte mir um ein Spottgeld eine Serie romantischer Stahlstiche zu Goethes «Faust«. Er zuckte die Achseln: »Eh' die Russen sie kriegen«. Ich begriff auf einmal, dass hier andere Ängste wuchsen.

Das war meine letzte Dienstreise. Am 21. Dezember, am Thomas-Tag, zerstörte eine Luftmine das Haus an der Poppelsdorfer Allee.

Ich packte, was ich retten konnte, auf das Fahrrad meines Bruders und ging zu Fuß bis zur Oberen Burg in Rheinbreitbach zu Freunden. Später fand ich ein Domizil in

Oberkassel. Der General-Anzeiger, der jetzt ja »Bonner Nachrichten« hieß, wurde noch ein paar Wochen auf einer Flachdruckpresse in Honnef gedruckt, dann in Siegburg, bis die Sprengung der Rheinbrücke am 8. März 1945 das Ende brachte.

## Mein ganz persönliches Wunder

Zu den wenigen Dingen, die ich in Bonn hatte retten können, gehörte das Foto eines Offiziers im langen Umhang, der auf einem Waldweg mir entgegen zu kommen schien. Ich hatte ihn auf eine seltsame Weise im vorletzten Kriegsjahr kennen gelernt, und unsere seltenen Begegnungen konnte man fast an zwei Händen abzählen. Aber ich wusste, dass ich ihn wiedersehen wollte.

Ich war auf der Spur der rheinischen Kunstschätze am Niederrhein gewesen, in Xanten, wo schon die herrliche Westfassade des Viktordomes hinter Sandsäcken verborgen war, die zwanzig Altäre in Sicherheit gebracht und die steinernen Statuen des Mittelschiffes verhüllt und gesichert waren. An diesem Tag wurde Kirchengerät verpackt, und ich sah, wie Leuchter und andere Goldschmiedearbeiten in Kisten gelegt und hinweg getragen wurden. Im Kreuzgang waren auch hölzerne Behältnisse gestapelt, in denen Bücher transportiert werden sollten. Ich war mit den Männern, die da räumten und packten, ins Gespräch gekommen und durfte noch manches aufblitzen sehen, ehe die ganze Herrlichkeit für Jahre in Dunkelheit verschwand und unsichtbar wurde. Wieder ein Thema für eine aktuelle und zugleich unverfängliche Berichterstattung: Rheinische Kunstschätze wurden vor dem Bombenkrieg in Sicherheit gebracht.

Gustl Wolf in späteren Jahren und als Offizier in Wehrmachtsuniform (1940)

Vom Dom war ich durch die kleine malerische Stadt geschlendert. Die Linden auf dem Markt vergilbten schon vor
den Fronten der gotischen Häuser. Es war der 10. Oktober,
ein milder Herbsttag, der mich verlockte, die Stadt hinter
mir zu lassen und hinunter zum Rhein zu gehen.

Ein Weg durch Felder, der an einem Fährhaus mündete.
Dort saß ich lange, trank einen kriegsmäßigen Tee und sah
über den Fluss, der hier so breit und so träge fließt. Drüben
am jenseitigen Ufer hatten wir oft mit den Rädern stillgehal-
ten auf dem schmalen Weg, der über die Höhe des Deiches
führte, und hatten zum Dom hinüber gesehen, damals, als
wir noch zum Aalfischen dort hin gekommen waren.

Über den Erinnerungen war mir die Zeit davon gelaufen. Es fuhren nur wenig Züge damals, und der, den ich mir
ausgeguckt hatte, war schon der letzte. Ich hastete den Weg
zurück, kam außer Atem an eine Straße, die im Abstand
durch Weideland rund um die kleine Stadt zum Bahnhof
führen musste. Oder wäre es gescheiter, quer durch die
Stadt zu laufen? Vor mir die Weiden mit schwarzweißen

Kühen und ein Drehkreuz, auf dem ein Offizier saß und in den Abend blickte. Während ich auf ihn zuging, sprang er von seinem Sitz. Ich fragte rasch nach dem nächsten Weg zum Bahnhof. Ein flüchtiges Lächeln, dann die überzeugte Antwort: »Den werden Sie allein nie finden, gnädige Frau.«

Ich weiß nicht mehr, ob wir durch die Stadt oder den Weg um die Stadtmauer gegangen sind. Jedenfalls kamen wir pünktlich zum Bahnhof, und es war auch noch Zeit genug, mich wissen zu lassen, dass dieser Offizier mich schon am frühen Nachmittag im Kreuzgang des Domes gesehen hatte, neugierig in Kisten spähend, und im Gespräch mit den Männern, die da packten, hin und wieder Notizen in den Schreibblock kritzelnd.

Ob ich vielleicht. . .? Nein, ich kann eigentlich kaum ausgesehen haben, als ob ich zu einem Arbeitsteam gehörte. Im dunklen Kostüm eigener Herstellung (das verdankte ich meiner »Schneiderlehre«) mit violetter Seidenbluse und einem koketten Schutenhut, den mein Bruder mitten im Krieg für mich irgendwo aufgegabelt hatte.

Ich hatte eben noch Zeit, dem Herrn Hauptmann meine Anwesenheit in Xanten und den Auftrag meiner Zeitung zu erklären, dann pfiff der Zug.

Um bei der Wahrheit zu bleiben, muss ich schon zugeben, dass ich so dann und wann über diese flüchtige Begegnung in Xanten nachdachte, sicherlich mit einem kleinen Bedauern, dass an diesem Abend nicht noch ein späterer Zug gefahren war.

Ich saß also wieder pünktlich an meinem Schreibtisch, als etwa eine Woche später unsere Redaktionssekretärin Hals über Kopf zu mir hereinstürzte: »Du hast Besuch. Ein Offizier sitzt im Wartezimmer.« Nicht für mich«, lehnte ich ab, »sicher für den Chef.« Mir schwante etwas von der Zensurstelle in Köln, die halb mit Parteigrössen, halb mit Offizieren besetzt war.

»Nein, für dich – sieht fabelhaft aus, großer Umhang.« Sie zerrte mich zum Besuchszimmer, das so eine Sorte von

Glaskasten, von allen Seiten einsehbar, war. Und da saß nun mein Hauptmann aus Xanten, mit einer gewissen Eleganz in den schmalen Sessel gelehnt und gelassen wartend, Mütze und Handschuhe auf dem Knie, der Umhang bis zum Boden fallend. Er sei mehr oder minder zufällig in Bonn und wolle mich zum Mittagessen einladen, sagte er mit einer Selbstverständlichkeit, die mich verblüffte.

Es war kein Kunststück gewesen, am anderen Tag noch einmal in den Kreuzgang zurückzukehren und die Männer, die da werkten, nach der Journalistin zu fragen, die sie gestern interviewt hatte. Sie hatten etwas von einer Bonner Zeitung gesagt. Es gab nur zwei hier. Und zum »Westdeutschen Beobachter« war er gar nicht erst gegangen. Zudem lag der General-Anzeiger gleich dem Bahnhof gegenüber. Einfacher ging es kaum.

Vermutlich habe ich meinem Chef etwas von einem Verwandten auf Fronturlaub vorgeschwindelt. Ich bekam ein paar Stunden frei, Zeit genug zum Mittagessen, für das der Herr Hauptmann erstaunlich viel Lebensmittelmarken hervorzog, und auch noch Zeit für einen Spaziergang am Rhein. Als ich in die Redaktion zurück kehrte, war ich nicht viel klüger, was seine Person betraf, aber atemlos glücklich.

Und so blieb es. Ich hatte eine Feldpostnummer, und er hatte meine Telefonnummern im General-Anzeiger und zu Hause. Von Zeit zu Zeit kam ein Anruf. Eine Ordonnanz fragte höflich, ob Frau Dr. Thomas wohl an irgendeinem Tag zu irgendeiner Stunde an irgendeinem Ort im Rheinland sein könne. Ich konnte, denn die jeweiligen Treffpunkte waren so gewählt, dass ich immer von dort den Stoff zu einem Aufsatz über rheinische Kunstschätze mitbringen konnte, vom Bombenkrieg bedrohte, vielleicht auch schon zerstörte. Wir setzten einfach das Beispiel und Thema Xanten fort. Anhand der Denkmäler-Inventarisation, die auch im Krieg vom Rheinischen Amt für Denkmalpflege weiter geschrieben wurde, und meiner guten Beziehungen zum nahe gelegenen Landesmuseum hatte ich auch immer besondere Tipps und konnte in der dortigen Bibliothek jederzeit die zugehörige Literatur nachschlagen, sodass meine Aufsätze der Aktualität und der sachlichen Grundlagen nicht entbehrten.

So hatte mein Hauptmann – irgendwann wurde er noch Major – einen gewissen Einblick in meinen Beruf, während ich nichts von ihm wusste, und nichts wissen wollte. Man lebte in der letzten Phase des Krieges in einer seltsamen Schwerelosigkeit. Wusste man denn, ob man sich nach dem einen oder anderen Treffen je wieder sah? Ob nicht sein Zug oder der meine in einen Fliegerangriff rollte, ob er sein Ziel erreichte, oder ich an meinen Redaktionsschreibtisch zurück kehren würde? Sollte man die wenigen Stunden mit Fragen belasten? Dass die politische Couleur stimmte, wusste ich sehr bald, und das genügte mir. »Du bist so diskret, dass man Dich für völlig uninteressiert halten könnte«, hatte mir einmal ein Mann gesagt. Es war nicht eigentlich Diskretion, eher die Furcht, den glücklichen Augenblick zu stören durch irgend welche Realitäten oder durch Belanglosigkeiten. Fragen oder Geständnisse waren nie meine Sache gewesen und jetzt im Krieg schon gar nicht mehr.

So waren wir denn auch wieder einmal in Benrath verabredet. Schloss und Schlosspark im Zustand kriegsmäßi-ger Schutzmaßnahmen boten einen hinlänglichen Grund für eine Fahrt dorthin. Zudem vermute ich, dass meine Herren Kollegen mich ganz gerne ziehen ließen, seit sie wuss-ten, dass ich von solchen Fahrten meist eine Zuteilung an Zigaretten mitbrachte. Weder mein Hauptmann noch ich rauchten.

Also Benrath an einem strahlenden Sommertag. Die Fenster der Kavaliershäuser und des Schlosses hinter Brettern verschalt, Puttengruppen im Park eingepackt. Vielleicht waren sogar auch hier auf Rokokobeeten Kartoffeln angepflanzt wie im Bonner Hofgarten. Ich weiß es nicht mehr. Ich weiß nur, dass sich die Alleen endlos bis zum Rhein dehnten, dass in seiner Pistolentasche statt einer Waffe Süßigkeiten für mich waren und ich Mühe hatte, ein weißes Jackenkleid leidlich unzerknittert und ohne Grasflecken wieder bis zum Bahnhof zu bringen.

Es war achtzehn Uhr, als wir in die Bahnhofgaststätte eintraten, und mein Hauptmann, von dem ich inzwischen wusste, dass er Gustl mit Vornamen hieß, was mir irgendwie österreichisch vorkam, zückte wieder einmal ein paar Brotmarken.

Aber ehe das Essen vor uns auf dem Tisch stand, dröhnte eine Rundfunkmeldung: »20. Juli 1944. Auf den Führer wurde heute ein Sprengstoffanschlag verübt. Der Führer blieb unverletzt. Das Schicksal erhielt uns unseren Führer. Er hat unverzüglich seine Arbeit wieder aufgenommen.«

Im ganzen Wartesaal bedrücktes Schweigen. Wir gingen hinauf auf den Bahnsteig, um allein zu sein. Mein Zug kam bald. »Wir werden uns lange nicht wiedersehen«, sagte er. Ich hatte es kaum anders erwartet. In der Redaktion verstörte Mienen, Warten auf weitere Nachrichten, Einzelheiten. In der Nacht um 1 Uhr Hitler selbst im kalten Stakkato: »Damit Sie meine Stimme hören und wissen, dass ich selbst unverletzt und gesund bin, damit Sie auch das Nähere erfahren über ein Verbrechen, das in der deutschen Geschichte seinesgleichen nicht hat.«

Tatsachlich dauerte es bis zum späten September, ehe ich wieder von Gustl hörte. Er kam nach Bonn, unerwartet, nur auf ein paar Stunden, so wie das damals eben war. Wir saßen auf meinem Balkon, unter uns die Kronen der Kastanien an der Poppelsdorfer Allee. Sie vergilbten schon – wie damals die Linden auf dem Markt in Xanten. Wir kannten uns nun bis auf wenige Tage ein Jahr.

»Merkwürdig«, sagte er, »ich habe immer ein Mädchen aus Bonn heiraten wollen. Die Stadt hat mir gefallen.«

»Und die Mädchen?«

»Jetzt sitze ich ja hier bei dir.«

Ich habe erst später begriffen, dass das ein Heiratsantrag war, denn in diesem Augenblick zuckte ein grelles zischendes Etwas über den Himmel.

»V1«, sagte Gustl Wolf ruhig. »Die Wunderwaffe. Lass dir nicht einfallen, wegzugehen. Nimm den Kopf weg und bleib hier. Ich komme wieder und will dich finden.«

Dann und wann kam ein Feldpostbrief. Lange nichts. Inzwischen war Bonn am 18. Oktober 1944 weitgehend zerstört. Auch ich hatte keine Fensterscheiben mehr, sondern mit Pappe vernagelte Fenster. Ich begleitete einen Flüchtlingstreck nach Thüringen, kam zurück, schrieb meine Artikel im notdürftig reparierten Verlagshaus oder, den Schreibblock auf den Knien, im Bahnhofsbunker. Das ging bis zum 21. Dezember. In dieser Nacht fiel eine Sprengbombe in die weiche Erde unseres Vorgartens, und der Luftdruck pustete das Haus durch. Ich saß im Keller, gemeinsam mit einer ältlichen und sehr ängstlichen Studienrätin, wartend, ob Brandbomben nachkämen und wir auch dieses Refugium wieder verlassen müssten. Den Durchbruch zum Nachbarkeller hatten wir schon eingeschlagen und uns mit den Bewohnern verständigt.

Plötzlich Schritte auf der Treppe. »Nun auch noch Plünderer«, dachte ich. Da stand Gustl Wolf mitten in dem Gehölz, das einmal Türrahmen und Treppenstufen gewesen waren. Beim Anblick einer Wehrmachtsuniform sank meine Studienrätin erleichtert auf ihr Luftschutzbett.

Er war auf der anderen Rheinseite als Kurier mit einem Zug unterwegs, der wegen des Angriffs im Beueler Bahnhof stehen geblieben war, hatte Bonn in Flammen gesehen und sich ohne Bedenken auf den Weg gemacht. Er fand mich in unsäglicher Aufmachung: Reithosen meines Bruders, zwei Pullover übereinander und völlig schwarz im Gesicht. Wir hockten auf dem anderen Luftschutzbett. Zuletzt schlief ich in seinem Arm ein. Die erste gemeinsame Nacht. Was auch immer ich mir darunter vorgestellt hatte, das war's nicht.

Er ging im Morgengrauen, nachdem unsere dankbare Studienrätin uns noch aus ihren geheimen Kellervorräten ein Frühstück spendiert hatte.

Fortsetzung erst lange nach Kriegsende.

# Dolmetscherin auf Zigarettenbasis

Die letzten Tage des Krieges hatte ich in Oberkassel erlebt, in dem kleinen Haus einer Frau, deren Mann und Sohn Soldaten waren; und sie war ganz froh, in der Unsicherheit der Zeit eine Mieterin für ihre leeren Zimmer zu finden – vielleicht auch eine Ansprache in der leeren Zeit des Wartens.

Die Amerikaner waren bis zum linken Rheinufer vorgestoßen, und ihre Scharfschützen schossen über den Strom in die senkrecht zum Rhein hinab führenden Gassen des kleinen Ortes, die man bei den wenigen möglichen Einkäufen, zum Anstehen vor Brotläden und Gemüseständen immer mit einem gewagten Sprung nehmen musste.

Plötzlich wusste man, dass die Amerikaner den Rhein bei Remagen überquert hatten und flussabwärts vordrangen. An einem Abend machte das Gerücht die Runde, eine Schnapsbrennerei im Ort wolle ihr Lager räumen, bevor die Amerikaner, bei denen auch farbige Truppen wären, Oberkassel erreichten. Also pilgerte in der Abenddämmerung, als das Licht für die Scharfschützen nicht mehr ausreichte, alles, was laufen konnte zu der Schnapsbrennerei und kam mit einer Flasche Klaren wieder in seine Unterkunft.

Artillerieduelle gingen über den Rhein, die Sirenen heulten fast unaufhörlich. Meine Hausfrau und ich packten das Nötigste und fanden in den Kellern des Lippischen Schlößchens Unterkunft. Viele Frauen saßen da schon mit ihrem Luftschutzgepäck. Kerzen wurden angezündet, zuweilen gebetet.

Es hieß, die Amerikaner würfen Brandsätze in die Keller. Ich versuchte, mich so gut wie möglich in ein Buch zu vertiefen, den langatmigsten Roman der Romantik, Mörikes »Maler Nolten«. Weil mich das ängstliche Getuschel störte, ging ich einen Keller weiter und richtete mich auf einem riesigen Haufen Koks ein mit Blick auf das schmale Kellerfenster. Über mir ein vertrauenswürdiges Gewölbe. Durch das Kellerfenster, eigentlich mehr ein Schacht, durch den der Koks hinein geworfen worden war, sah ich schwarze Soldatenstiefel vorbei laufen in Richtung Schlosspark und auf die Berghänge, die hier steil als Steinbrüche abfielen. Deutsche Soldaten, die nach Osten flüchteten.

Als ich wieder einmal aufschaute, sah ich hellbraune Stiefel in einem weichen Leder und darüber einen Streifen khakifarbener Hosen. Die Amerikaner waren da.

Ich rutschte von meinem Koks herunter, legte ein Stück Kohle als Lesezeichen in mein Buch und ging zu den vorderen Kellern, wo ich Männerstimmen hörte. Junge Amerikaner suchten deutsche Soldaten. Ich nahm mein bestes Schulenglisch zusammen und bot ihnen eine Führung durch die Keller an. Sie fanden weder Soldaten noch Waffen, und vor ein frisch vermauertes Weinversteck hatte ich mich mit dem Rücken gelehnt.

Sie verschwanden so schnell, wie sie gekommen waren.

Es waren ein paar Verletzte und ein paar Kranke zu versorgen, Herzanfälle und Asthma von der stickigen Kellerluft. So lernte ich den Arzt kennen, der, in Köln ausgebombt, hier im Krankenhaus wirkte und mit Frau und Kindern und Kindermädchen ein Domizil gefunden hatte in einem Fachwerkhaus oben in den Steinbrüchen. Sie luden mich ein, zu ihnen in das verlassene Berghotel zu ziehen. Keiner hatte bisher Anspruch erhoben auf die Giebelzimmer des ehemaligen Ausflugslokals, und so zog ich hier ein mit meiner Schreibmaschine, die ich nie von der Hand gelassen hatte, einigen wenigen Büchern und einem Koffer mit bescheidener Garderobe. Porzellan, Kochtöpfe und Küchengerät fanden wir vor und richteten uns damit ein. Ich hatte von den Giebelfenstern einen weiten Blick über den Rhein zu meinem linken Heimatufer.

Die Arztfamilie erwies sich als ein Glücksfall in dieser Zeit zwischen allen Zeiten. Die junge Frau war fast gleichaltrig mit mir, der Arzt war um Jahrzehnte älter, ein weit gereister Mann, allseitig gebildet und ein großartiger Erzähler, und das Kindermädchen »Tante Eva« entpuppte sich als eine skurrile Adlige aus dem Elsaß, gewesene Pflegerin, die tagsüber unentwegt schuftete, in der Umgebung des Hauses Reisig suchte, um den Herd für die Mahlzeiten in Gang zu halten und abends ihre übermüdeten Füße genüßlich in einen Zuber mit warmem Wasser tauchte und dabei Blockflöte spielte.

Der Ruf des Arztes verbreitete sich sehr bald über das Krankenhaus hinaus, und dankbare Patienten brachten gelegentlich ein Brot oder auch mal ein Stück einfachste Rotwurst. Sie gaben mir immer davon ab oder luden mich zu einer für damalige Verhältnisse üppigen Mahlzeit ein.

Ich sollte bald genug Gelegenheit bekommen, auch meinerseits beizusteuern. Eines Tages erschienen ein paar junge Amerikaner und erklärten mir, ich müsse in ihrem Hospital arbeiten. Ich sei ja »Doktor« nach Ausweis meiner Papiere. Ich versuchte ihnen klar zu machen, dass mein Doktorgrad der Philosophie mich keineswegs zum Arzt qualifizierte. Sie wollten nichts davon wissen.

Im Lazarett wurde ich mit schon offen gehaltenem weißen Mantel begrüsst. Und auch hier begriff man nicht, dass ein Doktor der Philosophie nicht zu ärztlichem Handeln berechtigt sei. Keiner der amerikanischen Ärzte kannte die damals noch vier üblichen deutschen Fakultäten. Doktor war für sie Doktor, d. h. Arzt. Mein Presseausweis, das kostbare Papier ohne Parteinummer der NSDAP, das nach diesem verlorenen Krieg Gold wert war, hatte man mir schon bei der ersten Durchsuchung abgenommen. So konnte ich auch keinen Beweis meines wirklichen Berufes beibringen. Die lange und fruchtlose Diskussion, bei der ich mich mit meinem bescheidenen Englisch doch ziemlich schwer tat, wollte eben mit der Drohung enden, man werde mich wegen Dienstverweigerung bestrafen, als ein weiterer Sanitätsoffizier erschien, der sich als rettender Engel erwies. Er war gebürtiger Deutscher, Jude aus Frankfurt, zeitig in die Staaten emigriert und nun mit der Army zurückgekehrt.

Von ihm ließen sich die Ärzte belehren, dass ich mit einem Studium der Kunstgeschichte und Geschichte hier durchaus fehl am Platze sei. Ich wurde mit einer verlegenen Entschuldigung und einer angebotenen Zigarette entlassen. Die Zigarette steckte ich in meine Tasche und setzte sie noch auf dem Heimweg in Brot um und war im übrigen des Glaubens, die Amerikaner verzichteten in Zukunft auf meine Dienste.

Weit gefehlt. Wieder erschien der Jeep, und mir wurde bedeutet, ich solle an der Pontonbrücke in Niederdollendorf als Dolmetscherin eingesetzt werden bei der Rückführung der Evakuierten über den Rhein. Soweit trauten sie also meinen Sprachkenntnissen und mir selbst.

In zehn Minuten war Niederdollendorf erreicht, und vor mir in den Rheinwiesen breitete sich eine unübersehbare Menschenmenge aus. Als wir an ihr vorbei fuhren, konnte ich seltsame Gefährte, riesige Berge von Koffern und Packen erkennen. Menschen hockten zusammengeduckt dabei und hüteten ihr Eigentum. Kinder liefen hinunter bis zum Ufer, alte Leute saßen wie zerfallen dazwischen.

Der Jeep hielt vor einigen hölzernen Baracken. Ich stolperte vom Gras aus über eine viel zu hohe Schwelle und stand wieder einmal vor einem amerikanischen Offizier. Er schien die Vorgeschichte zu kennen, grinste und bedeutete mir, dieses Mal entginge ich einer Verpflichtung nicht.

Die Flüchtlinge, die da am Ufer lagerten, mussten schnellstens über den Rhein in ihre Heimatorte befördert werden. Dabei war folgendes zu beachten: die Städte Koblenz, Bonn, Köln und Düsseldorf seien total verseucht, und dorthin dürfe keiner entlassen werden. Man setzte die nötigen Ortskenntnisse bei mir voraus.

Ich war einen Augenblick lang versucht, dem Offizier zu erklären, unter diesen Bedingungen brauchten wir gar nicht anzufangen; denn die Flüchtlinge mussten aus den zerbombten Städten stammen. Aus ländlichen Gebieten war kaum einer geflohen. Aber nach kurzem Nachdenken sagte ich o.k., wie wir es inzwischen von den Amerikanern gelernt hatten. Man führte mich an meinen Arbeitsplatz, einen großen Tisch aus grobem Holz, der mir Laufmaschen in meine vorletzten Strümpfe eintrug, legte mir ein Paket Formulare hin mit der nochmaligen Mahnung, keinen Flüchtling in die verseuchten Städte zu schicken, und ließ mich mit dem Problem allein. Schon der erste, der eintrat, war ein Bonner, der mich irgendwie, vermutlich durch die Zeitung, kannte und glücklich, ein vertrautes Gesicht zu sehen, los reden wollte. Ich schuf mit einem Blick Verständnis und Distanz, ließ mir die Papiere zeigen und erkannte am Straßennamen, dass er aus dem Stadtteil Poppelsdorf kam.

Ich schrieb in den mir zugewiesenen Raum des Formulars groß und deutlich Poppelsdorf und wünschte ihm glückliche Heimkehr. Er hatte begriffen, und bald muss es sich verbreitet haben, dass ich nach Stadtteilen entließ, denn es wunderte sich keiner mehr.

Wir arbeiteten von morgens acht Uhr bis zum Dunkelwerden, und ich wurde mit *american food* und Zigaretten versorgt. Gelegentlich wollte einer der Aufsicht führenden Offiziere eine Zigarette mit mir rauchen und bot mir Feuer, das ich nicht ablehnen konnte. Ich war froh, wenn er nach ein paar Zügen weiterging und verstaute die Zigaretten im übrigen schnellstens, Mitbringsel für die junge Arztfrau, Tauschobjekt für Brot und Lebensmittel, auch mal für eine Rolle Nähgarn. Mehrere Zigaretten erbrachten auch wohl ein Paar Schuhsohlen. Wie solle man sonst dazu kommen? Und die Wege waren weit und steinig damals. Kriegsmäßige Schuhe waren im Handumdrehen verschlissen.

Abends tauchte auch der Jeep-Fahrer wieder auf, ein Farbiger von beträchtlicher Länge, und immer gut gelaunt. Wenn er auf mich warten musste, holte er sich eine Flasche Wein in Niederdollendorf. Die Winzer gaben sie anscheinend anstandslos her. Aber es muss ein grausiger Krätzer gewesen sein, nahezu Essig. Jedenfalls schüttete mein Fahrer hemmungslos Zucker in die Flasche, schüttelte sie und strahlte mich an, rollte mit den Augen und sagte verzückt: Champagne.

Er trank auch unterwegs davon, legte den Arm über meinen Sitz, in der Hand eine Schusswaffe, und knallte hinter meinem Rücken vergnügt und – wie mir schien – noch recht treffsicher auf die Vogelscheuchen in den Feldern. Ich war jedes Mal heilfroh, wenn er mit knirschenden Rädern auf dem Kiesplatz vor meinem kleinen Berghotel hielt und zum Abschied einen amerikanischen Schlager intonierte: »Till tomorrow«.

Das ging über Wochen. Nie werde ich das Bild der Hodges-Bridge zwischen Niederdollendorf und Bad Godesberg vergessen. Sie sah nicht eben vertrauenswürdig aus mit der Fahrbahn, deren Last auf Schiffen ruhte und über die auch Truppen und Nachschub an Panzern nach Osten gebracht waren worden. Nun schwiegen die Waffen, und die Brücke diente fast nur noch den rückwandernden Flüchtlingen. Wie viele von ihnen kannte ich persönlich oder vom Sehen und musste streng und unbekannt tun. Ein Gespräch wäre dem Aufsicht führenden Offizier verdächtig erschienen.

Einmal hätte er mich fast erwischt bei meinem Spiel mit den Ortsnamen. Ich hatte im Andrang auch zuweilen nicht die Zeit, einen zutreffend wechselnden Zielpunkt anzugeben und mehrfach Duisdorf geschrieben. »Viele Menschen gehen nach Duisdorf«, sagte er misstrauisch. »Wie groß ist Duisdorf?« Mit einem Stoßgebet zum Himmel, dass keine Nachprüfung möglich sei, sagte ich: »Nearly 600 000.« – »I see«, knurrte er befriedigt.

Langsam wurde der Strom der Flüchtlinge lichter, und irgendwann wurde die Hodges-Bridge abgebrochen. Ich bekam ein Zeugnis über meine Dienste und meine Englisch-Kenntnisse und wurde ein letztes Mal mit dem Jeep bergauf gefahren. Kein »Till tomorrow« mehr. »Good bye, doctor.«

Inzwischen waren Fähren eingesesetzt, und man konnte wieder Kontakt mit Bonn aufnehmen. Einmal war ich mit den Amerikanern dort gewesen, die sich von mir den Weg zeigen ließen zu den Dienststellen der Bonner Stadtverwaltung. Eine bedrückende Fahrt durch Ruinenstraßen. In der Nähe des Bahnhofs konnte ich einen schnellen Blick werfen auf das schwer getroffene Haus des General-Anzeigers. Ich sah mit Brettern vernagelte große Öffnungen zur Straßenseite.

Später war ich einmal kurz im Florentiusgraben, wo als Rest des ganzen Zeitungsapparates eine Akzidenzdruckerei übrig geblieben war, die die ständig wechselnden amtlichen Bekanntmachungen der Stadt und andere Druckerzeugnisse herstellte. Keine Spur mehr von Redaktion. Noch gab es keine Zeitungen, und eine Neugründung des General-Anzeigers blieb noch bis 1949 gesperrt.

Meine nächste Anlaufstelle war Ferdinand Dümmlers Verlag auf der Kaiserstraße, haargenau dem Unheil des großen Flächenabwurfs von Bomben am 18. Oktober 1944 entgangen, aber doch erheblich mitgenommen. Hier erfuhr ich von Toten und Überlebenden, von Geflüchteten und Zurückgekehrten. Hier fand ich wieder erste Arbeit. Meine inzwischen erweiterten Englischkenntnisse und meine Erfahrungen im Umgang mit den Amerikanern waren willkommen. Und während ringsum noch Trümmer lagen, wurde der Gedanke an die Neuauflage eines meiner kleinen Bücher erwogen, der »Poetischen Wallfahrt zum Rhein«. Ich hatte die »Poetische Wallfahrt« auf Wunsch des Verlegers geschrieben in wenigen Wochen des Jahres 1942. Und dies sollte die dritte Auflage sein. Fünfzig Jahre später erfuhr ich durch einen Zufall, dass meine »Poetische Wallfahrt« mit einer Banderole das Begrüßungsgeschenk der Stadt Bonn an die Abgeordneten des Parlamentarischen Rates gewesen war.

Gleichzeitig finde ich auch angekündigt einen melancholischen Herbstroman vom Niederrhein: »Wolken, Wind und goldene Blätter«. Ich hatte ihn Ende der dreißiger Jahre geschrieben und gern vergessen wie eine Jugendsünde. Er sollte dann 1947 in der Tat auf grauem Papier erscheinen. Ich habe ihn nie mehr aufgeschlagen.

Ich hatte anderes unter den Händen: Niederrheinische Sonette, über die ich mit dem damaligen rheinischen Literaturpapst Alfons Paquet schriftlich diskutierte. Sie waren entstanden und teilweise schon veröffentlicht, als ich mit Gustl Wolf seltsam unwirkliche, kurze Begegnungen an irgendwelchen Treffpunken vereinbart hatte. Gedichte und kurze Erzählungen hatte ich damals geschrieben, manchmal schon auf der Rückfahrt oder auf irgendeinem Bahnhof, wo man wartete, ohne genau zu wissen, wann wieder ein Zug kam, zuweilen auf rumpelnden Lastkraftwagen, die wieder einmal eine ausgefallene Strecke überbrücken mussten. Ich hatte mir eine Art von geistigem Alleinsein antrainiert, das mir Arbeit mitten unter aufgeregten Menschen, Koffern, Kisten, Kasten, oder auch in einem Luftschutzkeller am Wege erlaubte.

Diese Gedichte und Geschichten hatte ich veröffentlicht während der beiden letzten Kriegsjahre in der Deutschen Allgemeinen Zeitung, die in Berlin erschien, weitab von Bonn und dem General-Anzeiger. Ich wusste, dass Gustl die DAZ bevorzugt las, und so bekam er über längere Zeit regelmäßig einen literarischen Gruß von mir, in dem er sich zu seinem Erstaunen meist porträtiert fand. Möglich gemacht hatte das der Feuilleton-Redakteur der Deutschen Allgemeinen Zeitung, Paul Fechter, bekannter Schriftsteller und Literarhistoriker. Er hatte mich nach einer ersten Sendung ermutigt, weiter zu schreiben und wird wohl geahnt haben, dass sein Feuilleton eine Art von Briefkasten für Liebesleute war.

Das war mir bei der Flucht aus Bonn erhalten geblieben, und die Zeitungsausschnitte schienen so etwas wie eine Garantie seiner Wiederkehr während meines versponnenen Lebens in dem alten Berghotel. Hier musste ich vorerst bleiben, die Antennen ausfahren, wie es weiter gehen sollte. Das Haus auf der Poppelsdorfer Allee war eine Ruine. Von meinem Hab und Gut nichts mehr vorhanden. Plünderer hatten mitgenommen, was noch brauchbar schien. Amerikanische Soldaten hatten, so erfuhr ich, die Gardehelme meines Vaters und meines Großvaters an sich gebracht, dazu das noch in ehrwürdigem Latein geschriebene Doktordiplom meines Vaters mit mächtigem Universitätssiegel, und auch mein eigenes, das zeitentsprechend schon bescheidener ausgefallen war. Eine Kopie hatte ich mitgenommen. Außerdem hatten sie Schleppsäbel gefunden, die Sammlung von Reiterpistolen aus dem Dreißigjährigen Krieg, die mein Bruder bei mir untergebracht hatte – und den Blinddarm meines Vaters in Spiritus.

Eine Nachbarin hatte gesehen, wie junge vergnügte Männer Stühle meines Arbeitszimmers – es waren Urgroßmamas Salonmöbel – auf der Wiese vor dem Haus an der Poppelsdorfer Allee verheizen wollten. Sie ließ ihnen die schon zerschlagenen Stühle und brachte das übrige in Sicherheit – unser erstes Mobilar, als Gustl Wolf und ich 1947 heirateten.

Denn er war wiedergekommen, stand eines Tages auf dem großen Kiesplatz vor dem Berghotelchen und guckte zu meinen Fenstern hinauf. Einen Augenblick lang überfiel mich Schwindel. Ein Fremder in Zivil, wie ich ihn nie gesehen hatte. Und doch unverkennbar er. Irgendwo auf der steilen Holztreppe des Fachwerkhauses sind wir uns in die Arme gefallen. Ich sah noch einen Zipfel vom Kleid der Arztfrau verschwinden. Sie wusste, auf wen ich gewartet hatte.

Er blieb Tage, ehe er weiter fuhr zum Niederrhein, wo er Amt und Wohnung gehabt hatte. Was wusste er, wie er dort alles antreffen würde?

Schritt für Schritt in tastenden Gesprächen enstand die letztvergangene Zeit, dann sein ganzes Leben vor mir. Er kam jetzt aus seiner Heimat, aus der preußischen Enklave im Schwabenland, aus dem Hohenzoller'schen Hechingen. Mit keiner Silbe hatte bisher seine Sprache den Schwaben verraten. Er sprach ein fast steriles Hochdeutsch, das mich als Rheinländerin gelegentlich prickelte.

Er war nicht in Gefangenschaft geraten, hatte sich nach Süddeutschland durchgeschlagen und erfahren, dass Hechingen in der französisch besetzten Zone lag. Nach einem wahren Katz- und Mausspiel mit französischen Militärpolizisten war er im Haus seiner Mutter angelangt und musste sich nun bei dem Ortskommandanten melden.

Ihm drohte nach Lage der Dinge ein Internierungslager. Das wurde nur dadurch abgewandt, dass er nachweisen konnte, ein elsässisches Dorf nach dem Frankreich-Feldzug vor der SS gerettet zu haben, die vorgab, das Verschwinden eines deutschen Soldaten vergelten zu müssen. Eine Rückfrage bei dem damaligen Ortsbürgermeister hatte die Bestätigung seiner, des damaligen Hauptmannes Darstellung erbracht.

Er konnte nicht nur unbehelligt in Hechingen leben, sondern auch ein in mancher Hinsicht förderliches Verhältnis zu dem Kommandanten erhalten, in dessen Haus auch der letzte deutsche Kronprinz verkehrte. Der hatte sich ebenfalls nach Hechingen am Fuß der Stammburg der Hohenzollern gerettet, wohnte hier mit seiner letzten Geliebten und war allenfalls noch für ein Jeu anzusprechen.

Langsam fügten sich Lebensbilder in unseren Gesprächen zusammen. Ich erfuhr erst jetzt, dass er zwanzig Jahre älter war als ich, nur zehn Jahre jünger als mein Vater, den ich nicht gekannt hatte, weil er schon schon 1914 gefallen war. Er war in Hechingen aufgewachsen, wo seine Eltern einen schweren neuen Anfang hatten. Der Hof der Familie Wolf im reichen schwäbischen Oberland war durch eine Bürgschaft, wie es oft damals geschah, verloren gegangen, und Gustls Vater hatte als Knecht wieder anfangen müssen, dann aber ein Handwerk erlernt und war als Werkmeister einer kleinen Fabrik wieder zu Haus und bürgerlichem Ansehen gekommen.

Mit dem Sohn wollten die Eltern dann wieder höher hinaus, und er sollte Lehrer werden. Dazu gab der preußische Staat seinen hohenzollernschen Landeskindern zwar Starthilfe, jedoch musste die Ausbildung in einem königlichpreußischen Lehrerseminar absolviert werden. Sein Traumberuf war es nie gewesen, aber die einzige Chance, der heimatlichen Enge auf Dauer zu entgehen. Gustl Wolf wählte mit siebzehn Jahren das nächste Seminar im Rheinland und war fortan nicht mehr zu bewegen, auf Dauer in die hohenzollersch-schwäbische Heimat zurückzukehren. Als ich die kleine Welt in Hechingen später kennen lernte, begriff ich, dass er dieser Umwelt völlig entwachsen war, vielleicht auch nie recht hinein gepasst hatte. Denn im Gegensatz zu den Schwaben, die dort auf sehr kargem Kalkboden sitzen und entsprechend wahre Pfennigfuchser sind, hatte er etwas von der heiteren Leichtlebigkeit des schwäbischen Oberlandes geerbt, das sich leichter tut mit Gottes Segen, der Obst und Wein gedeihen lässt. Überdies wies die Herkunft der Familie nach Österreich hin, wo sie dem niederen Adel angehört haben soll.

Das alles war bei ihm nach dem harten Geschick seines Vaters wieder aufgebrochen und hatte eine gewisse elegante Weltoffenheit hervorgebracht, ohne dass die schwäbische Solidität darunter gelitten hätte. Dazu kam, von der Mutter her, die eine Bauerstochter war, eine sehr stattliche und selbstbewusste Erscheinung.

1914 war seine Ausbildung zu Ende gewesen, und wenige Monate später begann der Krieg. Gustl Wolf musste sich als hohenzollerscher Untertan bei einem preußischen Regiment melden und kam, wie mein Vater, zur Garde. Das bewog wenig später die Württembergische Königin Olga bei einer Vorstellung anlässlich eines Lazarettbesuches zu dem entsetzten Ausruf: »Na, wie sein denn Sie zu dene Preuße gekomme?« Der Krieg hatte die Landes-

144

kinder schon etwas durcheinandergemischt.

Er war zwar früh und nur leicht verwundet, aber schnell befördert und bald Offizier geworden.

Als er schweren Herzens in seinen ungeliebten Beruf zurück kehrte, blieb er im Rheinland und fand sich zum Niederrhein versetzt, vervollkommnete seine Ausbildung noch durch zusätzliche Prüfungen und wäre leidlich zufrieden gewesen, wären nicht der Lauf der Dinge in den zwanziger Jahren seinem ganzen Wesen und seinem Herkommen entgegen gewesen. Im Gegensatz zu uns Rheinländern, die wir dem Kaiser kaum nachgetrauert hatten, war er, am Fuss der Burg Hohenzollern geboren und von Jugend an mit der unmittelbaren Gegenwart preußischer oder sigmarischer Hohenzollern vertraut, monarchistisch gesinnt geblieben. Das hatte ihn zum Stahlhelm geführt, jener halbmilitärischen Organisation ehemaliger Frontsoldaten, die schon 1918 entstanden war.

Als der Stahlhelm in der sogenannten »Harzburger Front« mit den Deutschnationalen und den Nationalsozialisten zusammen geschlossen und 1933 in die SA überführt wurde, hatte er sich davon freigemacht. Sein Austritt hatte ihm Verhöre bei der Gestapo eingetragen, zumal er trotz des allgemeinen Druckes auf die Beamten nicht Parteigenosse geworden war. Einer von den beiden Parteilosen seines Berufes im Landkreis.

Schließlich hatte sich seine Situation so zugespitzt, dass nur der Eintritt in die seit 1935 wieder erstandene Wehrmacht ihm als Offizier des Ersten Weltkriegs einen gewissen Schutz gewährte. Die Armee galt weitgehend noch als ein Freiraum gegenüber der Allgegenwart der Partei.

Es war unter diesen Umständen fast selbstverständlich, dass er sich hier in den heimlichen Verbund der militärischen Gegnerschaft gegenüber Hitler einfügte. Er sprach auch jetzt, in den Tagen unseres Wiedersehens und später, kaum über diese Zeit und seine Funktionen, die wohl im Wesentlichen in der Verbindung und Verständigung zwi-

145

schen gleichgesinnten Gruppen von Wissenden und Bereiten bestanden.

Viel später fielen Namen, und ich sah Briefe und Aufzeichnungen, die ich aber nach seinem Tode nicht wieder gefunden habe. Die ganze Last jener Jahre aber brach noch einmal auf in den Letzten Monaten seines Lebens. Ohne jede vorwarnenden Zeichen setzte eine zeitweilige geistige Verwirrung ein, die sich in einem furchtbaren Verfolgungswahn entlud. Nächte lang standen Szenen aus Verhören wieder auf, grauenvolle Dialoge. Immer wieder machte er sich bereit, abgeholt zu werden, ordnete mit zitternden Händen Dinge auf seinem Schreibtisch, bemühte sich um Würde noch im Wahnsinn. Und schließlich die verzweifelte letzte Bitte, als weiß gekleidete Pfleger eintraten, die er für Gehilfen des Henkers hielt: »Machen Sie es gnädig, meine Herren.«

Das war in seinem achtundachtzigsten Jahr. Sechsunddreißig Jahre nach dem Ende des Krieges. Jahre eines fast unbeschwerten Lebens, Jahre unserer Ehe, Jahre mit unseren Kindern hatten diese Erlebnisse nicht auslöschen können.

# Niederrhein zwischen Stahl und Kohle

Wir hatten in Rheinhausen geheiratet, nachdem die Schwierigkeiten des Überwechselns von einer Besatzungszone in die andere überwunden waren. Ich war wieder einmal am Niederrhein gelandet, an einem sehr anderen Niederrhein als dem meiner Kindheit und meiner Jugendjahre. Diese (damals noch selbstständige, heute zu Duisburg gehörige) Stadt Rheinhausen hatte weder Dom, noch Burg, noch Stadtmauer. Es schien eine in jeder Hinsicht junge Stadt, entstanden, als die Indus-trie kurz vor der Jahrhundertwende den Schritt über den Rhein getan hatte. Gerade Straßen wie mit dem Lineal gezogen, wenige nur mit Bäumen bepflanzt, deren Blätter seltsam trocken und schwärzlich aussahen. Ich lernte, das seien die Ablagerungen der Luftverschmutzung durch ein Hüttenwerk im Süden, eine Zeche im Norden, chemische Industrie im Osten jenseits des Rheines und im nah gelegenen Uerdingen. Wer dachte damals schon an Umweltschutz? Wichtig war nur, dass die Schlote rauchten trotz Demontage durch die Alliierten, dass es Arbeit gab und vielleicht auch einmal wieder genug zu essen. Dass diese Stadt lebte, dass hier gearbeitet wurde, war überall gegenwärtig, war spürbar in allen Poren. Es war ein anderes Leben, ein anderes Arbeiten als in Bonn. Statt der Universität Stahlbau und Zechen, statt der mit Noblesse versteckten ›unsichtbaren‹ Industrie in Bonn die imponierende Parade der Hochöfen, statt der Studenten, die aus den Hörsälen strömten, Männer, die aus den Toren des Hüttenwerks quollen nach der Schicht. *Schicht,* das war für mich ein ganz neues Wort. Es war der Rhythmus der Stadt und der Arbeit. Die Männer gingen »auf Schicht« oder kamen »von Schicht«. Und alles, war hier lebte, Haus hielt, kaufte und verkaufte, Freizeit einteilte, plante, stand unter dem Gebot der Schicht. Eine geordnete Welt, über der mehrfach am Tag die großen Signale vom Schichtwechsel dröhnten, über der am Abend die rote Lohe des Abstichs, der Widerschein ausfließenden Metalls, den Himmel feurig leuchten ließ.

Aber irgendwo, dachte ich, muss doch der Rhein sein, denn wir waren über eine Brücke gefahren, ehe wir an einem kärglichen Bahnhof, Rheinhausen Ost, ausstiegen.Wir fanden den Rhein bei unseren abendlichen Spaziergängen, wo die spröden, gleichförmigen Straßen endeten. Sie endeten immer plötzlich und unerwartet; wenn ich mich eben mit ihrer Gleichförmigkeit abgefunden hatte, standen wir in unbebauten Zonen, Feldern, Kleingärten oder Grasland. Vor uns ein Deich, geöffnet durch eine mächtige Lücke, mit Ziegeln ausgemauert, mit Gras und wilden Blumen in den Fugen.

»Das Wassertor«, erklärte Gustl, der jetzt »mein Mann« war, und wir gingen hindurch, denn dieses »Tor« im Deich war immer offen, so lange kein Hochwasser kam. Dann wurden Bohlen in die Aussparungen der Mauern gestemmt und dazwischen Sandsäcke geschichtet.

Wir haben es nie erlebt. Immer breiteten sich vor uns die Wiesen aus. Schafe weideten darauf. Sie glitten, wie es schien, ohne Übergang in den Rhein, der hier breit dahin floss, gelassener, ein metallenes Band zwischen Fördertürmen, Kränen, Schloten. Zeit, viel Zeit war auf diesem Uferstreifen zwischen den wolligen Tieren. Wir sprachen mit dem Schäfer, gingen hinunter zur Fähre – eine uralte Verbindung zwischen den Ufern, und 1936 schon in den Ruhestand geschickt. Sie war wieder zurück gekehrt, seit die Bombardierung die Brücken in den Strom versenkt hatte und tat dann noch ihren Dienst bis 1950. Zuweilen gönnten wir uns eine Überfahrt, den Blick nach Norden gerichtet, wo jenseits der Industrie schlanke Pappelreihen an anderen Deichen sein mussten. Dort waren wir in den vergangenen Jahren zuweilen gegangen und hatten den Reihern nachgesehen, die in flachem Flug über alte Rheinarme zogen. – Keine Reiher hier angesichts der Fördertürme.

Den Schiffsführer sahen wir nach der letzten Fahrt im Alten Fährhaus einkehren. Auch wir beschlossen gern den Abend in dem mächtigen, breit gelagerten Haus, das seit dem 18. Jahrhundert mit großem Walmdach die Gäste behütete, die von der Fähre kamen.

Mit der Wirtin hatte sich mein Mann in seiner ersten Zeit in Rheinhausen schon fast wortlos auf guten Fuß gestellt. Sie hatte eine offenkundige Schwäche für den hier ungewohnt distinguierten Herrn, der gern allein in einem Winkel ihrer dämmrigen Wirtsstube saß, seine Zeitung las

148

oder einen Brief schrieb. Als ich mit ihm kam, sah sie mich aufmerksam an und hatte nicht viel dagegen. Und als ich sie ein paar Wochen später fragte, wie man wohl in diesen Zeiten so etwas wie ein Hochzeitsessen zustande brächte, im kleinsten Kreis, versteht sich, wusste sie Rat.

Wir gingen fast jeden Tag in Richtung Rhein, wohl auch, um für Stunden der Enge des einzigen Zimmers zu entgehen, das uns als Wohnung zunächst zugewiesen war. Auch in Rheinhausen herrschte Wohnungsnot wegen Bombenschaden. Jedem standen nur neun Quadratmeter Wohnraum zu.

Wir atmeten auf, wenn wir jenseits der Häuser den kiesigen Boden schmaler Wege unter den Füssen hatten. Einer dieser Wege führte im Abstand an den Halden vorbei, zu denen am Tag Stunde für Stunde die kleine Bahn tuckerte, die die Schlacke des Hüttenwerks ablud. In der Dunkelheit glühte die Schlacke noch und lag wie ein feuriger, halbrunder Reif in einer großen Biegung des Rheines zu Füßen der Hochöfen. Zwischen der Industrie war noch Bauernland, und jenseits der sterilen Asphaltstraßen gab es noch ländliche Wege, an denen kleine, meist zweistöckige Häuser lagen, oft mit tief gezogenem Walmdach, mit hölzernem Zaun um bunte Bauerngärten, mit offenen Fenstern und Türen, vor denen abends Leute auf der Bank saßen.

Ich begriff langsam, dass diese junge Stadt Rheinhausen aus alten Bauerndörfern bestand, zwischen denen die neuen Straßen gewachsen, und an deren Rand sich die Industrie angesiedelt hatte. Wir lebten in dem Ortskern, der zum Kirchdorf Hochemmerich zählte. Kirche und Dorf lagen wiederum da, wo die glatten Straßen endeten, wo alte Bauernhöfe breiten Platz einnahmen und eine Wirtschaft mit einem Lindengarten früher sicher mehr Gäste gesehen hatte als nun. Wir saßen abends zuweilen dort, umgeben von dem schweren Duft der blühenden Bäume.

Die Kirche mit dem geduckten, vierkantigen Turm, um den die runden Bögen der Lisenen liefen, mit den kräftigen

Stützpfeilern, war gedrungener als am Mittelrhein, aber ich begriff die Verwandtschaft. Hier ließ sich Erinnerung festmachen. In der allzu jungen Stadt ein Bau der späten Gotik, seit der Reformation dem evangelischen Gottesdienst bestimmt. Vierhundert Jahre keine Messe in Rheinhausen. Die wenigen Katholiken mussten bis Homberg pilgern. Mit dem Bergbau kamen mehr katholische Gläubige, meist Polen, in die neue Ansiedlung. Sie bekamen eine Notkirche, dann einen stattlichen Bau, der 1906 geweiht wurde. Zur gleichen Zeit entstand auch eine neue katholische Kirche im Stadtteil Friemersheim. Historische Eckpunkte blieben die evangelischen Kirchen hier wie dort. Und die Eingesessenen mit den alten Namen waren Protestanten, Bauern, Handwerker, die ihre Pastöre noch bis vor kurzem zu Pferde eingeholt hatten und zu ihnen standen.

Ja, Friemersheim war auch eines unserer Ziele, uraltes Kirchdorf, nah am Rhein, hinter einem Damm gelegen. Ein anheimelnder Weg zwischen Bauernhöfen zum Kirchplatz, zu dem Gotteshaus. Mit dem fast barocken Dach und dem luftigen Aufsatz der Laterne, mit dem klaren hellen Innenraum eine schlichte Predigerkirche, in der die Bibel aufgeschlagen lag. Ich genoss die Kühle, die geraden alten Formen der Bänke, des Altares; ich sah den Pfarrer im Talar vorüber gehen, einen hoch gewachsenen Mann, der die fremde Frau in seiner Kirche erstaunt ansah, dann grüsste. Eine Kirche unter so vielen, die ich gesehen hatte und noch sehen sollte; aber unvergesslich evangelisch, nur auf das Wort der Predigt gestellt, auf den Klang der Orgel, auf das Lied.

Wenn ich lange verweilte, war Gustl schon weiter gegangen. Ich wusste, dass er im Garten des alten Gasthauses Großterlinden auf mich wartete. Wieder ein zweistöckiger Bau unter gewalmtem Dach, davor die steifen Gartenstühle und Eisentische, auf die ein Mädchen die rotweiß karierte Decke legte. Hier gab es selbst 1947 Obstkuchen, dem freilich der Zucker fehlte. Und zuweilen sogar noch eine Tüte

Äpfel dazu. Mein Mann, das lernte ich sehr bald, wurde von jeder weiblichen Bedienung, vom ländlichen Gasthof bis zum noblen Restaurant, von Postfräuleins bis zu Hotelsekretärinnen, mit besonders freundlichen Augen angesehen, und es war nur klug, ihm Bestellungen, Anfragen und Anweisungen zu überlassen. In wortlosem Einvernehmen überließ er mir dafür die Verhandlungen mit querköpfigen Männern hinter Schaltern oder auf Ämtern. Eine klare Teilung der Kompetenzen, die sich Jahrzehnte lang bewährte.

Hier im Garten des Hauses Großterlinden blinkte der Rhein nur da und dort zwischen überalterten Bäumen oder verkrüppelten Weiden auf. Denn vor uns lag breit und mächtig der Werth'sche Hof. Er musste sehr alt sein. Verwittertes, breit gelagertes Gemäuer, bei höherem Wasserstand des Rheines umspült. Irgendwo lag ein verrotteter Kahn. Aber im Frühjahr blühten auch die ältesten Bäume noch um den sechskantigen Turm. Irgendwann hörten wir, dass hier schon Karl der Große Rast gemacht haben solle auf dem Weg nach Osten. Die Geschichte von Rheinhausen dröselte später der Stadtarchivar Friedrich Albert Meyer zuerst in langen Gesprächen, dann in zwei dicken Büchern für uns und andere auf. Er war eine meiner ersten Eroberungen in Rheinhausen geworden. Aber das ist ein anderes Kapitel.

Wir hatten die junge Stadt und ihre alten Dorfkerne umkreist, die Spanne gemessen von der Friedrich-Alfred-Hütte aus bis zu den Fördertürmen der Zechen Diergardt und Mevissen. Und wir hatten auch die Arbeitersiedlungen gefunden, die zu Beginn des Jahrhunderts zwar schnell entstanden waren, auf dem Reißbrett entworfen, aber erstaunlich menschliches Maß hatten mit dem überdachten Sitzplatz vor dem Haus, den kleinen Gärten und der nachbarlichen Zusammengehörigkeit.

Ich hatte oft mit leisem Neid zu den kleinen Häusern hin gesehen, in denen Familien wohnten, sicher auf bescheidenem Raum, doch es war mehr als unsere kaum achtzehn

Quadratmeter. Das sollte sich ändern, als Tochter Ulrike unterwegs war. Lange erwünscht, hatte sie unser Leben und unsere abendlichen Wege schon begleitet. Und oft ließen wir zwischen uns am Gasthaustisch einen Stuhl frei für sie, deren Name längst feststand.

Kurz bevor sie in Erscheinung trat, durften wir eine Wohnung besichtigen. Sie lag in einer Nebenstraße, die mit Platanen bestanden war und einen im ganzen freundlicheren und nicht so linealstrengen Eindruck machte. Die Front des Hauses war gut im Stande wie auch die der Nachbarhäuser, was mein Mann mir mit der kürzlichen Renovierung nach Bergschäden erklärte. Erstmals wurde mir bewusst, dass wir auf dem Hohlraum der Zechen lebten.

Die Bergschäden waren also beseitigt, nicht aber die Schäden, die einige Brandbomben im Dachgeschoß angerichtet hatten, das uns zugewiesen war. Ein Zimmer, eine winzige Küche waren beziehbar, die weiteren Räume ließen mit offenen Dachsparren den Blick in den Himmel frei und wurden uns zur Restaurierung angeboten. Wäre nicht Ulrike schon bald in Sicht gewesen, wir hätten entmutigt verzichtet. So unterschrieben wir zähneknirschend unsere Anwartschaft auf diese halbe Ruine. Höchste Zeit, denn Ulrike kam im Sturzflug, zwei Monate zu früh und noch beschleunigt durch den Transport mit einem Wagen des Roten Kreuzes, der auf dem Weg von Hochemmerich zum Krupp'schen Krankenhaus in Friemersheim kein Schlagloch ausließ.

Ich musste sie als Frühgeburt im Krankenhaus zurücklassen und konnte es hoffnungsvoll tun, denn als Glückwunsch waren mir außer einem Babykorb, gefüllt mit Frühlingsblumen, heiß begehrte Tauschartikel für den notwendigen Wohnungsausbau an das Wochenbett gebracht worden.

Zuerst trat mein Bruder an, der aus kurzer Gefangenschaft sich bei mir in Oberkassel in meinem Fachwerkdomizil erholt hatte, um dann in Krefeld sein Studium als Textilingenieur zu vollenden und gleich die Leitung einer kleinen Seidenweberei zu übernehmen. Er brachte mir Kunstseide, mehrere Abschnitte, die jeweils für ein Kleid reichten; und eine Freundin hatte aus der eben wieder beginnenden Fertigung ihrer Lederfabrik Aktentaschen aus dem damals üblichen Spaltleder geopfert.

Beflügelt von diesen Schätzen, begann ich unser neues Leben hoffnungsvoll, zumal ich schnell heraus bekam, dass unser künftiger Hausherr Angestellter der Friedrich-Alfred-Hütte war. Von dort waren Handwerker und Baumaterialien in Sicht, wenn man mit Kleiderstoff und Aktentaschen winken konnte. Ich tat beides und habe mich, zum Entsetzen meines Mannes, auch hinter seinem Rücken beim Transport von Baustoffen mit dem Handwagen bei Nacht und Nebel beteiligt.

Nach zwei Monaten konnte Ulrike einziehen in eine leidlich hergestellte Dachwohnung. Und unser Familienleben begann. Als zwei Jahre später unser Sohn Hans Henning geboren wurde, war ich schon wieder in meinem Beruf, und er wäre fast im Staatsarchiv in Düsseldorf geboren worden. Über dem Aktenstudium begannen die Wehen, und ich konnte noch eben mit Bahn und Bus nach Hause kommen, ehe die Geburt einsetzte.

Wir hatten das Glück, in einem sehr kinderlieben Haus gelandet zu sein. Obschon die Hausbesitzer, Herr und Frau Prall – er ein Hesse und sie eine Schwäbin aus dem Bottwartal – zuerst meine damals schon sichtbare erste Schwangerschaft mit merklich schrägem Blick wahrgenommen hatten, schlossen sie Ulrike und nachher Henning gleich in ihr Herz. Unsere Kinder lebten in dem kleinen Garten und dem hübschen Gartenhaus sehr glückliche und behütete Jahre. »Onkel Prall« war als Schiffsingenieur um die Welt gefahren, ehe er in Rheinhausen und bei Krupp endlich an Land ging. In seinem Haus hatte er sich so etwas wie eine Kajüte eingerichtet. Hier hockte Henning zu seinen Füßen und hörte unendlichen Geschichten von Reisen zu, während Ulrike mit seiner Frau, von unseren Kindern

»Palli« genannt, im Garten werkelte. »Onkel Prall« war ein begnadeter Erzähler, der nun Gelegenheit hatte, sein Garn von Singapur bis New York zu spinnen. Seine winzige Frau hörte nicht so gern von seinen Fahrten und Abenteuern, bei denen sie zu Recht auch die eine oder andere Seemannsliebe vermutete.

Sein Erzähltalent kam nicht von ungefähr. In einer alten Familienbibel fand sich der Namen seiner Ururgroßmutter, Katharina Dorothea Viehmann. Sie war die berühmte« »Viehmännin« gewesen, jene Frau eines Schneidermeisters aus Kassel-Niederzwehren, die regelmäßig zu den Brüdern Grimm in die Wildemannsgasse wanderte, um ihnen aus dem unermesslichen Hort ihrer Volksmärchen zu erzählen.

Das Idyll in Rheinhausen war vollständig geworden, als es mir gelang, im hartnäckigen Kampf mit dem Wohnungsamt den Zuzug einer Nichte unserer Hausbesitzer zu erreichen und ihr Wohnung im Haus zu besorgen. Sie war ausgebildete Kinderschwester und nun bereit, in unserem Haushalt mitzuwirken.

Es hatte mich zwar einige Mühe gekostet, meinen Eheherrn davon zu überzeugen, dass es sinnvoller sei, etwas in meinem Beruf zu arbeiten, als nur Hausarbeit zu tun. Doch da er immerhin Schwabe genug war, um rechnen können, stimmte er zu, zumal wir nach beiderseitigem totalen Kriegsschaden und der Währungsreform (mit hundertzwanzig Mark dank unserer Tochter) einen schweren Anfang hatten und die Beamtengehälter zuerst bescheiden waren. Ich fand schnell Zugang zur örtlichen Redaktion der Westdeutschen Allgemeinen Zeitung und konnte in freier Mitarbeit genug verdienen, um nicht nur unsere bald allseits geliebte »Tante Mine« zu bezahlen, sondern auch kleine Anschaffungen zu bewältigen. Zudem hatte ich Kontakt zu einer Korrespondenz gefunden, die Zeitungen von Hamburg bis zum Bodensee bediente. Ich versah die Redaktion der »Frau von Heute« jede Woche mit einem Artikel über

Haushaltsfragen, Rezepte, Mode und Kindererziehung. Entlastet vom Haushalt, und bei meist abendlicher Zeitungsarbeit, konnte ich mich meinen Kindern viel widmen und setzte die Erfahrungen mit ihnen gleich in Artikel um, die erstaunlichen Absatz fanden. Auf diese Weise habe ich ihre ganze Kinder- und Schulzeit dokumentiert. Die Beziehung zu der Korrespondenz »Die Frau von Heute« hat über dreißig Jahre gehalten. In Rheinhausen hatte es zum beneidenswerten wöchentlichen Ritual gehört, dass der Geldbriefträger mir 20 Mark überbrachte, was damals ziemlich viel Geld war und allein schon die Haushalthilfe rechtfertigte, ganz abgesehen von den Honoraren der WAZ.

So ließ sich das Leben leidlich an in Rheinhausen, obgleich der Neubeginn in der Industriestadt uns nichts geschenkt hatte. Ich musste zuerst wie alle Hausfrauen unsere bescheidenen Lebensmittelzuteilungen in der Konsumanstalt decken. Noch gab es vor der Währungsreform kaum andere Läden, und man musste Papiertüten oder selbst genähte Mehl- und Zuckersäckchen zum Einkauf mitbringen. Die Frauen, die mit mir an der Theke standen, guckten mich zuerst misstrauisch von der Seite an. Meine Kleider waren sicher nicht besser als die ihren, aber irgendwie anders, und meine strenge Frisur mit den Knoten im Nacken entsprach so gar nicht ihren Lockenwicklern. Aber da ich von den Verkäuferinnen in keiner Weise bevorzugt wurde, ließen sie mich schließlich gelten. Zuerst war jeder Einkauf so etwas wie ein Spießrutenlaufen gewesen.

Auch in unserer Wohnstraße hatte es einiges Aufsehen erregt, als wir zuzogen. Ich versuchte zuerst, meinen Doktortitel schamhaft zu verstecken. Aber vermutlich hatte unsere gute Frau Prall ihn doch unter die Leute gebracht, und nun geschah, was schon in Oberkassel geschehen war: keiner wollte glauben, dass ich nicht Ärztin sei; und also brachten mir alle Mütter ihre Kinder mit Schrammen auf den Knien, Glas- und Holzsplittern in Hand und Fuß und Rotznasen. Ich half, soviel ich mit einem häuslichen Pflasterkasten konnte, und benachrichtigte im übrigen den Arzt um die Ecke.

Mein Mann hatte auch die Mühen der Nachkriegszeit in der Schule zu bestehen. Die Schuljugend war durch die letzte Kriegszeit aller Ordnung entwöhnt. Die Väter waren noch vielfach in Gefangenschaft, und die Mütter mussten arbeiten. Es war die Zeit der Schlüsselkinder. Gustl hatte allerdings eine Mädchenklasse, die ihn anhimmelte und ihm kaum Schwierigkeiten bereitete. Aber er musste wie alle Lehrer den Unterricht fast ohne Schulbücher bewältigen, denn die Bestände, die den Krieg überstanden hatten, trugen noch die untrüglichen Zeichen nationalsozialistischer Ideologie und durften nicht eingesetzt werden. Unsere privaten kleinen Bibliotheken waren unter den Trümmern geblieben, und so war es ein wahrer Glücksfall, dass das Hüttenwerk eine große Bücherei mit älteren, unverdächtigen Beständen hatte. Dank meiner Schreibmaschine konnte ich Unterrichtsvorlagen erstellen.

Spannend wurde es, als mit der Gründung der Bundesrepublik Deutschland die Staatsbürgerkunde eingeführt wurde, und er als der einzige unter seinen Kollegen ohne nationalsozialistische Vergangenheit das Fach allseitig übernehmen musste. Wir haben Nächte über Plänen gesessen. Der Neubeginn nach den Jahren der Zwangsherrschaft, nach der ersten Nachkriegszeit ohne Perspektiven ging uns beiden unter die Haut. Am Anfang eines neuen Staatswesens zu stehen und dessen Grundlinien zugleich für eine nächste Generation zu festigen, zu erklären und verbindlich zu machen, war ein einmaliger Auftrag. Wir haben ihn mit Respekt angegangen. Ich war wie betäubt von dem Gefühl der Freiheit, die von der Formulierung der Grundrechte ausging. Was bedeutete allein das Wort »Würde des Menschen« nach all den Jahren, in denen die Würde unter braunen Stiefeln in den Staub getreten worden war.

Er war zwar durchdrungen von der Verantwortung seines Auftrags als Lehrer, aber weniger euphorisch als ich.

Vielleicht spürte ich da über der gemeinsamen Arbeit zum ersten Mal, dass unser Altersunterschied zugleich ein Generationsunterschied war. Er war – ein preußischer Hohenzoller – noch im Kaiserreich aufgewachsen, hatte Hoffnungen auf die Wiederherstellung der Monarchie gehegt, hatte die Erwartungen der Weimarer Republik und ihren Untergang und die zwölf Jahre des Tausendjährigen Reiches erlebt. Die Hypothek dieses halben Jahrhunderts wog bei ihm wohl noch schwerer als bei mir.

## Die Freunde vom Paschacker

E s war gut, in Rheinhausen Freunde zu finden, verschiedenen Alters, verschiedener Berufe, aber alle einig in einer gewissen gelassenen Grundstimmung den unvermeidlichen Pannen und Problemen unseres eben neu gegründeten Lebens gegenüber. Wenige waren eingesessen, mehrere als Flüchtlinge hierher gekommen. Die Initiative zu einem freundschaftlich verbundenen Kreis ging aus von einem Künstler. Er wohnte zwei Kilometer von unserem Rheinhauser Stadtteil Hochemmerich entfernt in dem mehr ländlichen Stadtteil Oestrum auf einem ehemaligen Bauernhof, der seiner Frau als Erbe zugefallen war. Das Anwesen bestand aus einem breit zur Straße gelagerten Ziegelbau und einem tiefen Obstgarten, wo zur Wonne unserer Kinder ein Schaf namens Trudelies graste. Hier sammelte der Maler Volkram Anton Scharf, der einmal Meisterschüler von Campendonck an der Düsseldorfer Akademie gewesen und schwer angeschlagen aus dem Krieg zurück gekommen war, Menschen um sich, die über der Misere des

157

Alltags standen und Geist über die Zeit des Ungeistes gerettet hatten.

Wir trafen uns einmal wöchentlich abends in seinem Atelier, wo rundum die Töpfe mit den Pinseln standen, Bilder an den Wänden hingen und lehnten, Bücher auf selbstgezimmerten Regalen Platz gefunden hatten und in riesigen Steinkrügen Gräser, Sommerblumen oder Herbstzweige mit sanften Farben vor dem etwas brüchigen Putz der Mauern leuchteten. Die Krüge waren das Werk von Ida Scharf, die eine begabte Keramikerin war, aber kaum zu eigener Arbeit kam, weil sie mit aller Kraft Haus und Garten bestellte, um ihren Mann und ihre pfiffige kleine Tochter Iduna über die Runden zu bringen. Während wir alle zu diesen Abenden mitbrachten, was eben wir entbehren konnten, bestritt sie eine liebenswürdige Gastlichkeit mit den Früchten ihrer Obstbäume und Beete und sonstigen Erträgnissen ihres Gartens.

Bilder, Bücher, Zeitungsartikel, Erinnerungen waren Anlass zu Gesprächen, Dialogen, gelegentlichen Kontroversen, denen mein Mann, genüßlich mit ausgestreckten Beinen in einem Feldstuhl sitzend, zuhörte. Sein nächster Gesprächspartner war ein ehemaliger Journalist seines Alters, hier aus Neigung zur Geschichte zum bestallten Stadtarchivar geworden. Ein Graphiker, ein Bildhauer, ein Musiker, eine ehemalige Schauspielerin, nun Ehefrau eines kunstsinnigen Ingenieurs, bildeten unsere Runde. Alle haben schließlich in der einen oder anderen Weise zu dem aufkeimenden kulturellen Leben der Industriestadt Rheinhausen beigetragen.

Spät in der Nacht gingen wir heim, die schnurgerade Landstraße entlang, abseits da und dort ein schlafendes Bauernhaus; schließlich vor der Kulisse der Fördertürme die Mauern und Kreuze eines längst geschlossenen Friedhofs, über denen Nachtigallen schlugen.

Es war ein Höhepunkt dieser Jahre, als wir bei der Einweihung eines bescheidenen Theaters zugleich den ersten öffentlichen Auftrag unseres Freundes Volkram Anton

Scharf feiern konnten, die Mosaiken im Foyer des Hauses. Ein letztes Mal sind wir noch zusammen gekommen, als Scharf im Dom-Museum in Xanten eine große Ausstellung zeigte und ich zu seinen Bildern meine niederrheinischen Sonette las. Seine Bilder von Hüttenwerk und Hafen sollten uns auch begleiten, als wir Rheinhausen verließen.

# Das Jahr 1949
# und der große Brückenschlag

Eines Tages kam ein Brief aus Bonn. Der Chefredakteur des General-Anzeigers schrieb: »Wir werden wieder erscheinen. Machen Sie mit.«

»Unmöglich«, sagte Gustl, »wir sitzen hier fest.«

»Abwarten«, beruhigte ich ihn. »Schon mal was von Korrespondenten gehört?«

Er behauptete später, erst nun begriffen zu haben, was es heißt, mit einer Journalistin verheiratet zu sein, mit einer Frau, die immer noch ein Schlupfloch fand, in ihrem Beruf zu arbeiten. Und so ließ er mich denn einigermaßen beruhigt nach Duisburg fahren, wo ich verabredungsgemäss in der Bahnhofsgaststätte den Chefredakteur und einen ehemaligen Kollegen traf, beide im Newlook einer Herrenmode, die ich in Rheinhausen noch nicht gesehen hatte.

Der General-Anzeiger war wieder auferstanden, nachdem die Alliierten unverständlich lange gezögert hatten, der bürgerlichen Zeitung, die mit soviel Mut und Engagement das Tausendjährige Reich bestanden und überstanden hatte, eine Lizenz zu geben. Nun war der Lizenzzwang gefallen, und die Arbeit konnte wieder aufgenommen werden, unter großen Schwierigkeiten, unter völlig neuen Bedingungen.

Ich sollte von meinem jetzigen Standort aus Aufgaben übernehmen, die in meiner Reichweite lagen. Den ersten Auftrag brachten die Herren Kollegen gleich mit: »Nehmen Sie Kontakt auf zur Firma *Stahlbau Rheinhausen.* Dort ist unsere neue Rheinbrücke in der Planung. Begleiten Sie die Entstehung derBrücke. Sehen Sie sich um, was Sie sonst noch anbieten können.«

Ich machte erst gar nicht geltend, dass ich von Technik – und nun gar vom Brückenbau – weniger als nichts verstand. Schließlich hatte ich in Beruf und Krieg gelernt, dass Unmögliches sofort erledigt wird, und nur Wunder etwas länger dauern dürften. Und also sagte ich ja zu allem und jedem, was man von mir erwartete. Wobei ich allerdings dankbar anerkennen muss, dass der Chefredakteur seine Wünsche und meine Möglichkeiten sorgfältig abwog.

Schon wenige Tage später passierte ich das Werktor von »Stahlbau Rheinhausen« und saß bald einem unerwartet liebenswürdigen Herrn gegenüber.Was immer ich gefürchtet hatte an Reserviertheiten hoch spezialisierter Könner gegenüber einer Bericht erstattenden Journalistin, deren Ahnungslosigkeit sich schon bei der ersten Frage verraten musste, es traf nicht zu. Der Direktor und Chefkonstrukteur Arthur Kramer war Österreicher, nicht von dem landläufigen Küss-die-Hand-Charme, sondern von einer offenen Bereitschaft, über das entstehende Werk zu sprechen und zugleich seine überlegene Sachkenntnis auf die Ebene der Berichterstattung zu bringen.

Eines ermutigte mich sofort: Er war verliebt in dieses Bonn, das selbst in Trümmern noch, wie er sagte, die wohltuende, ruhig vornehme Linie alter Baukultur hatte, unterstrichen und bestätigt durch den sanften Schwung der Berge. Er sprach von der Grundsymphonie von Stadt und Landschaft, ehe er von Planung und Konstruktion sprach. Er schilderte die ersten tastenden Schritte, das Suchen und Verwerfen, die konstruktiven Ideen, die sich in schöpferischen Nachtstunden einstellten, skizzenhaft aufgezeichnet, bei Tag überprüft. Keine hochragenden Konstruktionen mehr, wie sie die erste Rheinbrücke aus dem Jahr 1898 noch gezeigt hatte. Kramer wollte der Stadt Bonn die ästhetisch schönste und zugleich wirtschaftlichste Brücke bauen. Es wurde die damals weitestgespannte Trägerbrücke über den Rhein. Insgesamt zehn Straßenbrücken und sechs Eisenbahnbrücken haben von Köln-Rodenkirchen bis Wesel kriegszerstört im Strom gelegen.

Mit zwei Strompfeilern sollte die neue Bonner Brücke sich dreiteilig über den Rhein spannen, der bei Bonn fast vierhundert Meter breit ist. Der Rhythmus der alten Brücke blieb gewahrt, schon der Schiffahrt wegen. Nun kamen für mich Zahlen ins Spiel, die ich dank Kramers Auslegung und meiner Ortskenntnis begriff: Die gesamte Länge der Brücke sollte 394 m betragen, die Spannweiten von den Ufern und zwischen den Pfeilern 99 + 196 + 99 Meter.

Als ich im Sommer 1949 mit dem Chefkonstrukteur durch das Werk ging, waren die Arbeiten schon weit fortgeschritten. Ich sah die Zeichnungen im Konstruktionsbüro, riesige Zahlentabellen, statische Berechnungen, die vierhundert Seiten füllten; ging mit ihm durch die Werkstätten, sah die Bleche und Profileisen, die aus den verschiedenen Stahlsorten gewalzt und geformt worden waren. Ich sah den Zusammenbau und das Nieten der Hauptträgerstücke, die hier montiert und fertig gestellt wurden zum Transport nach Bonn.

Damals habe ich erst gelernt, was Stahl ist, welche unerhörten Energien darin gebunden sind, welche Kräfte zu seiner Entstehung aufgeboten werden. Ich hatte schon früher auf dem Hochofen gestanden und gesehen, wie »beschickt« wurde, auch mit vielem, was bei äußerstem Erzmangel entbehrlich oder durch den Wandel der Zeit überflüssig geworden war, darunter Parteiabzeichen der NSDAP, Mutterehrenkreuze, selbst Ritterkreuze, die mancher vielleicht im Schock des desolaten Endes zu früh von sich getan hatte. Ich hatte den Abstich erlebt, dessen Widerschein jeden

Abend den Himmel über Rheinhausen lodernd färbte, wenn der Strom des Roheisens aus dem geöffneten Hochofen quoll. Ich war an den Rand der Drahtstraßen geführt worden, wo glühendes Eisen durch immer engere Düsen zu Drähten getrieben wird mit unvorstellbaren Gewalten; wo es sich dem Zwang der Zangen widersetzt, die die Drähte führen, und sich zu Tod bringenden Schlingen aufbäumt, die über alles herabstürzen, was in der Bahn ihres Falles steht. Ich lernte, dass Windkräfte das rohe Eisen zu Stahl reinigen, hörte von Walzen und Schmieden und war überwältigt von den Kräften und Zugspannungen des Materials, die hier von dem Konstrukteur, den Ingenieuren und allen ihren Mitarbeitern bewältigt, berechnet und eingesetzt wurden für den Bau unserer Bonner Brücke.

Am Abend des 6. September 1949 kam Kramer aus Bonn zurück, erschöpft und glücklich: das Schlussstück war eingebaut worden, und die Berechnung hatte auf den Millimeter gestimmt. Die Brücke, seit 1946 geplant, seit 1947 dem Stahlbau Rheinhausen übertragen, war nach der Vorarbeit im Werk in der Rekordzeit von nur acht Monaten erbaut worden. Und was noch mehr wog: Sie war ohne tödlichen Unfall vollendet worden.

Als die Brücke am 12. November eingeweiht wurde, sah ich sie zum ersten Mal vollendet bei der Anfahrt von der Zweiten Fährgasse her. Ja, das war sie, die Brücke, von der Kramer mir zuerst gesprochen hate, die er mir gleichsam versprochen hatte: die schönste Brücke für eine schöne Stadt und ihre Landschaft, Grenze und Verbindung von Mittelrhein und Niederrhein. Ich war sehr glücklich.

Der große Tag endete mit einem Feuerwerk, wie Bonn es lange nicht erlebt hatte. Ich hörte nur das Zischen der Knallkörper, denn ich saß eingeschlossen in unsere damals noch provisorischen Redaktionsräume des General-Anzeigers an der heutigen Prinz-Albert-Straße und schrieb den Bericht, ehe ich mit dem letzten Zug wieder nach Rheinhausen fuhr.

162

Ich war nicht nur auf Wunsch der Redaktion nach Bonn gekommen, um zu berichten sondern auch als Ehrengast der Stadt, weil ich bei der Festschrift zur Brückeneinweihung mitgewirkt hatte, unmittelbar benachbart mit Wilhelm Schmidtbonn, der das hochgestimmte Schlusswort geschrieben hatte. Also stand ich auf der Mitte der Brücke vor dem rotweißen Band im Pulk der Gäste und der Journalisten. Von der Bonner Seite kam eine Prozession auf uns zu, endlose Doppelreihen von Messdienern in ihren weißen Rochets, und mit würdigem Abstand der Herr Stadtdechant, Stumpe, mein ehemaliger Religionslehrer an der Liebfrauenschule. Wir hatten ihn St. Umpe genannt und ihn oft genug mit gemeinsam ausgeheckten Fragen in zornige Verlegenheit gebracht. Er wird mich unter dem ungemein kühnen Hut, den ich mir von einer meiner jüngeren Tanten geborgt hatte, wohl nicht wieder erkannt haben.

Hier, auf der Mitte der Brücke, sprach er den Segen über das neue Bauwerk, das die Ufer wieder verband. Es sei ein Werk des Friedens, sagte er, und daher seien auch keine Sprengkammern mehr eingebaut worden.

Zwei Stunden später wurde mir diese Illusion zerstört durch meinen Tischherrn beim Festessen in dem leidlich wieder hergestellten Haus des Bürgervereins an der Poppelsdorfer Allee. Er war Bürgermeister einer kleineren Nachbarstadt und überdies noch der Vater einer Mitschülerin, ein Herr, dem zwei Kriege wohl den Glauben an hehre Worte und Versprechungen geraubt hatten. »Unsinn. Keine Brücke ohne Sprengkammern«, flüsterte er mir zu und komponierte genüßlich einen Bissen Fleisch mit Rosenkohl auf seiner Gabel.

Er hat mir dann noch weitere große Zitate dieses Festes auf Alltagsmaß gebracht. Denn es wurden viele und hochtönende Reden gehalten, abgelesene und (vor dem Spiegel) auswendig gelernte.

Nur eine ist mir in Erinnerung. Es war wohl die letzte. Konrad Adenauer, seit sieben Wochen Bundeskanzler, erhob sich und sagte im schönsten Rheinisch: »Ich bringe die Glückwünsche von d'r schääl Sick« und erntete damit einen tobenden Beifall. Er hatte nicht als der fast ranghöchste Mann im Staate gesprochen, sondern als Nachbar, ein Bürger aus Rhöndorf, das nun einmal auf dem rechten, von Bonn immer etwas schräg angesehenen Ufer liegt, und das seine eigenste Residenz war. Schlank stand er da, im makellos sitzenden Cut, während bei vielen Herren der dunkle Anzug schon fast peinlich glänzte. Ihm lag schon das leicht süffisante Lächeln um die schmalen Lippen. Mit wie wenigen Worten hatte er das allzu hoch aufgehängte Vokabular seiner Vorredner ohne die geringste Anspielung vom Podest geholt.

## Bilder, Theater, Mode

P lötzlich kam alles wieder, was uns der *totale Krieg* genommen hatte. Was unrettbar unter Trümmern verloren schien, erlebte eine Auferstehung. Die harten Notwendigkeiten, von Mahlzeit zu Mahlzeit zu denken, Kleider und Schuhe bis zum Geht-nicht-mehr zu schonen und zu tragen, verloren sich. Selbstverständlichkeit kehrte wieder ein. War es *wirklich* so selbstverständlich, an das frühere, fast vergessene bürgerliche Leben wieder anzuknüpfen? Es hat uns doch wohl eine Welle von Staunen und Dankbarkeit erfasst, als wir die ersten Theaterkarten in der Hand hielten und auch das Geld hatten, ohne Brot- und Fleischkarten den Kunstgenuss mit einem Abendessen in unserem kleinen Theaterrestaurant zu krönen.

Rheinhausen, sonst nicht eben von der Kultur gesegnet, hatte in der Tat ein Theater. Die belgische Besatzung hatte einen sterilen Hallenbau hinterlassen, der entsprechend umgestaltet wurde. Jeden Morgen, wenn ich Ulrike und Henning zu den Clemens-Schwestern in den Kindergarten brachte, kam ich an der Baustelle vorbei und sah die Fortschritte. Und eines Tages war es soweit. Ausgestattet mit Pressekarten der Westdeutschen Allgemeinen Zeitung, betraten Gustl und ich den Zuschauerraum und erlebten, wie der Vorhang sich öffnete vor dem ersten Bühnenbild. Ich weiß nicht mehr, mit welchem Bühnenwerk unser kleines Theater eröffnet wurde. Aber ich weiß, dass wir großartige Aufführungen hier gesehen haben. Rheinhausen hatte kein eigenes Ensemble, aber weit und breit eine der wenigen gut bespielbaren Bühnen. Und so kam vieles, was das Land an Rhein und Ruhr zu bieten hatte, insbesondere aus Recklinghausen, der Stadt der Ruhrfestspiele, als Gastspiel nach Rheinhausen. Häufig zu Gast war auch das Rheinische Landestheater, das damals seinen Standort in Neuss hatte. Wir sahen Shakespeare, Molière, Lessing und Kleist wieder, wir erlebten die Abrechnung mit dem Krieg in den Heimkehrerstücken. Damals zog auch die »Mutter Courage« über die Bühnen des Dreiecks an Rhein und Ruhr. Und die ersten Werke von Thornton Wilder erschienen auf den Spielplänen. Haben wir damals nicht schon sein Weltunter-gangswerk gesehen: »Wir sind noch einmal davongekommen«? Genau so fühlten wir uns auf unseren Parkettplätzen.

Neben dem Neuen und Unerhörten aber genossen wir die Rückkehr der Operette. Hier in Rheinhausen hörte ich auch eine der seltenen Aufführungen der Hindemith-Oper »Mathis, der Maler«. Sie dürfte von Düsseldorf gekommen sein. Fast immer trafen wir im Theater auch die Freunde vom Paschacker, und die Theaterabende endeten spät nach temperamentvollen Diskussionen.

Gustl hatte sich leicht daran gewöhnt, dass mir immer zwei Pressekarten für das Theater zur Verfügung standen, wie er auch gern zur Kenntnis nahm, dass nun täglich zwei

Zeitungen, die Westdeutsche Allgemeine und der General-Anzeiger, kostenlos ins Haus kamen.

Wenn er doch einmal meuterte, ich sei häufig abends unterwegs, denn es fielen auch Konzerte und Vorträge an, die er weniger goutierte, so pflegte ich ihn daran zu erinnern, dass das Abendessen pünktlich auf dem Tisch gewesen und die Kinder von mir selbst ins Bett gebracht seien und er überdies ja stets am übernächsten Tag in der Zeitung lesen könne, wo ich gewesen sei, was man von den reichlich kaffeeklatschenden Frauen seiner Kollegen nicht sagen konnte. Übrigens wurde ich bei meiner Rückkehr durchweg mit einem Glas Wein zum Tagesausklang erwartet. Und er hatte ungestört Hefte korrigieren können.

Eine andere Welt tat sich auf mit dem erneuten Anschluss an den General-Anzeiger. Einmal im Monat sollte ich nach Bonn kommen zu einer ausführlichen Besprechung, und um im Stadtarchiv zu arbeiten. Denn ein Schwerpunkt meiner Mitarbeit lag bei der Seite »Unser Land«, die Stadt- und Landesgeschichte brachte.

Im übrigen war ich frei, wahrzunehmen, was immer die Kulturszene am Niederrhein bot. Damals waren Düsseldorf und Bochum Richtpunkte des Schauspiels für den Westen mit den großen Intendanten Gründgens und Schalla. Es gab imponierendes Theater: Schillers »Maria Stuart« mit Joanna Maria Corvin und Elisabeth Flickenschildt, und »Die Räuber« mit Gründgens als ›Canaille‹ Franz Moor. Ich konnte an den Shakespeare-Tagen in Duisburg teilnehmen oder dort auch das erste Zimmertheater besuchen. In Essen sahen wir das Folkwang-Tanztheater mit der Inszenierung »Der grüne Tisch« von Kurt Joos, ein atemberaubender Totentanz, der einst im Haus Cohen in Bonn konzipiert worden war. Ein großer Tänzerkongress fand in Recklinghausen statt.

Zugleich begannen seit 1949 die Kunstausstellungen wieder. Es war soviel nachzuholen nach dem Kunstdiktat des Dritten Reiches: Gedenkausstellungen für die Künstler, die damals als »entartet« gebrandmarkt waren: Wilhelm Lehmbruck in Duisburg, Heinrich Nauen und Johan Thorn-Prikker in Krefeld.

In Düsseldorf wurde im Ehrenhof seit 1949 alljährlich eine wahre Heerschau rheinischer Künstler veranstaltet. Hier sah ich zum ersten Mal die neue Generation der Bonner Künstler nach dem Krieg vertreten: Paul Magar und Martin Frey prägten sich mir damals ein. Und unter denen, die nun wieder ausstellen durften, war auch unser Freund vom Paschacker, Volkram Anton Scharf. Es war ein großes Aufatmen nach der Unfreiheit des Tausendjährigen Reiches und der ersten Nachkriegszeit, obgleich es weder Farbe, noch Leinwand, noch Papier gab und manches Bild auf Nesselbetttüchern gemalt wurde. Auch der Kunstverein für die Rheinlande und Westfalen stellte wieder aus, und im Düsseldorfer Kunstmuseum tat man mit einer ersten Ausstellung zeitgenössischer niederländischer Malerei wieder einen Blick über die Grenzen.

## Erlebnis Großstadt Düsseldorf

Gustl pflegte mich nie nach Düsseldorf zu entlassen, ohne mir ein Frühstück in der Straßenbahn Duisburg - Düsseldorf zu spendieren. Dieser Komfort gehörte zu den kleinen Wundern der Nachkriegszeit, und da er ihn selbst mit Genuss entdeckt hatte, sollte ich auch meinen zweiten Morgentee in dem Speisewagen haben. Ich trank ihn dankbar und in kleinen Schlucken und sah auf der ziemlich kahlen Strecke der Großstadt entgegen. Seltsamerweise kann ich mich nicht an Trümmer in Düsseldorf erinnern, obgleich sie sicherlich noch längst nicht alle geräumt waren.

Die Stadt erholte sich schneller als andere von den Wunden des Krieges. Schon dehnten sich wieder die Straßen imponierend breit, und die ersten Schaufenster zeigten mehr Chic, als man seit langem gesehen hatte. Düsseldorf rühmte sich, aufzubauen ohne Bausünden. Dieses Schlagwort klang mir später immer etwas zweifelhaft angesichts der vielen Hochhäuser, die in schneller Folge entstanden.

Endhaltestelle der Bahn war der Graf-Adolf-Platz. Vor mir die »Kö«, einst eine der Prachtstraßen Europas, auch jetzt trotz Bombardement kenntlich als imponierende Stadtachse in Parallele zum Rhein. Eine amerikanische Zeitung schrieb damals, diese so erregende Straße »sei eine der erstaunlichsten der Welt«.

Schon glitten wieder Schwäne auf dem dunklen Wasser des breiten Mittelgrabens, der unterbrochen war von Brükken und begleitet von Alleen Hier au der »Kö« sah ich die erste Modenschau nach dem Krieg mit dem New Look, der aus Amerika gekommen war.

Heute würde sich kein Mensch mehr nach den flatternden Kleider mit großen Blumenmustern umgucken. Aber damals weckten sie alle Modewünsche bei den Frauen, die so lange kriegsmäßige Garderobe hatten tragen müssen. Beschwingt waren die großen Hüte. Aber noch ziemlich bieder die Schuhe, die bei der Modenschau getragen wurden.

Düsseldorf entwickelte sich schnell zum Umschlagplatz für Damenmoden. Viermal im Jahr fand die »Verkaufs- und Modewoche Düsseldorf« statt. Sie wurde in den fünfziger Jahren zur grössten Verkaufsschau der Welt für den Fachhandel in der Damenoberbekleidung. Mehr als 1000 ausländische Hersteller und mehr als 25 000 Einkäufer fanden sich zu den Hauptmusterungen ein.

Es war die Zeit der Kleider mit weiten kurzen Röcken, die eben bis unter das Knie reichten, der schmalen, taillierten Jäckchen mit breitem Revers bis zu den Schultern und mit talergroßen Knöpfen. Die kleinen Hüte hatten kokette

Schleierchen, und die großen farbigen Handtaschen aus spiegelndem Lack wurden unter den Arm geklemmt. Hier wurden die ersten Petticoats vorgeführt, bauschige, sehr kurze Kleider aus knisterndem Nylon in grellen Farben und mit mehreren gesteiften Unterröcken. Sie ließen viel Bein sehen und noch mehr ahnen. Es gab hinreißenden Modeschmuck aus Amerika, raffiniert in der Wirkung, dabei aus geringem Material – Protest emanzipierter Frauen gegen den damals noch üblichen gesellschaftlichen Brauch, nach dem kostbarer Schmuck vom Ehemann oder vom Liebhaber geschenkt wurde. Was hier in Strass und Farben sprühte, konnte eine clevere Frau selbst bezahlen. Schmuck als Verlockung und als hochmütige Absage zugleich. Ich beschloss, die Diamantbrosche von Großmama nicht mehr zu tragen...

Modenschauen nicht nur auf der »Kö«, sondern auch in den Rheinterrassen. Mannequins ließen kostbare Pelze über den Boden schleifen und trugen fußlange große Abendkleider mit der unvermeidlichen Nerzstola. Und auch über das Publikum glitt schon ein Hauch von Chic: Man hatte schnell gelernt, sich dem Newlook anzupassen.

Vieles, was da tänzelnd über den Laufsteg getragen wurde, gab es auch schon zu kaufen. Zum Glück keine allzu große Versuchung für mich, denn über das Alter der Petticoats war ich hinaus, und die Modelle der Düsseldorfer Modenschauen waren für unsere kleine Industriestadt ein paar Nummern zu groß. Aber ein Kleid mit kurzem Jäckchen und weitem Rock habe ich doch in Düsseldorf erstanden und kam mir damit durchaus auf modischer Höhe vor. Schließlich war es ja gar nicht so lange her, dass ich mit einem Trachtenmantel, den ich aus einer Militärdecke geschneidert hatte, in Rheinhausen angekommen war.

Aber Düsseldorf war mehr als Chic und ein Hauch von Glamour, mehr auch als die Kunstausstellungen, über die ich berichten sollte. Es war auch die Stadt der Bibliotheken und Archive, dämmriger Räume mit wandhohen Bücherregalen, in denen nur dann und wann ein flüsterndes Wort gesprochen wurde. Wie hatte ich diese lautlose Welt vermisst, seit der totale Krieg sie verschlossen und oft auch zerstört hatte. Ich erinnere mich, dass ich damals einen wiederkehrenden Traum hatte: ich säße in dem alten, engen Bonner Stadtarchiv mit einem Turm von Büchern vor mir, ganz eingehüllt von dem Schweigen um mich. Nun bot mir Düsseldorf meine Traumwelt wieder, und ich versank darin so sehr, dass ich über den Akten des Hauptstaatsarchivs beinahe unseren Sohn zur Welt gebracht hätte. Aber das habe ich ja schon erzählt. Er muss etwas von dieser meiner Traumwelt empfangen haben, denn sein kurzes Leben und sein Nachlass bestand aus Büchern und nichts als Büchern.

Der Abschied von Rheinhausen kam überraschend. Mein Mann hatte mehr als ich und unsere Kinder unter den damals noch ungebremsten Immissionen der Industrielandschaft zu leiden. Wenn der Wind von Osten kam, schickte die Duisburger Kupferhütte gelbe, schweflige Wolken über den Rhein; und ob auch die Schlote höher und höher gebaut wurden, die Wolken senkten sich doch in die schmalen Straßen von Rheinhausen und blieben bei geringer Windbewegung dort stehen, stanken wie faule Eier und reizten die Schleimhäute. Wer mit tränenden Augen oder einigem Räuspern davon kam, konnte von Glück reden. Mit dem ständigen Ruß und Kohlenstaub in der Luft hatte man sich längst abgefunden und sagte allenfalls: *Wer sich hier die Nase putzt, hat ein Brikett im Taschentuch.* Der Gärtner, bei dem wir unseren bescheidenen Blumenbedarf deckten, hielt mich auf dem Laufenden über die Entwicklung von Park- und Straßengrün, das gegen die Luftverschmutzung resistent sein sollte. Kein Trost für die Menschen, die ihr ständig ausgesetzt waren.

Bei meinem Mann entwickelte sich eine chronische Heiserkeit, die ihm das Unterrichten fast unmöglich machte. Amtsärztliche Atteste wurden erstellt, Dienstjahre zusammengerechnet. Und da kam nun heraus, dass er als Teilneh-

mer zweier Weltkriege, denen diese Jahre doppelt ange-
rechnet wurden, eigentlich schon über seine Zeit hinaus un-
terrichtet hatte. Er war müde und kränkelte. Pensionierung
zum 1. Oktober 1957.

Gustl, der immer eine Bonnerin hatte heiraten wollen,
sah jetzt die Chance, nach Bonn zu ziehen. Eine flüchtige
Vorstellung hatte noch der Universitätsstadt Tübingen ge-
golten. Aber eine Stippvisite von drei Tagen langte völlig,
um ihn davon zu überzeugen, dass er der schwäbischen
Umwelt doch längst entwachsen war. Also Bonn.

Aber Bonn war ja inzwischen Bundeshauptstadt geworden, und ich hatte manchen Gedanken daran verschwen-
det, was denn wohl aus der früher von Professoren und Studenten so geliebten »Stadt der Glyzinien und der Nachtigallen« geworden sei unter diesen neuen Auspizien. Irgendwie
galt für mich heimlich noch immer der alte Spruch: »Extra
Bonnam nulla vita – Nur in Bonn lohnt es sich zu leben«.
Bei meinen Redaktionsbesuchen hatte ich gesehen, dass die
schönen Häuser an der Poppelsdorfer Allee wieder hergestellt waren, und meine Wünsche waren wieder heimlich
um den Schlossweiher gekreist.

Zugleich erschreckte mich das Ausmaß der Wandlungen, die sich in Bonn vollzogen, das notwendige Wachstum
der Stadt, die Etablierung des Bundes, deren Folgen und
Umfang nach und nach deutlich wurden. Seit acht Jahren
las ich täglich wieder den General-Anzeiger, der mir auch
nach Rheinhausen nachkam, bei dem ich wieder mit-
arbeitete. Der politischen Aspekte war ich mir bewusst.
Aber was dieses neue Bonn nun wirklich war, sollte ich ja
erst erleben.

Gustl fuhr einige Male nach Bonn, um den Wohnungs-
markt dort zu erkunden. Kollegen des General-Anzeigers
halfen mit Hinweisen. Alles ohne Erfolg. Die Mietpreise in
der frisch gekürten Bundeshauptstadt hatten gewaltig angezogen, und der Wohnungsbau war auch trotz Begünstigun-
gen dem Zuzug der vielen Ministerialbeamten und Ange-

stellten des Bundes nicht nachgekommen.

Gustl drängte auf einen Umzug vor dem Winter, der für ihn immer besonders schwer erträglich war. Also fuhr ich selbst nach Bonn – und erlebte mein blaues Wunder. Man hatte mir die Adresse einer Maklerin genannt. Die Dame, deren Büros in einer renommierten Wohngegend lagen, hatte zunächst keine Zeit für mich und ließ mich warten. Und eben dieser Umstand erwies sich als das große Glück, das mir völlig unerwartet in den Schoß fiel. Mit mir wartete ein Herr, der ein Gespräch mit mir anfing, und dem ich unsere bisher vergeblichen Mühen bei der Wohnungssuche schilderte.

Er fragte diskret, wieviel wir denn für eine Mietwohnung anzulegen gedächten. »Dafür können sie ein Haus bauen«, sagte er zu meiner Verblüffung und stellte sich als Architekt vor. Er rechnete mir in Windeseile aus, welche Zuschüsse meinem Mann als Landesbeamten zustünden, welche Ansprüche wir beide infolge unserer Bombenschäden hatten. Dazu kam noch ein sehr bescheidener Bausparvertrag, den ich für meinen Bruder verwaltete, der damals in Italien Webereien umrüstete.

Dann gestand der bis dato unbekannte Architekt mir, er sei hier, um mit der Maklerin einen Bauherrn zu suchen für ein Grundstück in Bad Godesberg, eines von neun Grundstücken, von denen acht bereits vergeben seien. Mir wirbelte der Kopf. Was wusste ich von diesem Architekten? Aber er wusste von mir, kannte meinen Namen vom General-Anzeiger und war bekannt mit einem meiner Kollegen.

Ich bin wie im Traum nach Hause gefahren, habe immer wieder den Zettel aus der Tasche gezogen, auf dem mir der Architekt die Baukosten für ein Einfamlienhaus mit Einliegerwohung errechnet hatte, und den Modus der Abzahlung. Schließlich habe ich die Zahlen gar nicht mehr gesehen und nur noch eines gewusst: dieses unser künftiges Haus sollte an der Deutschherrenstraße liegen.

Hans Henning (14-jährig) und Ulrike (16-jährig) im Jahre 1964

Genau dort, wo ich mir seit meinen Kindertagen ein Haus gewünscht hatte. Damals, vor mehr als dreißig Jahren, hatten wir eine Großtante in Bad Godesberg wohnen, der mehrfach im Jahr Pflichtbesuche abgestattet wurden. Im Frühjahr war dieser Besuch mit einem großen Spaziergang verbunden über den Venusberg, durch die Senke des Marienforster Tales und hinauf zur Cäcilienhöhe, einem ländlichen Ausflugslokal mit vorzüglichem Apfelkuchen. Dann ging es durch das Fachwerkdorf Muffendorf – nicht etwa auf Straßen, sondern auf den sogenannten »Pädchen«, kleinen Pfaden zwischen Obstgärten, ganz eingehüllt und umduftet von dem rosa Blütenschaum unzähliger Pfirsichbäume hinunter bis zur Deutschherrenstraße und auf den Stadtkern von Godesberg zu. Diese Straße hatte es mir angetan, eine alte Landstraße, auf der man ging, begleitet von den Schwüngen des Siebengebirges. Hier hatte ich mir schon als Zwölfjährige ein Haus gewünscht, ähnlich dem Großelternhaus an der Grenze, aber schöner noch gelegen durch die Nähe des Rheins und die Kette der Berge, die alle

173

auf Bonn hinwiesen, auf die Türme der Universität und des Münsters. Die Straße mit dem ritterlichen Namen, die unterhalb der Kommende des Deutschen Ordens verlief, siegte fast mühelos über die Gedanken an Poppelsdorfer Allee und Schlossweiher.

Heute steht unser Haus längst genau an der Stelle, an der das Muffendorfer »Pädche« auf die Deutschherrenstraße mündet; und der Petersberg, der mir beim Hinuntersteigen von der Höhe immer so beherrschend erschienen war, ist unser Hausberg geworden. Viel berühmter dank der hohen Politik, die ihn zum historischen Standort machte, viel vertrauter, weil seine Lichter mir abends am Schreibtisch eine Botschaft zuzwinkern.

Mir blieb damals selbst im schwindelnden Glücksgefühl der Rückfahrt nach Rheinhausen doch die Frage bewusst: Wie sag ich's meinem Manne? Gustl war kein Partner für schnelle Lösungen und für Experimente. Aber ich wusste auch, dass Wünsche, Träume und Vorstellungen in ihm Leben gewinnen konnten. Hatten wir nicht schon von einem eigenen Haus gesprochen, als alles in Trümmern lag?

Die erste Frage, als er mich aus meinem Mantel pellte: »Hast Du nun eine Wohnung?«

Ich schüttelte den Kopf.

»Ja, und was nun?«

»Wir bauen ein Haus.«

Er muss wohl gedacht haben, dass bei mir angesichts der Aussichtlosigkeit etwas aus den Fugen geraten sei, schwieg nachhaltig und ließ sich erst spät erklären, was mich zu diesem Hirngespinst gebracht habe. Ich berichtete kurz und so nüchtern wie möglich, trank meinen Wein aus und steuerte das Bett an, wohl wissend, dass ich einen Denkprozess in Gang gesetzt hatte, der bei einem Schwaben schon etwas dauern konnte.

Er dauerte fast drei Tage. Dann kam die Frage: »Und wie willst Du das bewerkstelligen?«

Ich legte ihm die Aufstellung des Architekten auf den

Tisch und ließ ihn damit allein, wissend, dass Schwaben rechnen können. Aber er war ja auch Preuße und Beamter dazu, und eine »Schuldenlast« von 60 000 Mark für Grundstück und Haus stand wie ein Gebirge vor ihm. Mir lag der Gedanke an eine Wohnung mit steigenden Mieten in der Bundeshauptstadt mehr auf der Seele. Wir haben kaum diskutiert. Vielmehr geschah wieder eines der Wunder, die unsere Ehe bestätigten: Er vertraute mir und meiner Bereitschaft, das Meine dazu beizutragen.

»Und was brauchst Du jetzt noch von mir?«

»Eine Vollmacht.«

Er gab sie wortlos, denn er, der liebenswerteste, aber auch für alles Praktische ungeschickteste Mensch, wusste wohl, dass er mehr nicht zu geben brauchte. An diesem Abend haben wir das übliche Glas Wein auf unser Haus getrunken. Anderen Tages fuhr er nach Bad Godesberg, sah den Bauplatz angesichts des Siebengebirges auf der noch kaum bebauten Deutschherrenstraße, und fragte nur noch nach dem ersten Spatenstich. Genau zehn Jahre nach unserem Anfang bei Null hatten wir dann ein Haus. Er hat noch fünfundzwanzig glückliche Jahre in diesem unserem Haus gelebt.

Aus Schwaben war noch eine späte erleichterte Resonanz gekommen. Dort hatten eine alte besorgte Mutter und eine misstrauische Schwester seinerzeit mit Schrecken zur Kenntnis genommen, dass der heimatflüchtige Sohn in einem Alter, in dem selbst ein Schwabe vernünftig wird, eine dieser verschwenderischen und leichtsinnigen Rheinländerinnen geheiratet hatte, dazu noch eine Studierte, die weder einen Haushalt führen, noch Kinder groß ziehen konnte. Als sie vom »Häusle-Bauen« hörten, bekamen wir einen verspäteten Segen, die Kinder eingeschlossen.

175

# Zwischenspiel Königswinter

Weg von Rheinhausen und möglichst nahe heran an unsere Baustelle. Aber wo sollten wir wohnen? Ich annoncierte schmelzend im General-Anzeiger: »Solide und ruhige Lehrerfamilie, zwei Kinder acht und neun Jahre alt, sucht Übergangswohnung für ein Jahr. Nichts kam. Wieder bemühten sich die Kollegen, alte Freunde traten in Aktion. Nichts und wieder nichts. Bis eines Tages ein hässlicher blauer Umschlag kam mit einem karierten Zettel: »Wenn es auch Königswinter sein kann, biete ich Ihnen Gewünschtes.« Der Absender verriet die Gegend: »Hinter dem Gaskessel«, und ich machte mich ohne Illusionen auf nach Bonn, landete in einer Eckkneipe. Der Mann hinter der Theke wischte mit der Schürze den Tresen ab und sagte gemächlich: »Dat jeht ons Mama an.«

Als sie mit der Küchenschürze über dem Unterrock in Erscheinung trat, war ich schon halb zur Flucht entschlossen. Aber sie bot mir zu dem sagenhaften Preis von 200 Mark ein kleines Haus in Königswinter an. Ihre sofortige Begleitung dankend ablehnend, verabredete ich eine Besichtigung des Hauses am gleichen Tag. Und mietete. Es war die Direktorvilla eines inzwischen untergegangenen Hotels, an der Rheinpromenade gelegen. Was wollte ich mehr?

An einem strahlenden Oktobertag fuhren wir in Königswinter ein. Die Bäume der Rheinpromenade leuchteten in einem Gold, das ich noch nie gesehen zu haben glaubte, vor der Kulisse des Drachenfels', und die kleine alte Villa präsentierte sich wohnlich. Fast alle Fenster gingen zum Rhein hin, und unsere Kinder, die mit vielen Tränen Rheinhausen und ihre frühe Kindheit hinter sich gelassen hatten, kamen aus dem Staunen nicht mehr heraus angesichts der vielen Schiffe auf dem Strom. Als dann noch am Abend gleich neben unserem Haus die Herbstkirmes eröffnet wurde, schluckte auch Ulrike, die etwas schwerblütiger geraten ist, die letzten Schluchzer angesichts eines weißen Teddybären tapfer herunter.

Wenige Tage später kam eine unerwartete Überraschung: Es gab einige kleine Schäden auszubessern. Wasserhähne tropften, ein Fenster war undicht. Handwerker wurden benachrichtigt. Keiner kam. Auch die bestellten Brötchen blieben aus. Des Rätsels Lösung war ebenso einfach wie verwirrend. Von Nachbarn erfuhr ich, dass dieses behagliche kleine Haus von der cleveren Bonner Wirtin in ungewissen Nachkriegszeiten erworben und seither an sehr schnell wechselnde und wohl kaum verheiratete Paare vermietet worden sei. Schlichtweg eine Absteige.

Wir waren schnellstens rehabilitiert – und kreditwürdig, als wir unsere Kinder in der Schule anmeldeten, und als jeden Morgen ein Auto des General-Anzeigers vor unserer Tür hielt, um Manuskripte abzuholen, denn ich hatte sehr bald wieder meine Arbeit aufgenommen. Und also bekamen wir Brötchen, unsere Wasserhähne tropften nicht mehr, und die Stadt Königswinter nahm uns für ein Jahr als Bürger auf. Gustl pflegte später meine peinliche Erfahrung mit leicht süffisantem Lächeln zu erzählen. Ihn hatte die ›Absteige‹ nicht berührt.

Es wurde ein herrliches Jahr für die Kinder. Spaziergänge am Rheinufer, Schiffahrten, Wandern im Siebengebirge, Schwimmen in dem großen Bad auf der Insel Grafenwerth, gelegentlich eine Fahrt nach Bonn – und ein Vater, der für alles und jedes Zeit hatte. Dazu viel Besuch von Freunden und Verwandten, denn Königswinter war schon eine Reise wert.

Zudem bescherte der Winter des Jahres 1957/58 uns dreimal Hochwasser. Unser Haus war mit seinem kleinen Garten isoliert auf der Spitze gelegen, wo Rheinpromenade und Hauptstraße zusammenliefen, etwas erhöht, aber keineswegs sicher vor dem steigenden Wasser. Gustl war mit den Kindern ständig unterwegs, um die Vorbereitungen für das Kommen des Hochwassers zu sehen. Obgleich er seit seinem siebzehnten Jahr im Rheinland gelebt hatte: das Schauspiel war ihm noch nie geboten worden. Er bestaunte die Gelassenheit, mit der die Königswinterer Gastwirte die Holzpaneele von den Wänden schraubten und die Möbel in Sicherheit brachten. Die Fähre nach Godesberg wurde mit dem steigenden Wasser höher und höher gezogen und schließlich in den Hafen Oberwinter bugsiert. Er sprach mit den Schiffsleuten, die ihm sagen konnten, wann die Scheitelwelle käme und dass bei anhaltendem Frost vielleicht sogar Treibeis zu erwarten sei, grünliches Eis, das von der Mosel stamme. Vor unserer Haustür baute die Stadt Königswinter einen Holzsteg, damit wir trockenen Fußes die Hauptstraße erreichten, während die Rheinpromenade längst bis zu den Baumkronen unter Wasser stand.

Und mein sonst so unpraktischer Mann verwandelte sich jählings in einen Strategen, besann sich auf Talente aus Kriegszeiten, entwarf Pläne zu unserer Versorgung, falls das Wasser noch höher stiege, und lotste die Gäste ins Haus, die unsere kleine Villa als Insel erleben wollten. Zum Glück trat kein Ernstfall ein.

Das Königswinterer Jahr brachte Gustl wieder einen schulischen Auftrag, der ihn noch einmal in sein altes Metier zurückführen sollte: Er wurde gebeten, an einer Schule mitzuarbeiten, die neben dem üblichen Programm Kinder der ausländischen Diplomaten, die bevorzugt in Bad Godesberg residierten, für den Besuch deutscher Schulen vorbereitete. So fuhr er täglich mit der Fähre nach Godesberg, und diese Fahrt, die er sehr liebte, hatte einen unerwarteten Nebeneffekt.

Damals benutzte Adenauer, von Rhöndorf kommend, täglich zur gleichen Zeit die gleiche Fähre. Die Fährleute, die den Bundeskanzler also oft genug im Auto sitzen sahen und mit ihm einen Morgengruß austauschten, entdeckten sehr schnell eine gewisse Ähnlichkeit meines Mannes mit Adenauer. Sie war vielleicht auch dadurch begründet, dass beide eine Gesichtsoperation bestanden hatten, die die Mimik etwas statuarisch machte. Da im übrigen Größe und

178

Haltung sowie die streng konservative Kleidung übereinstimmten, konnten sich die Fährleute gelegentlich den Spass machen, diskret Touristen darauf hinzuweisen, der Bundeskanzler sei auf dem Weg nach Bonn. Was meinem Mann respektvolle Grüsse und Distanz eintrug.

Die meines Erachtens doch recht oberflächliche Ähnlichkeit trug uns bei dem Besuch von Theater, Konzerten oder in dem Halbdunkel etwas gehobener Gaststätten das Getuschel ein: »Da sitzt der Alte.« Und bei einem Diplomatenempfang sprach ein Prälat meinen Mann halb ungläubig an: »Wie haben Sie es nur geschafft, Herr Bundeskanzler, plötzlich zehn Jahre jünger auszusehen?«

So war er in der gesellschaftlichen Szene von Bad Godesberg fast bekannter als ich, die ich nun hier die Berichterstattung übernehmen sollte.

Ehe wir unser Haus beziehen konnten, kam ich unversehens noch zu der weitaus dramatischsten Reportage meiner wieder aufgenommenen Berufstätigkeit. Es war am zweiten Sonntag im September 1958, und wir gingen mit unseren Kindern auf halber Höhe am Drachenfels spazieren. Während sie mit ein paar Groschen irgendwelche Puppen an einem Automaten der Souvenirbuden tanzen ließen, sahen wir ein junges Paar aus den Büschen taumeln, sie mit verwirrtem Haar, zerrissenem Kleid und nur einem Schuh, er mit blutüberströmtem Gesicht. Wir stürzten ihnen entgegen. Der Mann flüsterte uns zu: »Bahn umgestürzt. Viele Tote.« Dann klappten beide ohnmächtig zusammen.

Der Souvenirhändler benachrichtigte die Polizei, und wenige Minuten später hörten wir aus dem Tal die Sirenen der Unfallwagen. Ich bat Gustl, die Kinder abseits der befahrenen Straße nach Hause zu bringen, und blieb vor Ort, um erste Informationen einzuholen und schnellstens mit meiner Redaktion Verbindung aufzunehmen.

In der Tat war der letzte Zug der Drachenfelsbahn, der die Talfahrt gegen 18 Uhr angetreten hatte, schon kurz nach der Abfahrt abgestürzt, weil die Zahnräder nicht mehr gegriffen hatten. Eine große belgische Reisegruppe hatte diesen Zug benutzt und es waren, wie sich später heraus stellte, neunzig Tote zu beklagen. Ich legitimierte mich bei der eintreffenden Polizei, orientierte mich kurz vor Ort und logierte mich dann bei der Königswinterer Polizeistation am Endpunkt der Bahn ein, wo ich den Hergang der Bergungsarbeiten exakt verfolgen konnte. Meine Meldung beim General-Anzeiger war bei dem diensttuenden Redakteur auf Unglauben gestoßen, und so alamierte ich den Chefredakteur. Er beschied mich kurz, vor Ort zu bleiben, zur Redaktion spätestens gegen Mitternacht mit einem Taxi zu kommen und meinen Bericht zu schreiben. So fuhr ich denn mit einem Taxifahrer, den die Polizei geordert hatte, spät abends nach Bonn. Unterwegs gestand er mir, bis jetzt nur Leichen vom Unglücksort transportiert zu haben und mit den Nerven ziemlich am Ende zu sein. Ich war dankbar und erleichtert, als wir in Bonn eintrafen, nachdem wir noch – fast makaber – in den Stau der Rückfahrer von Pützchens Markt, dem größten Volksfest im Rheinland, geraten waren.

In der Redaktion überraschte mich die Nachricht, dass zahlreiche Anrufe aus dem Ausland vorlägen, denn das Unglück am »bekanntesten Berg von Europa« war schon über alle Rundfunksender gegangen. Ich konnte nach England und nach Italien beruhigende Auskünfte geben; zwei große ausländische Reisegruppen waren uns noch bei unserem Spaziergang begegnet und hatten nach dem Weg zu Tal gefragt. Für Belgien blieb nur die Bestätigung einer bisher noch unbekannten Zahl von Toten.

In der folgenden Woche berichtete ich noch über den Trauergottesdienst, den Kardinal Frings in der schönen Barockkirche in Königswinter zelebrierte.

Nach genau einem Jahre konnten wir unsere Zelte in Königswinter abbrechen. Unser Hausbau war dank des zuverlässigen Architekten und eines unerschütterlich zuversichtlichen Bauleiters sowie des von ihnen bewachten

Bausperrkotos ohne große Probleme und ohne finanzielle Eskapaden über die Bühne gegangen. Die Bauakten schlossen mit genau den vorher berechneten Kosten für Haus und Grundstück von damals sage und schreibe 62 000 Mark. Wir hätten uns keine Mark mehr leisten können.

Die Übersiedlung gelang problemlos in achtundvierzig Stunden. Ich hatte Gustl, der mit seinem im Krieg durchschossenen Ellbogen ohnedies keine Kisten bewegen konnte, gebeten, noch letzte Erledigungen in Rheinhausen zu betreiben und beide Kinder mitzunehmen.

Mit der Erfahrung vieler Umzüge und einer seit Großelternzeiten bekannten Bonner Speditionsfirma gondelte ich mit unserem Hab und Gut über den Rhein; und da Gardinen und Lampen schon hingen, war bis zum Abend alles eingeräumt. Wir hatten uns so sehr gewünscht, die ersten Tage allein im Haus zu sein. So waren die Kinder noch bei Tante Mine in Rheinhausen geblieben, und er stand pünktlich am 15. Oktober, abends um 19 Uhr, vor der Haustür an der Deutschherrenstraße. Mitgebracht hatte er eine Flasche roten Sekt, und öffnete sie schon im Hausflur. Keineswegs gekühlt und gut durchgerüttelt, schoss der Sekt gegen die Decke... Sein Dank – ein Salut gen Himmel.

Der Anstreicher hatte mir geraten, den Flur zuletzt streichen zu lassen. »Sehn se, Frau Dokter, wat han ich jesaach?« grinste er am nächsten Morgen.


## Wiedersehen und Staunen


Wir hatten eine Wohnung gesucht und ein Haus gebaut. Aber wir hatten Bonn angepeilt und wa-ren nun in Bad Godesberg. Rund zehn Kilometer von Bonn entfernt. Und ich wollte und musste dort arbeiten, wenn

181

unsere Rechnung aufgehen sollte. Gustl war ohnehin schon in Bad Godesberg – wenigstens vorläufig – verankert durch die Schule, in der er gern unterrichtete und besonders von den amerikanischen Schülern sehr geliebt wurde. Junge Frauen haben mir später lachend gestanden, dass sie täglich mit dem Fahrrad unser Haus umkreist hätten, um ihn wenigstens am Nachmittag noch einmal zu sehen. Damit freilich hatten sie wenig Glück, denn meist war er schon kurz nach dem Mittagessen aufgebrochen zu einer seiner langen Wanderungen. Er war nach zehn Jahren in einer Industriestadt am flachen Niederrhein wie benommen von der Landshaft, die Alexander von Humboldt zu den sieben schönsten der Welt zählte, und die nun ausgebreitet vor seinem Fenster lag. Er erkundete sie jetzt linksrheinisch, erwanderte die Eifel wie vorher das Siebengebirge und fuhr den Rhein aufwärts. Denn er hatte bald erfahren, dass hier am Mittelrhein noch Freunde seiner rheinisch-preußischen Internachtszeit lebten.

Unsere Kinder mussten noch eine Zeit Grundschule absolvieren, und das im Fachwerkdorf Muffendorf, welches fünf Minuten oberhalb der Deutschherrenstraße liegt. Damals begannen Freundschaften, die noch heute halten.

Ich kehrte endgültig zum General-Anzeiger zurück. Die Frage war nur, in welcher Funktion. Sollte ich wieder, wie bis Kriegsende und wie es meiner Ausbildung entsprach, in der Redaktion arbeiten? Das hätte eine festumrissene Arbeitszeit in Bonn bedeutet, und das wäre meiner Familie nicht gut bekommen. Zudem lag mir die tägliche Arbeit am Redaktionsschreibtisch und der tägliche Kampf mit der Technik weniger als die freie journalistische Tätigkeit, das Schreiben, der unmittelbare Kontakt mit Menschen und Ereignissen. Es fand sich eine Lösung, die sich bewährte: freie Mitarbeit in einem verbindlichen Rahmen. Schwerpunkt in Bad Godesberg. Und das hatte seinen guten Grund: Hier spielte sich ein beträchtlicher Teil des Lebens der jungen Bundeshauptstadt ab. Bad Godesberg war

Diplomatenstadt geworden, das Versailles von Bonn. Ich hatte unser Haus ahnungslos sozusagen in einem Fadenkreuz gesellschaftlicher und kultureller Ereignisse gebaut.

Als ich Bonn verließ, hatte die kleine benachbarte Kurstadt eben 38 000 Einwohner gehabt. Sie hatte nur wenig Kriegsschäden und konnte daher zunächst einmal eine beträchtliche Zahl von Flüchtlingen aufnehmen. Als zweite »Einwanderungswelle« waren Bundesbeamte und Angestellte gekommen; und nun zählte Bad Godeserg 70 000 Einwohner. Dazu kamen nach und nach 70 Botschafter, die sich in Bad Godesberg niederließen mit insgesamt 5 000 Botschaftsangehörigen. Die Amerikaner hätten am liebsten das ganze Rheinufer von Mehlem bis Plittersdorf für sich in Anspruch genommen. Aber sie waren doch schließlich auch hoch zufrieden, die Botschaftsbauten nah am Rhein im Süden der Stadt ansiedeln zu können, wo auch der Botschafter selbst in einer schönen Villa der Jahrhundertwende wohnte. Drei Kilometer nördlich, wiederum unmittelbar am Rhein, war so etwas wie eine Wohnstadt »Klein-Amerika« im Anschluss an den Godesberger Stadtteil Plittersdorf entstanden, und hier spielte sich das häusliche und gesellige Leben der Amerikaner ab mit Wohnblocks, Schule, Einkaufszentren und Club rund um eine sehr schöne kleine amerikanische Kirche im Virginia-Stil. Das alles war schon gebaut worden, während ich noch in Rheinhausen lebte, und ich hatte im General-Anzeiger verfolgen können, wie Klein-Amerika – die damals größte Baustelle in Europa – in acht Monaten heranwuchs.

In diesen Jahren waren »Erster Spatenstich« auf »Erster Spatenstich« gefolgt, so dass ein Bildberichter des General-Anzeigers einmal auf die Idee kam, nur den eleganten Schuh des damaligen Bürgermeisters von Bad Godesberg auf dem Spaten zu fotografieren. Jeder Leser wusste ohnedies, wer hier wieder in Aktion war.

Während der Bauzeit hatte ich mich nicht groß umtun können in Bad Godesberg. Aber jetzt wurde mir Tag für Tag mehr klar, wie sich die kleine Badestadt verändert hatte nach dem Krieg. Sie war aufgewacht, als die Hohen Kommissare von Frankreich, England und Amerika, die auf dem Petersberg ihren Dienstsitz hatten, nach Bad Godesberg übergesiedelt waren und ihre Botschaften und Kanzleien hier erbaut hatten, zuerst der französische Hohe Kommissar, François Poncet, dann der Amerikaner McCloy und der englische Kommissar Hoyer Miller. Mit ihnen kamen große Stäbe an Botschaftsangehörigen mit Familien, die in einzelnen Stadtteilen geschlossene Wohnviertel bildeten, nicht alle so umfangreich wie »Klein-Amerika«, aber bis heute im Stadtbild deutlich kenntlich.

»Das Schönste an der Bundeshauptstadt ist Bad Godesberg«, hatte Botschafter François Poncet entdeckt. Und der englische Attaché Francis Kenny brachte bei einer Diplomatenhochzeit einen Toast auf Bad Godesberg aus: »Der Fall Bad Godesberg, Stadt an der Schwelle der Hauptstadt eines großen Landes, selbst Hauptstadt durch die Anwesenheit einer großen Zahl von Botschaften und Diplomatenresidenzen, erscheint mir einzig in der Welt. Ich glaube nicht, dass anderswo die gleiche Möglichkeit besteht, die eigene Anstrengung in einer Atmosphäre vollkommenen Friedens der Natur und des Geistes auszuüben, wie Bad Godesberg sie zu bieten vermag.« Der italienische Botschafter Giudotti rühmte der Stadt nach, sie sei nicht stolz geworden, sondern habe einen einen »sympathischen Gleichmut« bewahrt. Und der Gesandte von Haiti, Frank M. Beauvoir, dankte Bad Godeserg für die menschliche Wärme, die die Diplomaten hier 1000 Kilometer fern der Heimat fanden.

Das also war die Stadt, in der wir nun wohnten. Unsere Kinder gingen zeitweise mit kleinen Afrikanern zur Schule, mein Mann unterrichtete die verschiedensten Nationen, und ich hatte den Auftrag, wahrzunehmen, was an Presseterminen anfiel. Ich denke, uns allen hat der »sympathische Gleichmut« dieser Stadt wohlgetan. Sie hatte die Wandlungen von der noblen, aber doch kuschelig zurückgezogenen

Badestadt in die Diplomatenstadt mühelos bewältigt.

Gleich einer der ersten Aufträge brachte mich in Verlegenheit. Ich sollte über einen Galaabend berichten, den der französische Botschafter François Seydoux de Clausonne in der Redoute gab. Der Bundespräsident war angesagt. Seydoux hatte berühmte Balletttänzer verpflichtet.

Nur, ich hatte kein Abendkleid, denn das hätte in meine Rheinhauser Vergangenheit nicht gepasst. Das beichtete ich dem Chefredakteur, aber er bestand darauf, dass ich diesen Termin wahrnehmen solle – und spendierte einen Kleiderzuschuss.

Ich kam aber schon auf eine andere Weise an ein Abendkleid. Bei einer Modenschau hatte ich die Inhaberin des Hauses kennengelernt. Sie schlug mir einen Handel vor: *Ich* nehme *sie* mit in die Redoute, *sie* leiht *mir* ein Abendkleid aus ihrer Kollektion. Nie hatte ich ein so großes Kleid getragen, nie ein so tiefes Dekolleté, nie eine so üppige Nerzstola. Mein Kleid passte durchaus in die Szene, und meine sehr schöne Begleiterin auch. Wir wurden von allen Seiten fotografiert und erschienen gleich mit einer ganzen Seite in »Madame«.

Die Soirée war glanzvoll, das Ballett überwältigend. Aber ich habe an diesem Abend noch etwas anderes gelernt: Die First Lady an der Seite des Bundespräsidenten war die Schwester seiner verstorbenen Frau Elly Heuss-Knapp (nach der ein Bonner Gymnasium benannt wurde), und sie war in einem zwar modischen, aber diskret schlichten dunklen Abendkleid erschienen.

Ich habe mit der Hilfe der attrakiven Modeschöpferin bald einen Kleiderstil entwickelt, der mit kleinen Variationen auch für mehrere »Anlässe« geeignet war. Aber so dann und wann habe ich doch wieder auf ihren Fundus zurück gegriffen. Die Redoute war damals so etwas wie unser Laufsteg.

Es gab festliche Anlässe genug. Jeder der in Bad Godesberg residierenden Botschafter lud pflichtgemäß zum Nationalfeiertag seines Landes ein, und man hatte Glück, wenn dieser Tag in Frühjahr, Sommer oder Frühherbst fiel und man wenigstens aus den überfüllten Räumen einen Schritt auf die Terrasse tun konnte, wenn nicht ohnehin im Freien gefeiert wurde.

Es bahnten sich auch nachbarliche Beziehungen zu den Botschaften an. Uns war die Residenz des Belgischen Botschafters zunächst gelegen.

Der belgische Staat hatte die imponierende barocke Kommende des Deutschen Ritterordens in Muffendorf erworben und sie zur schönsten Residenz in der Diplomatenstadt gemacht. Als wir ankamen, war Remy Baert Belgischer Botschafter, ein Flame, der sich in Bad Godesberg und besonders in dem bezaubenden Muffendorf so wohl fühlte, dass er nach dem Vorbild von Kennedys berühmtem Wort »Ich bin ein Berliner« mit ausgebreiteten Armen von der Treppe seiner Kommende den Menschen zurief: »Ich bin Muffendorfer.«

Zu den Nationalfeiertagen wurden Haus und Park auf Hochglanz gebracht, und auf der schönen Rasenfläche konzertierte eine Armeekapelle.

Es gab aber auch stillere Begegnungen, wenn für einen Abend am Kamin eine kleine Runde geladen wurde, um mit flämischen Künstlern zu plaudern. Der Kamin war leider launisch und produzierte gelegentlich einen Rauch, der Madame Baert veranlasste, mit uns in andere Salons umzuziehen. Dort war auch die schöne Sammlung flämischer Gemälde zu bewundern, die persönlicher Besitz des Botschafters war. In dieser Runde war denn auch wohl der Pastor von Muffendorf, Dr.Wilhelm Graf, zugegen, in der stattlichen Erscheinung dem Botschafter und meinem Mann ähnlich. Man sah sie denn auch oft zusammen stehen.

In der Kommende waren wir, Gustl und ich, und unsere damals 15-jährige Ulrike eingeladen, als die jüngste Tochter des Botschafters heiratete. Remy Baert trug als einer der wenigen Diplomaten bei festlichen Anlässen noch Uniform. So führte er seine Tochter zum Altar der Muffendorfer Kirche. Und mit dem Diplomatendegen schnitt er nachher den riesigen Hochzeitskuchen an. Bei asiatischen oder afrikanischen Diplomatenhochzeiten wurde meist so viel Reis geworfen als Zeichen derFruchtbarkeit, dass die Gäste sich die Körner aus den Haaren kämmen mussten. Und statt der leichten Kupfermünzen ihrer Heimatländer flogen Fünfmarkstücke.

Die Hochzeit in der Kommende war zwar festlich und im großen Rahmen, aber doch familiär ausgerichtet, und zeigte eher den deftigen flämischen Charme, der hier im Hause waltete. Die damals 17-jährige Braut ist heute schon Urgroßmutter, wie mir Madame Baert bei einer späteren Begegnung in Kortrijk erzählte.

Der Botschafter Remy Baert starb sehr plötzlich. Er hatte noch durchgesetzt, länger als die üblichen vier Jahre hier sein Amt inne zu haben. Er wollte seine diplomatische Karriere, die ihn in viele Hauptstädte der Welt, zuletzt nach Athen, geführt hatte, in der Bundeshauptstadt Bonn enden und so lang in der Kommende verbleiben.

Ein Sturz setzte seinem Leben dann unerwartet ein Ende. Ich sah ihn noch aufgebahrt in einem der schönen Salons, in dem wir so oft gefeiert hatten, und war anderen Tages zur Berichterstattung beim Trauergottesdienst in der Dorfkirche in Muffendorf. Die Presse war der guten Sicht halber auf die Orgelbühne plaziert. Eine Kompagnie deutscher Soldaten geleitete im Schritt die Lafette mit dem Sarg auf dem kurzen Weg von der Kommende bergauf zur Kirche. Es war ein kalter, klarer Februartag. Mich fror sogar im Pelz, während wir in der Kirche auf die Ankunft des Trauerzuges warteten. Bedrückend die feierliche Langsamkeit, mit der der Zug sich näherte, begleitet von dem immer wiederholten Trauermarsch von Chopin. Bedrückend auch das große Zeremoniell, als die Witwe dem mit der Nationalflagge bedeckten Sarg durch das Kirchenschiff folgte am Arm eines Stellvertreters für den Bundespräsidenten. Berührend die tiefe Menschlichkeit, als der Pfarrer die Totenmesse zelebrierte für den Botschafter, der sein Freund gewesen war. Remy Baert kehrte nicht mehr in seine Residenz zurück. Er wurde in seiner flämischen Heimat beigesetzt. Aber der malerische Dorfplatz vor seiner Residenz wurde nach ihm benannt.

In der gleichen Kirche haben wir auch Abschied genommen von dem deutschen Botschafter beim Vatikan, Dr. Josef Jansen. Auch er hatte – unmittelbarer als der Belgische Botschafter – zu unserer nächsten Nachbarschaft gehört, in einem der kleinen Einfamlienhäuser, die nun sehr schnell an der Deutschherrenstraße und den neu gebahnten Nebenstraßen erwuchsen. Hier war sein Zuhause, fern von aller offiziellen Repräsentation, hier wuchsen seine Kinder auf. Als ich seine Witwe Dr. Felizitas Jansen zum 90. Geburtstag interviewte, traf ich auf eine noch immer elegante und wendige, welterfahrene Frau, und wir tauschten noch einmal Godesberger Erinnerungen.

Gegenwärtig sind mir auch Adenauers letzte Tage und sein Tod. Ich hatte ihn noch bei einem Auftreten in der Stadthalle gesehen und aus unmittelbarer Nähe erlebt, wie der so selbstsichere Mann von der Hilfe anderer abhängig war, fast wie eine Marionette dirigiert werden musste. Seine letzte Fahrt ging wieder mit der Fähre über den Rhein, als der Tote von seinem Haus in Rhöndorf zur Aufbahrung im Palais des Bundeskanzlers gebracht wurde. Journalisten waren verständigt worden, dieser Überfahrt beizuwohnen, und wir erwarteten ihn auf dem Godesberger Ufer, das mein Mann so oft mit ihm gleichzeitig erreicht hatte. Und wir erwarteten ihn auch am übernächsten Tag, als der Sarg, der nach der Aufbahrung in Bonn zur Trauerfeier in den Kölner Dom verbracht worden war, nun endgültig nach Rhöndorf zur Beisetzung zurück kehrte. Es dauerte lange, bis das Schiff mit dem hoch aufgebauten Katafalk auf dem Rhein in Sicht kam. Marineschnellboote gaben ihm das Geleit, und da sie, für eine Fahrt auf dem Rhein zu stark, das Ufer beschädigen konnten, mussten sie mit äußerster Vorsicht langsam stromauf fahren. Auf beiden Ufern sahen viele Menschen dem Konvoi entgegen. Es war sicher nicht nur Schaulust, die die Bevölkerung damals und bei vielen anderen feierlichen Anlässen auf die Straßen trieb. Sie nahmen wirklich Anteil an den Geschehnissen, fühlten sich mit angesprochen, kannten Diplomaten und Politiker oft vom Ansehen als Mitbewohner gleicher Stadtteile, vom Gruß auf der Rheinpromenade, manchmal geradezu vom Schwatz am Gartenzaun. Es gab in der Tat menschliche Beziehungen, menschliche Wärme in dieser Diplomatenstadt, wie der Botschafter von Haiti, Frank M. Beauvoir, einmal gesagt hatte.

Und wenn Bürgermeister Franz Linz und der israelische Botschafter sich begegneten und auf offener Straße eine Zigarre tauschten, dann wusste jeder: Hier haben sich zwei Sachverständige gesucht und gefunden.

## Ein Hofknicks und andere Erfahrungen

Von den großen Tagen in der Bundeshauptstadt war Bad Godesberg nur insofern berührt, als die hohen Gäste meist ihre jeweiligen Botschafter in deren Residenz aufsuchten. Und die waren denn ja zumeist in der Diplomatenstadt zu finden. Diese »Ableger« der Staatsbesuche brachten dann reichlich Schaulustige auf die Beine, Schulkinder, die mit Fähnchen ausgerüstet wurden, viel Polizeipräsenz und über Stunden gesperrte Durchgangsstraßen.

Ich war bei diesen Anlässen nie zur Berichterstattung eingesetzt worden. Um so mehr amüsierte ich mich, als der erste Besuch der englischen Königin 1965 anstand, und viele Damen in nervöse Erwartung verfielen, so weit sie die Chance hatten, ihr vorgestellt zu werden. Vorgestellt werden bedeutet Hofknicks, und einen Hofknicks muss man können. Die Tanzlehrerinnen waren überlaufen, und es kostete schon Mühe, bis ein Knicks ohne Wackeln zustande kam. Ich hatte meinen Spaß wohl zu früh geäußert. An einem ganz gewöhnlichen Wochentag gegen Mittag kam die Nachricht von der Redaktion: um 15 Uhr werde die Königin in der Redoute erwartet. Ich sollte berichten. Also schnell das Mittagessen fertig gekocht, Mann und Kinder erwartet und dann überlegt: Was ziehst du an?

Das Problem löste sich schnell, denn an einem warmen Sommernachmittag kam eigentlich nur ein leichtes Kostüm in Frage und ein kleiner Hut. Also stand ich pünktlich mit den Kollegen vor der Redoute an dem noblen Treppenaufgang und wartete mit ihnen auf die Auffahrt der Königin. Es dauerte lang und länger. Endlich aus der Ferne Dudelsackmusik, dann bog eine Wagenkolonne in die Straße vor der Redoute ein und zweigte ab. Und nun erschien der Dudelsackpfeifer in schottischer Tracht, der dem offenen Wagen der Königin fünfzig Schritte vorausging. Ein kleiner gedrungener Mann mit den krummsten behaarten Beinen, die ich jemals gesehen hatte, aber mit der Würde des ganzen Empire. Schrill blasend blieb er an der Treppe stehen, bis die Königin und Prinz Philipp die Stufen emporgeschritten waren. Dann durften wir folgen. Im Gelben Salon begann die Vorstellung. Franz Linz, mit der Bürgermeisterkette geschmückt, begrüßte die königlichen Gäste. Links von ihm standen die Ratsherren mit ihren Ehefrauen und den Ratsdamen, rechts die Presse, die selbstverständlich nicht vorgestellt werden sollte.

Ich weiß bis heute nicht, ob der Bürgermeister sich geirrt und mich versehentlich dem Rat zugeordnet hat, oder ob er, einmal im Zug der angeführten Namen, sich nicht mehr bremsen konnte, jedenfalls hörte ich mit leisem Schrecken: ». . . Und das ist unsere Frau Dr. Wolf.«

Schlecht behütet, aber gut geknickst: Queen Elizabeth II. begrüßt
».. .unsere Frau Dr. Wolf« 1965 beim Empfang in der Redoute.

Und schon stand die Königin vor mir und streckte mir
die sehr kleine Hand im hellblauen Handschuh entgegen.
Und ich versank in den ersten Hofknicks dieses Tages. Weder die Ehegattinnen noch die Ratsdamen hatten ihn gewagt und hatten der Königin nur ziemlich hölzern die Hand
gereicht. In mir aber müssen dreizehn Jahre Klosterer-
ziehung und großelter-licher Drill hochgekommen sein.
Die Königin schenkte mir ein sehr freundliches Lächeln,
und die lieben Kollegen knipsten, was der Film hergab.

Viel späterer Kommentar meiner Tochter: »Du und die
Königin, Ihr habt beide den gleichen scheußlichen Hut
auf.« Es war die Zeit der Nylontoques. Elizabeth II., bekanntlich noch nie durch außergewöhnliche Eleganz aufgefallen, trug die Toque in hellblau, ich in schwarz. Und leider
muss ich meiner Tochter recht geben. –

Die Begegnungen mit den Großen dieser Welt waren
nicht immer problemlos. So geschah es meinem Mann

191

beim Besuch De Gaulles. Gustl war morgens nach Bonn gefahren ohne einen Gedanken daran, dass der hohe Gast sich an diesem Tag in das Goldene Buch der Stadt eintragen werde. Als er von einer Seitenstraße kurz vor dem Rathaus den Markt ansteuerte, geriet er in einen Sog von Menschen, der ihn mitriss und bis kurz vor die schöne doppelläufige Treppe des Rathauses drängte. Von der anderen Seite war eben de Gaulle vorgefahren, ausgestiegen und genehmigte sich – wahrscheinlich zum Schrecken seiner Begleitung – das damals noch Bonn-übliche »Bad in der Menge«.

Beiderseits von rückwärts bedrängt und von allen Seiten eingeschlossen, standen sich mein Mann und de Gaulle, der eine groß, der andere auch körperlich erheblich grösser, einen Augenblick atemlos und ratlos unmittelbar gegenüber. Gustl hatte noch, wohl aus militärischen Zeiten, die Geistesgegenwart, einen respektvollen Gruß anzubringen. De Gaule antwortete lächelnd mit einer leicht verlegenen Geste auf die drängenden Menschen. Dann hatten sich die Leibwächter und Polizei aber schon vorgearbeitet und schufen Raum.

Zu den bekanntesten Erscheinungen in der Diplomatenstadt Bad Godesberg gehörte der jeweilige Päpstliche Nuntius. Und wenn Journalisten zur Berichterstattung in die Redoute kamen, war meist der erste Blick in die Garderobe, ob der große schwarze Hut des hohen kirchlichen Würdenträgers schon dort hing. Damit war schon ein Blickpunkt des Geschehens für die Bildberichter sicher. Gern halfen auch die Garderobenfrauen mit einem kleinen Hinweis. Sie waren auch stets zur Hand, wenn sich erlauchte Gäste mit ihren Orden »vertüddelt« hatten, und standen diskret lächelnd im Hintergrund, wenn der damalige Bundeskanzler Kiesinger immer besonders lange Zeit den Spiegel in Anspruch nahm, bis das Bundesverdienstkreuz mit Stern und rotem Schulterband unter dem Frack zurechtgerückt war.

Solcher Korrekturen bedurfte der Nuntius nicht. Mit dem Pektoralkreuz und dem weiten rot-violetten Umhang in changierender Moiré-Seide war er als Doyen des Diplomatischen Corps von unübertreffbarer Würde.

Einmal war ich zur Nuntiatur dirigiert worden, denn ein berühmter Knabenchor sollte dort konzertieren. Ich freute mich darauf, den alten Adelssitz »Turmhof«, den ich von früher her kannte, nun als Nuntiatur wieder zu sehen. Der Nuntius als ständiger päpstlicher Beauftragter hatte in den frühen Tagen der Bundesrepublik als erster Diplomat eine Residenz in Bad Godesberg bezogen. Der damalige Bürgermeister Hopmann hatte vermittelt und dafür den Gregoriusorden erhalten.

Der klassizistische Bau, der an der Front jetzt das päpstliche Wappen trug,war vornehm wie in alten Tagen, die großzügige Anlage des Parks eher noch veredelt. Ich wurde, nachdem ich mich legitimiert hatte, nach der Gartenseite geleitet. Den Nuntius, es müsste noch Corrado Bafile gewesen sein, hatte ich mir anlässlich dieses kleinen Konzertes so quasi in einer Loge vorgestellt wie anno dazumal unsere Kurfürsten. Aber er gab sich liebenswürdig als Hausherr, kam mir entgegen und führte mich zu meinem Platz. Und dieser Platz hatte es in sich: Es war eine Marmorbank. Draußen brütete Sommerhitze, in der Nuntiatur war es kühl, und die Marmorbank noch kühler. Ich hatte ein leichtes sommerliches Kostüm an. Der Nuntius in der elegant geschnittenen Soutane wieder mit dem großen Pektoralkreuz, nahm höflich einen Augenblick bei mir Platz, informierte mich über den Besuch des Knabenchores und erhob sich dann, um die Sänger zu begrüßen. Ich musste wohl oder übel auf der kühlen Marmorbank sitzen bleiben, während mir einer der Herren aus der Umgebung des Nuntius noch den Dirigenten des Chores vorstellte, und eine weitere halbe Stunde, während der Chor sang.

Ich atmete auf, als sich nach dem Konzert Flügeltüren öffneten und der Nuntius zu einer Erfrischung bat. Im Stehen ließ sich die Konversation leichter bewältigen.

Ich erinnere mich auch der späten Abendstunde, als der Papst anlässlich seines Bonn-Besuches am 15. November 1983 Bad Godsberg beehrte. Das hatte einen einfachen Grund: Er sollte in der Nuntiatur schlafen nach einem sehr anstrengenden Reisetag und dem anschließenden großen Zeremoniell in und vor dem Bonner Münster. Auch hier vor der Nuntiatur hatten sich Menschen angesammelt, die zu später Stunde warteten. Aber von dort kam der Hinweis, der Papst sei übermüdet, solle nicht noch einmal gefordert werden und in Erscheinung treten. Und so beließen es die Godesberger, liebenswürdig wie sie nun einmal sind und mit Diplomatenproblemen durchaus vertraut, bei einem gemessen respektvollen Gruß an den Heiligen Vater; der hohe Gast dürfte dankbar gewesen sein, ohne abermalige Ovationen den Weg ins Bett zu finden.

Der jeweilige Nuntius trat gelegentlich auch bei festlichen kirchlichen Anlässen in Erscheinung oder war als regelmäßiger Spaziergänger am Rheinufer zu sehen, denn die Nuntiatur liegt nur hundert Meter entfernt. Jedermann kannte übrigens das Auto des Nuntius, und es war auch allgemein bekannt, dass die Fahrer streng angewiesen waren, keine Verkehrsübertretungen zu begehen, während andere Botschaften eher für die Anzahl ihrer »Knöllchen« berühmt waren. Zumal die Begleichung solcher Verkehrssünden eher lax behandelt wurde. Es ging daher ein Schmunzeln durch Bonn und Bad Godesberg, als die päpstlich-diplomatische Nobelkarosse doch einmal von der Polizei gestoppt wurde. Der fällige Betrag wurde noch am gleichen Tag bezahlt.

Benachbart zur Nuntiatur liegt die kleine amerikanische Kirche im Virginia-Stil. Die Stimpson Memorial Chapel war dem evangelischen Gottesdienst aller Denominationen bestimmt. Aber ein Flügel war auch dem katholischen Kultus reserviert. Und hier residierte der über Jahrzehnte populärste Amerikaner Father William Travers, allerwärts als ›Father Bill‹ bekannt. Er gehörte dem Orden der unbe-

schuhten Karmeliter an und kam in einer Ordenstracht daher, die sich mit seiner Entfernung von der Heimat und seinem Orden doch beträchtlich abgewandelt haben musste.
Meist trug er dazu eine rote Baskenmütze – mit der Begründung, dass die katholische Kirche ihm ja sonst keinen Streifen eines roten Rangabzeichens zugestehen werde. In der
Runde der katholischen Pfarrer von Bad Godesberg war er
ein hochgeschätzter Gast. Father Bill war ungemein beliebt
nicht nur in seiner Gemeinde, zu der sich viele Deutsche
zählten, sondern auch bei allen Amerikanern, welchem Be-
kenntnis sie auch immer angehörten. Er war oft im Club anzutreffen, immer im Gespräch, das zwar mit einem Scherz-
wort begann, aber manchmal tief lotete. Er war Herz und
Seele sämtlicher Potlook-Dinner, einer sehr häufig geübten
Form amerikanischer Gastlichkeit: Jede Hausfrau bringt ein
kaltes oder auch warmes Gericht mit, das typisch für ihr
Land oder auch nach einem Familienrezept gekocht ist. Das
waren hier nicht nur die Nationalgerichte aller amerikanischen Staaten, die sich von der West- bis zur Ostküste und
von Nord nach Süd sehr unterscheiden, sondern auch viele
afrikanische und asiatische Rezepte, denn eingeladen war
im wörtlichsten Sinne »alle Welt«. So guckte wirklich jeder
jedem in den Kochtopf (daher der Name »Potlook«); und in
dem Untergeschoß der amerikanischen Kirche, wo diese
Zusammenkünfte stattfanden, herrschte ein Duft wie auf
Bazarstraßen. Dazu ein Stimmengewirr von wahrhaft baby-
lonischem Ausmaß, zumal Kinder aller Altersstufen zu diesen Potlook-Dinners mitgeladen waren. Und zwischen allen
Tischen mit den Herrlichkeiten von Orient und Okzident
bewegte sich Father Bill, ein großer und schwergewichtiger
Mann leichten Schrittes, nahm da und dort mal ein Kind
auf den Arm, machte einem kleinen heulenden Afrikaner
schnell ein Kreuzchen auf die Stirn oder sang den Kindern
etwas vor mit seiner schönen Bassstimme. Er sang leidenschaftlich gern, und bei großen Oratorienaufführungen der
protestantischen Gemeinde in der Stimpson Memorial

Chapel war er immer unter den Sängern. Wenn er an hohen Festtagen in dem katholischen Flügel der Kirche das Gloria anstimmte, war das wie ein kirchliches Urerlebnis.

Seine kurzen Wege innerhalb der Siedlung Klein-Amerika und seine gelegentlichen Fahrten in die Innenstadt von Bad Godesberg oder nach Bonn bestritt er mit dem Jeep. Der türenlose Jeep war das einzige Gefährt, das zu ihm passte. Mit geraffter Kutte sprang er auf den Fahrersitz, die rote Baskenmütze kühn zurecht gerückt. Gern nahm er einen Fahrgast mit, kannte sich überall aus und setzte auch mich immer mit kühnem Schwung vor dem General-Anzeiger-Haus ab. Da er während der Fahrt den Arm um seinen Fahrgast legte, fühlte man sich leidlich sicher dabei, zumal er meist auch ein geistliches Lied anstimmte. Gelegentlich erzählte Father Bill auch in kleiner Runde von seinem Leben in Amerika. Er war von seinem Orden mehrfach zu Sonderaufgaben eingesetzt worden. Eine Zeit lang war der unverwüstliche Father Bill der Geistliche der fliegenden amerikanischen Polizei gewesen und hatte mehr in der Luft als auf dem festen Erdboden gelebt. Aus dieser Zeit stammte auch noch seine Bestallung zum Sheriff, auf die er sehr stolz war. Den Sheriff-Stern trug er immer bei sich, nicht sichtbar, aber in der Brieftasche, und er zeigte ihn gern.

Father Bill war der amerikanischen Botschaft von seinem Orden nur auf Zeit zugeordet worden. Aber es gelang ihm immer wieder, diese Zeit zu verlängern bis an die äußerste Grenze. Er hatte sich wohl in dieses Klein-Amerika am Rhein verliebt und fühlte sich wirklich als Father all der Menschen, die hier zusammen kamen. In vielen Jahren, die ich ihn kannte, schien er mir immer unverändert. Und doch muss er zuletzt etwas müde geworden sein: Als der große Umzug der Amerikanischen Botschaft nach Berlin anstand, ist Father Bill denn doch dem Ruf seines Ordens gefolgt. Kurz darauf erreichte uns die Nachricht, dass Father William Travers verstorben sei, in seinem Jeep, auf einem Highway von einem plötzlichen Tod ereilt. Kreuz und Sheriff-Stern zur Hand. Ich durfte ihm den Nachruf schreiben. Wer könnte Father Bill vergessen?

Wer könnte sie überhaupt vergessen, diese liebenswerten Menschen von Klein-Amerika, die immer so etwas wie den Wunsch nach allgemeiner Weltbeglückung ausstrahlten, sei es, dass man im Club, sei es in der Highschool zu Gast war.

An jedem ersten Mittwoch im Monat war im Club das Dinner der *International Ladies Society.* Von dem etwas erhöhten Pressetisch aus hatten wir den Überblick über einen wahren Kosmos von Weiblichkeit. Extravagant gekleidete Frauen der westlichen Welt, malerische Nationaltrachten aus Afrika und Asien, wunderbarer exotischer Schmuck. Und alle diese Frauen schienen den gleichen hohen Ton in der Stimme zu haben, so dass es wie ein beständiges Zwitschern über allen Tischen war. Diese Tische waren wechselnd geschmückt mit irgendwelchen Symbolen zu irgendeinem besonderen Anlass, einfallsreich und meist handgefertigt. Sie müssen unendliche Zeit darauf verwendet haben.

In der Erfindung von »Anlässen« waren die gastgebenden Amerikanerinnen groß. Wenn das ganze Rheinland Karneval feierte, luden sie zur »Crazy-Head-Party«, zum Essen mit den verrücktesten selbstgebastelten Hüten; am Thanksgiving-Day, dem Ernstedankfest, ließen sie nach Rezepten, die wohl noch aus den Zeiten der Pilgrimsfathers stammten, köstliche Wildfrüchte zum Fleisch servieren. Zu jedem Dinner gab es ein Extra, ein Ballett, eine Ausstellung, ein kleines Konzert, einen Vortrag. Einmal habe ich auch als Dank der Presse einen Beitrag zum Dinner-Programm leisten können: Einen Lichtbildervortrag über die Geschichte von Bonn. Eine befreundete Lehrerin der amerikanischen Highschool hatte mein bescheidenes Englisch auf Hochglanz gebracht, und ich wurde mit einem Blumenstrauß so groß wie ein Karrenrad bedankt.

Man traf sich wieder beim Colloquium der Damen, das einmal monatlich in der Stadthalle tagte. Auch hier eine vielsprachige Begegnung. An jedem Tisch mindestens eine Ausländerin, manche hier schon länger als Frau eines Diplomaten oder auch selbst im diplomatischen Dienst, manche erst kürzlich angekommen, Ehefrau eines Botschafters aus einem Land, das eben erst zur Selbstständigkeit gekommen war.

Die Einladung zum Treffen des Colloquium Humanum der Damen war über Jahre hin für viele ein hilfsreiches Angebot, sich in der neuen Stellung, in dem neuen Land, in der Bundeshauptstadt Bonn zurechtzufinden Was hier so routiniert gesellschaftlich abrollte, hatte einen humanen Hintergrund. Tatsächlich war ja auch das Colloquium der Damen aus einem größeren Colloquium humanum hervor gegangen, um insbesondere Interessen der Frauen zu vertreten und hilfreich zu sein. Junge Frauen afrikanischer Exzellenzen taten sich schwer in Bonn. Das fing schon bei der Kleidung an, wenn eine Afrikanerin sich in eine zwei Nummern zu enge Corsage zwängen wollte, um europäisch schlank zu erscheinen, wenn sie die Aufschrift der Babynahrung nicht entziffern konnten oder Schulprobleme anstanden. Hier haben viele Bonnerinnen mit Sprachkenntnissen und Lebenserfahrung nachgeholfen, ohne das groß in Erscheinung treten zu lassen. Hilfe kam auch von den Kirchen. Die evangelischen, französisch sprechenden Protestanten aller Länder sammelten sich in der Rigal'schen Kapelle, wo Frau Ursula Schultheiss als Pfarrerin traute und taufte und Lebensnöte zu entwirren half. Und katholische Christen aller Nationen fanden sich in einer Aumonerie an der Andreaskirche vereinigt.

# Kultur aus nächster Nähe

Das alles bedeutete Einladungen an die Presse und Termine für die Zeitung, und es erwies sich jetzt, dass ich richtig gewählt hatte, als ich mich für die freie Mitarbeit entschied. Ich war zwar täglich ein oder zwei Stunden abwesend, konnte dann aber zu Hause meine Berichte schreiben, und morgens startete Gustl zu unserer zunächst noch kleinen Geschäftsstelle des General-Anzeigers auf der Koblenzer Straße, von wo aus ein Bote mehrfach täglich nach Bonn fuhr, um meine Manuskripte zu überbringen. Zuweilen konnte auch ein eiliger Bericht per Telefon übermittelt werden. Jedenfalls hatte ich auch noch genügend Zeit für Haus und Garten und für einen kleinen Freundeskreis, der sich um uns gebildet hatte mit umschichtigen Einladungen. Wenn mein nun heranwachsender Sohn mich gelegentlich fragte: »Wann geben wir wieder mal 'ne Fete«, merkte ich, dass unser Zuhause auch für Ulrike und Henning »in Ordnung« war. Sie waren zwar auch einmal gefragt worden, wie es sich denn so lebe mit einer berufstätigen Mutter. Ulrike hatte von Herzen ehrlich gesagt: »Wie gut, dass sie nicht immer da ist.« Denn sie tendierte zu früher Selbstständigkeit. Während Henning äußerte: »Zum Kotzen, nie is se da.« Auf meine Frage, wann *er* denn da sei, schwang er sich schleunigst wieder aufs Rad. Beide hatten sich schon längst ihre neue Umgebung und die so bunte und lebendige, aber überschaubare Stadt erobert.

Gleich zu Anfang konnten wir die spannende Geschichte eines neuen Theaters mit erleben. Wir waren am 15. Oktober 1958 umgezogen, und sechs Tage später eröffnete das »Kleine Theater« seine mehr als bescheidene Pforte, eine ganz gewöhnliche Kellertüre. Denn gespielt wurde in einem Keller, was damals neu, aber schon nicht mehr allzu selten war. Zur gleichen Zeit begann in Bonn und in anderen rheinischen Städten die Ära der Kellertheater.

Wie es dazu in Bad Godesberg kam, ist eine Geschichte für sich. Eine Schauspielerfamilie Ullrich, die auch schon unmittelbar nach dem Krieg hier gespielt hatte, war nach Bad Godesberg zurück gekehrt und suchte einen neuen Start. Der älteste Sohn, Walter Ullrich, hatte sich eines Tages verabredet, ein Fahrrad zu besichtigen, das zum Verkauf angeboten war. Es stand in einem Keller. Walter Ullrich sah kaum noch das Fahrrad, er sah den Keller als Spielstätte, als neue Bühne; und als er den Handel um das Fahrrad abgeschlossen hatte, war gleichzeitig auch der Plan eines Kellertheaters reif.

In Windeseile waren neunzig alte Klappsessel mit rotem Samtbezug aufgetrieben und im rechten Winkel um ein Podium aufgestellt, ein »Nudelbrett«, wie die Kabarettisten sagen, aber »die« Spielstätte für das *Kleine Theater*. Es begann mit dem Heimkehrerstück »Die Rückkehr von den Sternen« von Obey und schien auch vorläufig damit zu enden. Angebliche baupolizeiliche Bedenken veranlassten eine Schließung des jungen Unternehmens, und es wurden Auflagen über Auflagen erlassen, ehe dieser Keller an der Ubierstraße als Theater genutzt werden durfte. Aber die städtischen Instanzen hatten nicht mit der Findigkeit des jungen Walter Ullrich gerechnet. Es wurde gespielt, aber nicht öffentlich, sondern allabendlich vor einem geschlossenen Verein. Die Theaterbesucher wurden mit dem Eintrittsgeld als Mitgliedsbeitrag Mitglieder für die Zeit der Vorstellung. Ein Spaß, den sich die Godesberger und bald auch die Bonner nicht entgehen ließen. Tagsüber wurde gebaut und abends gespielt. Nach einem Vierteljahr war es so weit: Das Kleine Theater durfte bespielt werden, und jeden Abend hing der Zettel »Ausverkauft« an der hölzernen Eingangstür. Drinnen war es drangvoll eng, daran änderten die geschaffene Toilette und die Notausgänge nichts. Und der Abstand vom Zuschauerraum zur Bühne war so schmal, dass mein Mann immer die Füße gegen die Kante der Bühne stellte. Schauspieler sagten uns sehr viel später, sie hätten sich daran gewöhnt, bei der Premiere immer auf seine aufragenden Schuhsohlen blicken zu müssen.

Es gab gutes Theater in der drangvollen Enge, aktuelles Theater mit Werken französischer, amerikanischer, englischer und italienischer Autoren, oft als deutsche Erstaufführung, dann und wann auch als Uraufführung. Es gab Zeitstücke, Boulevard und Klassiker und erstklassige Krimis. »Furcht und Elend des Dritten Reiches« von Bert Brecht und die Geschichte des polnischen Arztes Dr. Korczak, Dürrenmatts »Nächtliches Gespräch mit einem verachteten Menschen« und Stefan Andres' »Gottes Utopia« jagten uns noch Schauer der Erinnerung über den Rücken. Es gab Klassiker, Lessing und Kleist in anrührender Nähe, viel Boulevard in kessem Zuschnitt, so den unvergesslichen Albrecht Schönhals im »Ehekarussell«, der mir nach meiner Besprechung als die »andere Seite« seiner Kunstübung noble Übersetzungen französischer Sonette, und auch einige für mich schickte. Walter Ullrich hatte eine ganze Galerie großer Namen aus den dreißiger Jahren wieder aufgetan, die unvergesslich komische Luzie Englisch, Marika Rökk, Lillian Harvey und viele mehr. Sie alle haben in meinem altmodisch gemütlichen Salon auf dem Sofa meiner Urgroßmama gesessen und vor mir ihre Lorbeeren rauschen lassen, denn mir war die Aufgabe zugefallen, die unvergessenen Größen samt und sonders zu interviewen. Wobei manchmal die Wahrheit ein bisschen zu kurz kam, wenn die temperamentvolle Tschechin Lida Baarova ihre weithin bekannte Affäre mit dem damals allmächtigen Propagandaminister des Dritten Reiches, Joseph Goebbels, mit vollendet unschuldigem Augenaufschlag als harmloses Getändel darstellte.

Wir haben Krimis im Kleinen Theater gesehen wie nie vorher und nie nachher: »Die Falle« schlug wirklich über uns zu, und in der »Geschlossenen Gesellschaft« von Sartre erlebten die Zuschauer die Hölle des Existenzialisten. Und wir immer in der ersten Reihe auf den Presseplätzen, zuweilen noch Stunden nachher benommen.

Hier machten gelegentlich auch unsere Kinder Bekanntschaft mit dem Theater, und schließlich bestanden sie auf dem ganzen Spielplan, als Walter Ullrich ihnen einmal ein Abonnment für eine Spielzeit schenkte.

Das dauerte zehn Jahre, und dann konnte das Kleine Theater umziehen in ein altes Bürgermeisterhaus im Park. Ein Theaterbauverein hatte sich gegründet, und als ohnedies die Eingemeindung nach Bonn für Bad Godesberg anstand, verschenkten die Stadtväter in letzter Minute sozusagen das Tafelsilber und ließen Ullrich das hübsche Haus um einen symbolischen Preis. Den Umbau freilich musste Ullrich selbst bezahlen.

Neben dem Kleinen Theater gab es das große, das städtische Theater. Es war das erste überhaupt, das nach dem Krieg in Deutschland gebaut worden war. Etwas sparsam geplant, sollte es auch gleichzeitig die Spielstätte eines Kinos sein. Das ging nicht allzu lange gut, und der kunstverständige Stadtdirektor Dr. Fritz Brüse ließ das Theater/Kino zum alleinigen Haus für die Bühne umbauen. Während Bonn noch mit dem alten Haus des Bürgervereins als Theater vorlieb nehmen musste, hatte Bad Godesberg ein modernes Haus, hat aber nie ein eigenes Ensemble besessen. Es war die große Zeit der Tourneetheater. Alles, was Rang und Namen hatte in der Welt des Schauspiels, ist damals in Bad Godesberg aufgetreten. Alle paar Tage stand ein anderer Theaterbus auf dem Parkplatz hinter dem Theater, und man sah große Mimen hautnah im Inselhotel frühstücken. Was das Kleine Theater an Intimität und Eindringlichkeit bot, gab das Theater in der Stadtmitte an Weltläufigkeit und Ambiente. Im Wandelgang sah man und wurde gesehen, auf der Bühne bekam der Zuschauer den Anschluss an die großen Inszenierungen der Zeit. Wir haben Ernst Deutsch in der erschütternden Rolle des alten Industriellen in Hauptmanns Drama »Vor Sonnenuntergang« gesehen, Attila Hörbiger als Mr. Antrobus der Eiszeit widerstehen, die Flickenschildt als Elizabeth I. in »Maria Stuart«, als Irrenärztin Dr. Mathilde von Zahn in Dürrenmatts Schauspiel »Die Physiker«, Gründgens als Mephisto. Wir haben legendäres Kabarett erlebt, immer wieder das »Kommödchen« mit neuen Produktionen.

Und dann kamen die Berliner Theaterwochen. Es war die Zeit der Berlin-Isolation, die weitgehend als Folge der sowjetischen Deutschland- und Berlin-Politik seit Ende der fünfziger Jahre in Erscheinung trat. Brüse, gebürtiger Berliner, entwickelte die Vorstellung, eine Brücke von Berlin an den Rhein zu schlagen, zu zeigen, welche Kulturpotentiale in der ehemaligen Reichshauptstadt vorhanden waren. Ich erinnere mich vieler eindringlicher Pressekonferenzen im Godesberger Rathaus.

Vierzehn Jahre lang war Berlin in Bad Godesberg präsent. Und mit dem Theater kamen die Kunstausstellungen: das Brücke-Museum, das Berlin-Museum, die Berlinische Galerie, Ausstellungen, hinter denen der Berliner Senator für Wissenschaft und Kunst stand. Es muss sich herumgesprochen haben, dass anlässlich der Theaterwochen auch Kunstschätze von Rang aus Berlin kamen, denn eines Tages platzte mitten in eine Pressekonferenz beim Stadtdirektor die Nachricht, das Bild eines Brücke-Malers, ein handliches Format, sei entwendet worden. Der Wirbel in der aufgescheuchten Presse war so groß, dass der Dieb sich schleunigst wieder von dem Bild trennte. Es lag am nächsten Tag, in loses Packpapier eingeschlagen, zur Mittagszeit auf dem Schreibtisch des Stadtdirektors.

Die Berliner Theaterwochen waren ungemein populär. Die Warteschlangen beim Kartenkauf für die Vorstellungen wanden sich buchstäblich um den Theaterbau, und gesellschaftliche Veranstaltungen in der Redoute begleiteten die Theaterwochen. Wir lernten Berliner kennen wie den lebensvollen Museumsdirektor Rudolf Pfefferkorn und Winnetou Kampfmann, der als Vorsitzender des Vereins »Berlinische Galerie« die aggressive Kunstszene der zwanziger Jahre durch eine Austellung in Bad Godesberg eindringlich in Erinnerung brachte. Wir haben eine freche, großartige und zugleich intime Ausstellung mit den Zeichnungen von Heinrich Zille gesehen und sind mit Pfefferkorns sensibler Führung bis in die Welt der Berliner Hinterhöfe gegangen. Die Berliner Theaterwochen waren schon ein großartiges Erlebnis. Sie waren einerseits befrachtet mit einer gewissen Nostalgie derer, die Berlin noch aus zeitlich schon fernen Glanzzeiten kannten, und anderer, die dieses gegenwärtige Berlin sahen, dem die Luft zum Atmen abgeschnürt war und das aus unerfindlichen Tiefen doch noch die Kraft der kulturellen Ausstrahlung besaß.

Die Berliner Theaterwochen sind später nach Bonn übersiedelt worden. Sie haben diesen Ortswechsel nicht überlebt. Vielleicht hatten sie sich auch erschöpft, oder der politische Wind wehte anders. Bonn war inzwischen von der vorläufigen zur endgültigen Bundeshauptstadt geworden. Darüber war die Berlin-Nostalgie wohl etwas eingeschlafen. Bonn warf sich nicht sonderlich in die Brust, aber bestand mit gutem Grund jetzt auch auf entsprechender kultureller Repräsentation und bekam sie. Anderes trat zurück.

## Bad Godesberg wird ›Bonn 2‹

Wie sich überhaupt die ganze Szenerie geändert hatte. Die Raumordnung vom 1. August 1969 hatte die Stadt Bad Godesberg die Selbstständigkeit gekostet. Das hatte eine lange Vorgeschichte bis in die zwanziger Jahre hin, und wird hier anderen Ortes behandelt. Angeblich sollten größere Verwaltungseinheiten erhebliche Vorteile bringen. Bad Godesberg hat das Gegenteil erfahren. Die Godesberger haben gekämpft um ihre Selbstständigkeit, um ihre gut funktionierende Stadt, die sich in den Jahren des schnellen Wachstums und der neuen Bestimmung zum Standort so vieler Botschaften hervorragend bewährt hatte und die weit in das Umland ausstrahlte. An allen Ecken und Enden mahnte ein Plakat: »Hände weg von Bad Godesberg«. Ein Aktionskomitee »freies Godesberg« wurde gebildet. Ich schrieb im Auftrag des Stadtdirektors Dr. Brüse eine Bildchronik: »Seht auf diese Stadt«. Sie hat allenfalls Erinnerungswert, wie auch meine Publikationen über die Diplomatenstadt. Genützt hat die Bildchro-nik nicht mehr. Die Raumordnung war nicht aufzuhalten. Jeder Protest, selbst der Klageweg, wäre vergeblich gewesen. Brüse tat, was er tun konnte, stellte die Weichen zum 1. August 1969, »um Reibungsverluste zu vermeiden«, wie er mir dreißig Jahre später sagte, und an dem neuen Stadtgefüge weiter zu arbeiten, auch wohl zur Schadensbegren-zung für Bad Godesberg. Die letzten Konsequenzen dieser unseligen Entscheidung treten seit dem Berlin-Beschluss in Erscheinung mit dem Umzug der Diplomaten, Ministerien, Institutionen. Es ist nicht leicht, neue Initiativen zu finden.

Und es war nicht gerade tröstlich, vom scheidenden Regierungspräsidenten Antwerpes zu hören, man hätte die Raumordnung damals auch anders lösen können.


## Die flämische Freundschaft


Aus dem Leben der Diplomatenstadt ging für mich auch eine Anknüpfung an einen lang gehüteten Traum hervor. Irgendwo ganz tief in meiner Kindheit, in den Erzählungen meiner Mutter, ist meine Liebe zu Flandern verankert. Ich weiß, dass ich ihr den Roman »Der Löwe von

Flandern« von Conscience vorgelesen habe, dass sie mich
mit ihren eigenen Erinnerungen durch die stille Stadt
Brügge geführt hat, so dass ich viele Jahre nach ihrem Tod
noch wie von selbst die Wege an den Kanälen über die
Wälle gefunden habe zum Minnewater, zum Beginenhof
und zu dem Grabmal der Maria von Burgund in der Kirche
Unserer Lieben Frau. Meine Mutter hatte es denn auch als
eine Bestätigung empfunden, dass ich in meinen frühen
Jounalistenjahren mit Felix Timmermans korrespondiert
habe und dass mein Bruder den flämischen Dichter in seiner Heimatstadt Lier aufsuchte, um bei ihm im Schatten des
St. Gommarusturmes die gleiche Faszination wieder zu finden, die wir von Jugend auf empfunden hatten.

Flandern wurde von heut auf morgen für mich zum Arbeitsgebiet, zum Gesprächsnachbarn, zum Telefonpartner.
Und das kam so: Bad Godesberg hatte als Sitz vieler Botschaften einen unmittelbaren und lebhaften Anteil an der
Europa-Begeisterung der fünfziger und sechziger Jahre. Es
war die Zeit der Städtepartnerschaften. Über die Grenzen
hin suchten und fanden sich Städte gleicher Größenordnung
und Infrastruktur. Bonn schloss eine Partnerschaft mit der
englischen Universitätsstadt Oxford, und Bad Godesberg
hatte dank seiner ortsansässigen Botschafter und seiner eigenen Gastfreundlichkeit gleich vier Partnerschaften: mit St.
Cloud in Frankreich, mit Kortrijk in Belgien, mit Maiden-
head in England und mit Frascati in Italien. 1964 war die
Partnerschaft mit Kortrijk zustande gekommen mit Hilfe des
belgischen Botschafters Remy Baert, der ganz in der Nähe zu
Hause gewesen war. Die flämische Stadt schien sich anzubie-
ten für freundschlaftliche Kontakte. Sie liegt nur eben drei
Stunden von Bad Godesberg entfernt in Südwest-Flandern,
nahe der französischen Grenze. Wer die Abfahrt nach Kortrijk verpasst, steht schon an den heute verlassenen Bauten
der Grenzstation. Die Sprachschwelle ist für den Rheinländer denkbar niedrig. Es schien damals auf den ersten Blick
manches Gemeinsame zwischen den Städten zu geben, die

Größe, so vieles Sehenswerte, so viel Behaglichkeit. Ich habe später eine vitale, eine dynamische Stadt kennen gelernt, die jenseits des malerischen Stadtkerns eine ungemeine Betriebsamkeit entwickelt, die berühmt gewesen ist durch Leinen, Spitze und Silber, und die sich eben so schnell umgestellt hatte auf moderne Produktionen.

Nach den ersten offiziellen wechselseitigen Besuchen der Bürgermeister, Stadtdirektoren und Schöffen (Beigeordneten) wurden die Partnerschaftsurkunden unterschrieben. Und sehr bald wurde auch die Presse eingeladen.

Wir kamen in eine Bilderbuchstadt, parkten die Autos auf dem Markt neben dem Halletoretje, einem Backsteinturm mit spitzem Turmhelm und den goldenen Figuren der Uhrschläger. Sie heißen Manten und Kalle, wie wir bald erfuhren und streuten gerade die hellen Klänge des Zwölf-Uhr-Geläuts aus über den Markt und die Stadt, während die Glocken von St. Martin den Engel des Herrn anstimmten. Vor uns das Rathaus, späte, flamboyante Gotik mit einer zarten Spitzenkante auf der Höhe des Dachfirstes, mit vielen herrlichen Maßwerkfenstern, und in den Nischen die steinernen Bildnisse der Grafen von Flandern von Balduin I. ›mit dem eisernen Arm‹ bis zu Karl V. Die ganze Herrlichkeit war nach schweren Kriegsschäden eben bis 1961 renoviert und von König Boudewyn und Königin Fabiola feierlich wieder eingeweiht worden.

Bei unserer Ankunft rauschte ein Bündel von Fahnen im sachten Wind, der von der nahen See kommt, und an der doppelläufigen Treppe, am geöffneten Portal erwartete uns ein Empfangskomitee. Das bewog einige unserer Kollegen, ihre Krawatten, die sie der Hitze halber gelockert hatten, schicklich zu binden. Im unteren Ratssaal, der heute auch den Trauungen dient, vor dem imponierenden Renaissancekamin und unter den Fresken aus der Historie von Flandern, begrüßten uns Bürgermeister und Rat der Stadt Kortrijk. Wohlwollende Herren flüsterten Übersetzungen und erklärten den Hintersinn der derben Schnitzereien, die

die Balkendecke trugen. Bei mir kamen Erinnerungen hoch an die Zeit, die ich als Kind im Harlemer Meerpolder verbracht hatte, an die Sprache, in der meine Großmutter und meine Mutter miteinander und mit den niederrheinischen Verwandten gesprochen hatten, und ich begann zu verstehen und mich heimisch zu fühlen, und wagte auch selbst zu sprechen.

Überwältigende flämische Gastfreundschaft lud uns zu üppigen Tischen, Freundschaften bahnten sich an und setzten sich im Ratskeller fort, so dass mancher Kollege herzlich wenig von der Stadt sah. Ich hatte unterdessen Bekanntschaft gemacht mit dem Kulturdezernenten der Stadt, Bert Dewilde, war mit ihm rund um den Grote Markt gebummelt, über den Beginenhof mit den winzigen weißen Barockhäuschen, und hatte viel erfahren über das Leben der Frauen, die hier mit Spinnen und Klöppeln ihre Tage verbrachten unter der Aufsicht einer Grootjuffrouw, einer Oberin, die in einem großen Haus mit prächtig gebautem Staffelgiebel wohnte. Wir waren über die geschwungene Brücke geschlendert, an der die mächtigen Broeltürme Wache stehen, und ich hatte mir die Bedeutung des Heiligen Johann von Nepomuk erklären lassen, der in Flandern wie auch in Deutschland die Brücken hütet. Hier hatte er noch eine andere Funktion: Stand man mit dem benachbarten, nur zehn Kilometer entfernten Frankreich gut, blickte er gern nach Westen. Wenn der Wind schärfer ging, wurde er nach Osten, dem Landesinneren zu, gedreht.

In Dewildes Begleitung habe ich dann auch im Städtischen Museum die herrlichen Tafeldamaste gesehen, die in Kortrijk gewebt worden waren, und die an europäische Fürstenhöfe geliefert wurden. Bert Dewilde hat denn auch meine ersten journalistischen Schritte in der flämisch-deutschen Beziehung begleitet. In der Redaktion des General-Anzeigers war man auf die Idee gekommen, eine regelmäßige Kortrijk-Korrespondenz zu veröffentlichen. Sie besteht noch heute. Dewilde hat mir die ersten Informationen dazu gegeben und meine schüchternen Briefe mit dem Rotstift korrigiert, sodass ich schnellstens einsah, dass außer dem Sprechen auch die Orthographie und die Grammatik von Nöten sei. Beides habe ich auf der Volkshochschule nachholen können.

Heute hilft mir die »Stadskrant«, die Stadtzeitung von Kortrijk, mit den neuesten Nachrichten. Mijnheer Dewilde aber ist Museumsbauer und Museumsdirektor geworden. Er, der immer den traditionellen Wegen des Flachsanbaus und der Leinenherstellung nachgegangen war, hat 1982 das Nationale Flaschsmuseum in Kortrijk eröffnen können. Es ist in einem alten Flachsbauernhof eingerichtet, vor dem der Flachs weiß und blau blüht. Und drinnen säen und ernten, trocknen, brechen und schwingen Männer und Frauen in großen Panoramen den Flachs wie auf den Feldern an der Leie, die der »golden river« von Kortrijk war. Denn in seinem Wasser löste sich am besten der holzige Bast, der die feinen Leinenfasern umhüllt. Lebensgroße und lebensvolle Figuren in dem flämischen Bauernkittel sind hier am Werk. Manch einen kennt man wieder, denn die Figuren sind, wie in dem Kabinett der seligen Madame Tussaud, nach dem Leben genommen, nur dass das Abbild heute in Polyester noch täuschender ist als anno dazumal in Wachs. »Der sitzt heute im Stadtrat, und mit dem da drüben, der den Flachs durch die Rollen schiebt, haben Sie gestern zu Mittag gesessen.«

Ich hab den Herrn Kulturdezernenten und Museumsdirektor wohl etwas zweifelnd angesehen, und das mit Recht. Denn in jedem Flamen steckt ein Eulenspiegel. Aber es hat schon seine Richtigkeit. Die Flachsbauern von gestern sitzen heute im Stadtrat; aber der goldene Fluss wird heute tief ausgebaggert, um die großen Tonnagen der europäischen Schiffahrt aufnehmen zu können und durch die Stadt zu führen. Kein Flachs mehr in Kortrijk.

Kortrijk ist eine seltsame Stadt. Hier im Museum sitzen alte Frauen am Spinnrad und bewegen mit einem Fuß die

Wiege. Oder sie sitzen am Webstuhl, führen das schwere Weberschiff mit der eisernen Spitze durch die gehobenen Kettfäden, um das deftige Leinen herzustellen, das noch für kommende Generationen reicht. Von der Wand blicken Familienbilder herab in verblichenen Rahmen, und ein großes Auge starrt dich an: *Hier flucht man nicht, Gott sieht dich.*

Das ist alles nur eine Generation, höchstens zwei Generationen her, und die Enkelkinder, die dort in der Wiege lagen, sind jetzt Mijnheeren und Mevrouwen, die in der Fußgängerzone von Kortrijk an den Auslagen vorbei flanieren, denn hier ist französischer Chic gefragt, und von England kommen erlesene Herrenmoden, von Italien die schönsten Schuhe. Wer sich unversehens in einen schwungvollen Sonnenhut verguckt, steht aber schon wieder mitten in einem kleinen klösterlichen Hof eines alten Frauenkonvents, wo in sauber gezirkelten Beeten altmodische Blumen und Heilkräuter wachsen.

Von der Höhe des Turmes der Stadtkirche St. Martin streut das Glockenspiel Klänge über die Stadt und begleitet den Fremden untrüglich aus dem Leben und Treiben hinaus in einen abgelegenen Park und zu der Magd van Vlaanderen, dem reich vergoldeten Nationaldenkmal. Die Jungfrau von Flandern hält auf hohem Podest den flämischen Löwen an der Kette zurück und reckt dramatisch das goldene Schwert zum Himmel. Zu ihren Füßen Reliefs von Krieg und Versöhnung.

Hierhin geht am 11. Juli ein Festzug vom Rathaus aus, und die ersten Männer der Stadt legen die Hand aufs Herz und singen aus tiefster Seele:

> *Sie sollen ihn nicht haben,*
> *den stolzen flämischen Löwen...*

Hier hat im Jahr 1302 die Schlacht der Goldenen Sporen getobt. Ein französisches Ritterheer war einvernehmlich mit dem landeseigenen Adel in Flandern eingefallen, übermütig des im voraus gefeierten Sieges. Siebenhundert Ritter trugen goldene Sporen, und alle siebenhundert wurden von den flämischen Bauern totgeschlagen, in die Sümpfe der Leie getrieben. Siebenhundert goldene Sporen sammelten die Sieger ein und hingen sie in das Gewölbe der Kirche Unserer Lieben Frau. – Soweit die Geschichte, wie sie in Kortrijk erzählt wird. Keiner spricht davon, dass achtzig Jahre später die Franzosen wieder kamen und in der Schlacht von Westernroozebeeke die Sporen zurück holten. Nur ein Sporn ist noch im Museum zu sehen, rostig, ohne Vergoldung.

Aber die Stadt Kortrijk nennt sich doch seither nach den Goldenen Sporen, und sie gibt hoch geehrten Gästen einen solchen Sporn mit. Ich habe inzwischen sechs. Fragte mich ein Ratsherr danach, und als ich mich stolz mit meinen sechs Sporen auswies, gab Eulenspiegel wieder einmal Antwort: »Auf vier Sporen kommt ein Pferd. Wollen Sie es gleich mitnehmen?«

Um dann sofort ins tiefe Mittelalter zurückzukehren und mir an der Seite des Monuments eine kleine Madonna zu zeigen, die in einer Nische fast verborgen ist. Ein Abbild der Muttergottes von Groeninghen, die die Schlacht der Goldenen Sporen für Flandern entschieden haben soll. Das Original ist heute in der St. Michaelskirche. Und da fand ich sie, eine winzige Figur, neunzehn Zentimeter groß, hoch oben in der Bekrönung eines Altars, bis vor kurzem gehütet von Jesuiten. Sie haben die Stadt und ihr Kloster heute verlassen. Aber vorher hat einer der Patres mir ein Geschenk fürs Leben gemacht. Er sah mich hinauf blicken und sagte leise: Für Sie hole ich sie herunter. Er stieg hinter dem barocken Altar eine hölzerne Leiter hinauf, ich sah ein Glas wie von einer Monstranz sich drehen, und dann legte der Pater mir auch schon die kleine Skulptur in die Hand. »Frankreich, 13. Jahrhundert«, flüsterte er und ging abseits. Die Datierung hatte mir mein kunsthistorisches Gedächtnis schon bestätigt. Aber sie in der Hand zu halten, war mehr als alles Wissen, war mehr als alles Studium. Sanft vergilb-

211

tes Elfenbein, den schlanken Leib leicht gebogen unter der kleinen Last des Kindes, die Hände gefalten, das Haupt unter dem Schleier geneigt. Die schönste der »Schönen Madonnen«, die ich jemals gesehen hatte und künftig gesehen habe. Onze Lieve Vrouw van Vlaanderen. Elfenbeinmadonna, Frankreich, 13. Jahrhundert, steht auch im Stadtführer. Mir war sie mehr.

Ich habe sie lange in der Hand gehalten, bis der Pater sie mir sacht abnahm und wieder hinaufstieg, um sie hinter Glas und Rahmen zu bewahren. Jahrhunderte gingen in diesem Augenblick vorüber, auch dreizehn Jahre meines Lebens bei dem Orden Unserer Lieben Frau. Auch Unsere Liebe Frau von Kevelaer, die ich kannte, seit ich ein kleines Mädchen war.

Draußen vor den Türen der St. Michaelskirche warteten die Freunde und waren ungeduldig geworden: »Wo bleibst du so lange?«

»Ich habe die Muttergottes von Groeninghen gesehen.«

»Ja, da oben auf dem Altar.«

»Ich hab sie in der Hand gehalten.«

»Dafür muss Eine aus Deutschland kommen«, sagte Joost, der Bibliothekar, leise. »Wir sehen sie nur, wenn sie einmal im Jahr in der Prozession durch die Stadt getragen wird in einem goldenen Strahlenkranz, für den unsere Frauen ihre Ringe geopfert haben nach dem Krieg.«

Viel hab ich in Kortrijk erlebt, und viele Menschen hab ich nach Kortrijk geführt und durch die Stadt. Es hatte sich schnell im Rathaus rundgesprochen, dass ich Stunden um Stunden durch die Stadt wanderte, dass ich immer wieder ins Museum ging, um die kostbaren Bilddamaste im weißen Licht vor dunklen Hintergründen zu sehen, auch jene, die zu selten sind, um sie dem Licht auszusetzen, und die darum in schwarzem Seidenpapier aufgerollt in besonderen Laden liegen, um nur wenigen gezeigt zu werden. Ich wurde zu Vorlesungen in die Universität geladen und sah mich um in dem Baubüro eines italienischen Architekten, in dem der künftige Stadtteil Hoogh-Kortrijk auf dem Reißbrett entsteht. Eine neue Stadt vor der Stadt, die als Lebensraum aus dem Mittelalter bis an die Grenze der Neuzeit gereicht hatte.

Wenn Deutsche in der Stadt geführt werden sollten, überließ man sie mir, und ich ließ den Rundgang ausklingen, wo gegenüber dem Flachsmuseum die Gastlichkeit der altflämischen Wirtschaft »Zur Flachsblume« mit deftigen Speisen und gutem Bier aus einer einheimischen Brauerei aufwartet.

Im kleinen Kreis der General-Anzeiger-Kollegen waren wir auch geladen in das »Kasteel« des Bürgermeisters, des Barons Emmanuel de Béthune, und durften von hier einen goldenen Sporn mitnehmen. Das Kasteel liegt draußen am Rande der Stadt, wo die Bebauung längst in die grüne Weite des flämischen Landes übergegangen ist. Das weiße Schlösschen hat französischen Charme. Es gleicht dem berühmten Schloss Malmaison, das Napoleon für Joséphine Beauharnais im Directoire-Stil bauen ließ, ein Achteck um einen runden Innenraum, dessen Stockwerke durch eine wunderbar gewendelte Treppe verbunden sind. Die Béthunes sind eine alte Familie, die seit dem 18. Jahrhundert mitgeschrieben hat an der flämischen Geschichte, wie es auch der jetztige Hausherr, Emmanuel de Béthune, als Bürgermeister von Kortrijk und Mitglied landesbedeutender Institutionen tut. Ein Riese von einem Mann, der mit den Schätzen der Vergangenheit in seinem Hause und seiner Bibliothek umgeht wie mit den zukunftsweisenden Planungen der Stadt Kortrijk und des Landes Westflandern: mit der Sicherheit eines Menschen, der in einer langen Folge verantwortlicher Generationen steht. Von einer der weißen Brücken seines Parkes aus zeigte er uns die großen Flächen seines Besitzes, auf denen im ersten und im zweiten Weltkrieg die Deutschen ihre Flugfelder errichteten. Hier wurde die legendäre Fokker erprobt, und hier hatte Manfred von Richthofen sein Hauptquartier. Er wurde am 6. Juli 1918 abgelöst von dem Oberleutnant Hermann Göring. Der kam 1940 wieder als Feldmarschall, der Erinnerung halber, und wollte den damaligen Hausherrn Baron Jean de Béthune begrüssen. De Béthune trat ihm in der Uniform eines belgischen Offiziers entgegen – und verweigerte ihm den Handschlag.

Wenn heute der Bürgermeister von Kortrijk, Baron Emmanuel de Béthune, Deutsche in sein Kasteel lädt, so gilt diese Gastfreundschaft der europäischen Partnerschaft. Dieses Land, Westflandern, das heute ohne Grenzen nach Frankreich übergeht, fühlt sich als eines der europäischen Kernlande, eine der Plattformen, auf die Europa gebaut ist.

Ich bin mehr als zwei Jahrzehnte in Kortrijk aus- und eingegangen wie in einem zweiten Zuhause. Meine schönste Flandern-Reise habe ich mit acht jungen Männern angetreten, mit den Kantoren der evangelischen und katholischen Gemeinden von Bad Godesberg. Als wir einfuhren in die Stadt, sahen wir schon die großen Plakate einer »Godesberger Orgelwoche«. Ich hatte bei den Musikern, bei der Stadt Bad Godesberg, bei der Stadt Kortrijk dafür geworben und überall Vertrauen, offene Ohren und Hände gefunden. Ein großes Programm sollte durch alle Kirchen der Stadt Kortrijk führen mit Orgelkonzerten unserer Godesberger Kantoren. Plötzlich hatte ich Angst vor der eigenen Courage. Angesichts der Riesenplakate hatte ich schon Stoßgebete zum Himmel geschickt. »Schietgebetje« sagt man in Flandern, und meint damit eine Bitte wie einen Schuss in den Himmel.

Schon das erste der Konzerte stürzte mich in einen Abgrund von Ängsten und Zweifeln. Zwei Kantoren hatten in der Kirche Heilig Kreuz in Bad Godesberg ein Konzert für zwei Orgeln gespielt, und ich hatte mich verliebt in den Gedanken, dieses Konzert auch in der St. Martins-Kirche in Kortrijk zu hören. Ich wusste, dass dort zwei Orgeln standen, eine an der Westwand der Kirche, eine vor dem Chor. Nur eines hatte ich nicht gewusst, dass es in dieser Kirche nicht die übliche Sichtverbindung durch Spiegel gibt, die das Zusammenspiel zweier Orgeln erst möglich macht. Die mächtigen Ausmaße der St. Martins-Kirche in Kortrijk machten einen Kontakt der beiden Organisten illusorisch. Noch sehe ich die beiden Kantoren, Joachim Sarwas und Peter Hamacher, skeptisch an die Spieltische der Orgeln treten. Ich verkroch mich in mein Hotel, wo ich kurz vor dem Konzert von dem Leiter der Musikakademie abgeholt werden sollte. Er kam, aber nicht allein. Er hatte einen Direktor des westflämischen Rundfunks mitgebracht, und teilte mir mit, dass dieses Konzert aufgenommen werden sollte. Mir fiel mein Herz irgendwo hin, als ich vor der Kirche den Übertragungswagen stehen sah. Über Kabel stolperte ich in die Kirche, wurde genau unter der Vierung zwischen den beiden Herren plaziert. Die Kirche war voller Musikfreunde. Ein paar Worte der Vorstellung, dann setzten die Orgeln ein. Ich horchte ängstlich und blickte auf meinen Nachbarn vom Westflämischen Rundfunk. Er lächelte verzückt: perfekt stereo. Wirkliche Kunst kennt eben doch keine Hindernisse.

Wir haben in diesen Tagen nicht nur Musik nach Kortrijk gebracht, sondern auch die alten Orgeln des ganzen Umkreises gehört und bespielt. Ich erinnere mich einer kleinen barocken Dorforgel, bunt bemalt und mit der Stimme einer Nachtigall und einer vox humana, einer wirklichen Menschenstimme. Wir haben die Glockenspiele in Kortrijk und in Brügge gehört und aus der Nähe gesehen, sind Stufen und Stufen hinauf gestiegen, um den Glocken nahe zu sein, die mit mächtigen Hämmern in ledern behandschuhten Händen aus dem Handgelenk, aus dem Ellenbogengelenk und mit voller Wucht aus dem Schultergelenk angeschlagen werden. Der Glockenspieler von Brügge hieß Aimé, und er war ein liebenswerter Mann. Abends gab er ein Konzert, und zu Ehren der deutschen Musiker versprach er, ein deutsches Volkslied unserer Wahl zu spielen.

Wir waren durch die Stadt gewandert und hatten ihre Herrlichkeiten beschaut, hatten am Minnewater zu Abend gegessen und kamen just mit den ersten Klängen des Konzertes wieder in die Nähe des Belforts, des mächtigen Rathausturmes, von dem aus Aimé sein Konzert über die Stadt sandte. Von dem schönen Platz, in dessen Winkel sich die Heilig-Blut-Kapelle schmiegt, hörten wir zu. Und dann kam unser Volkslied: Innsbruck, ich muss dich lassen. In der Höhe des Turmes sang das Glockenspiel, auf der Straße unten sangen die Kantoren mehrstimmig mit, schöne Glocken, schöne Stimmen. Die Leute blickten uns nach. Aimé nahm jeden von uns in den Arm.

Vieles Unvergessliche folgte. Kortrijk und Bad Godesberg wechselten Ausstellungen. Bert Dewilde half mir, die Schau »Flachs aus Flandern« nach Bad Godesberg zu bringen. Künstler von hüben und drüben wechselten ihre Präsentationen. Die städtische Bibliothek hat ihre Bücherschätze nach Bad Godesberg gesandt. Es war eines der alten französischen Livres d'heures, ein Gebetbuch vornehmer Laien, darunter, ein Stundenbuch mit den köstlichen Miniaturen des niederländisch-französischen Kulturraumes, auch Wiegendrucke und ein Exemplar der berühmten Schedelschen Weltchronik. Zu meinem achtzigsten Geburtstag war eine Ausstellung kunstvoller Plakate aus Kortrijk gekommen. Was je in der Partnerstadt gefeiert worden war, es wurde hier präsent.

Ich war kürzlich wieder einmal in Kortrijk, als eine Festakademie den 100. Todestag des Priesterdichters Guido Gezelle im herrlichen Rathaussaal feierte. Aber ganz allein bin ich nachher die Leie entlang gegangen, den Fluss, der für Kortrijk, für Handel und Wandel der »Golden river« war. Für Guido Gezelle war er »der Jordan seines Herzens«.

# Geschenkte Jahre

Als zur Jahreswende 1981/82 innerhalb von sechs Wochen mein Mann und mein Sohn starben, Gustl 88-jährig, müde der Schreckensbilder zweier Kriege und des Widerstandes, die ihn bis in seine letzten Tage verfolgt hatten, Henning kaum mehr als 30-jährig und im neuen Aufschwung seines Berufes, schien auch mir eine Grenze gesetzt zu sein. Es waren meine Tochter und meine Arbeit, die mir halfen, die Grenze noch einmal zu überschreiten. Sicher war es auch die Selbstverständlichkeit, mit der die Redaktion meine Mitteilung von der Rückkehr nach monatelangem Krankenhausaufenthalt aufnahm.

Es muss ein Freitag gewesen sein, als ich mich zurück meldete, denn es standen wohl eben die Sonntagstermine zur Verteilung an. Ich höre noch die Stimme des Redakteurs: »Sie sind wieder zu Hause. Das ist gut. Können Sie gleich zwei Konzerte am Samstag und Sonntag besuchen?«

Einen Augenblick muss es mir wohl den Atem verschlagen haben. Dann sagte ich einfach: »Ja.«

Ich hatte den Schritt in eine neue Zeit getan. Andere Aufgaben kamen auf mich zu. Damals, 1958, hatte ich nach Bonn zurückkehren wollen und war in Bad Godesberg gelandet, in dem bunten Wirbel der Diplomatenstadt, in dem lebendigen Austausch mit den Partnerstädten. Wir hatten englische, französische, belgische, italienische Wochen gefeiert, viele Empfänge in der Redoute bestanden, in der linken Hand den kleinen Notizblock und das Sektglas, in der rechten den Stift. Das alles war mehr oder minder Routine geworden, nahm nicht mehr so viel Raum in der Zeitung ein. Ich hatte mich neben der Arbeit für den General-Anzeiger auch anderwärts umgetan, fünf Jahre lang das Feuilleton der »Europa-Union« bestückt, die zweimal monatlich erschien, und die Kurzeitung von Bad Godesberg redigiert, sozusagen »mit links« noch die gesellschaftliche Berichterstattung aus Bad Neuenahr wahrgenommen, wo sich die Tanzturniere und die Bälle ebenso schnell folgten wie die Konferenzen mit dem ernsthaften, zweimal promovierten Kurdirektor über die Entwicklung des Heilbades.

Nun standen neue Themen an: Gefragt war, was man bieten konnte. Fast selbstverständlich bot sich die Anknüpfung an meine Bonner Jugend, meine Studienzeit, meine ersten Berufsjahre an. Noch kannte ich mich aus im Stadtarchiv, in der Universität, bei der Denkmalpflege. Wann immer Erinnerung, Stadtgeschichte, Kunstgeschichte gefragt war, konnte ich beisteuern. Hatte ich nicht damals im Krieg in einer unbeschrifteten Kiste zwei Goethe-Gedichte in seiner Handschrift gefunden? Was lag näher, als jetzt einmal der Frage: »Goethe in Bonn?« nachzugehen. Kannte ich nicht die überbordend kostbaren Verse, mit denen Rilke die Tage in der Villa von der Heydt gefeiert hatte? Jetzt hatte ich Zeit, dem auch nach zu gehen, zu lesen und zu schreiben. Eins reihte sich ans andere. Ich wusste mehr über dieses Bonn als die meisten, die hier jetzt lebten, und war oft genug als Chronist gefragt. Nicht nur von der Redaktion. Als der hundertste Geburstag des Dichters Wilhelm Schmidtbonn anstand, durfte ich den Festvortrag im Landesmuseum halten, denn ich hatte ihn, den großen rheinischen Expressionisten und begnadeten Erzähler ja noch gekannt. Und hier hielt ich auch die Gedächtnisrede für den Maler Em Oelieden, drei Tage nach dem Tod seiner Tochter, die mir in den Intervallen ihres Krebsleidens noch die letzten Schlüssel zu seinem Werk gegeben hatte. Ich war seit Schulzeiten durch die Ausstellungen im Obernier-Museum damit vertraut gewesen. Jetzt hielt ich Blätter in der Hand, die er mit dem goldenen Trauring gezeichnet hatte. Wenig später konnte ich mit einer Kunsthistorikerin sein graphisches Werk durchgehen und eine Ausstellung gestalten im Haus an der Redoute.

Und dann kam ein Thema, das mich Jahre lang beschäftigen sollte. Es sprang plötzlich auf bei einer Pressekonferenz mit dem damaligen Direktor des Kunstmuseums. Er hatte so obenhin gesagt, in Bonn habe es in der ersten Hälfte des Jahrhunderts, mit Ausnahme der Rheinischen Expressionisten um Macke, ja wohl keine Kunst und keine Künstler gegeben. Da standen mir plötzlich die Ausstellungen im Obernier-Museum vor Augen, der heitere rheinische Realist Karl Nonn, der noble Graphiker Reifferscheidt, die klassisch schöne Bildhauerin Ingeborg von Rath. Und mich packte ein Zorn. Sollte ich ihm jetzt und vor allen Bescheid stoßen? Oder sollte ich dem überheblichen Direktor aller Künste in Bonn einen Gegenbeweis liefern?

Es kostete mich Zeit und geduldige Arbeit, bis ich die Künstler der ersten Jahrhunderthälfte wieder gefunden hatte, eine vergessene Generation, denen zwei Kriege und die Hitler-Zeit den Lebensfaden abgeschnitten hatten. Dann, eines Tages, war es soweit. Ich konnte die Generation der Vergessenen wiederum mit einem Vortrag im Landesmuseum vorstellen. Der Direktor des Kunstmuseums war nicht unter den Zuhörern. Aber er hatte seine Mitarbeiter geschickt. Heute werden Dissertationen über diese Vergessenen geschrieben, und bis heute erreichen mich noch Anfragen.

Ich sah mich um in Ateliers, die lange verschlossen gewesen waren, holte Bilder hinter Schränken und unter Betten hervor, traf resignierte Witwen, die längst vergessene Werke hüteten und konnte dank des Leiters der Volkshochschule die Vergessenen noch einmal in einer Austellung zeigen. Unerwarter Dank kam von dem Vorsitzenden des Bonner Künstlerbundes, Helmut Richter-Rangsdorf. Sein großer Blumenstrauß war der Beginn einer Freundschaft mit einer zeitgenössischen Künstlergeneration.

Sie waren mir schon mit ersten Namen und Werken in Düsseldorfer Austellungen begegnet, hier standen mir die Ateliers offen. Die Künstler der zwanziger Jahre waren auf das besetzte Rheinland beschränkt gewesen. Und auch das

Geld hätte nicht weiter gereicht. Allenfalls war da noch Flandern mit dem Fahrrad zu erreichen, und so hatte sich eine Verbindung angebahnt zwischen den flämischen Expressionisten von St. Maartens Lathem, einem Künstlerdorf in der Nähe von Kortrijk, und der Bonner Kunstszene.

Den Künstlern aber, die seit der Mitte des Jahrhunderts in Bonn ansässig geworden oder nach der Emigration hierhin zurück gekehrt waren, hatte die Welt offen gestanden. Da schoss bei Anna Leutz eine chinesische Barke fast aus dem Bild in den Raum, da hob Dirk Otto griechische Schätze einer untergegangenen Fregatte, Frauenprofile i n sanften Grautönen, wieder ans Tageslicht und brachte sie in seinen Skizzenblättern mit, da erschloss Paul Magar die Sieben Wunder der Alten Welt mit ihren Palästen und mit den hängenden Gärten der Semiramis.

Eine eigene Kunstszene entwickelte sich um das Wohnhaus des früh verstorbenen Rheinischen Expressionisten August Macke. Ähnlich wie bei dem schon zur Bierhalle verkommenen Beethoven-Haus gelang hier die Rettung des Hauses in letzter Minute durch die Initiative der Bürger.

Für mich schlug die Stunde der intensiven Begegnung mit dem Werk des Künstlers, als ich von der Leiterin des Macke-Hauses, Margarete Jochimsen, gebeten wurde, eine Ausstellung über die Beziehung zwischen dem Maler August Macke und dem Dichter Wilhelm Schmidtbonn gemeinsam mit Paul Metzger zu erstellen. Metzger betreut im Stadtarchiv den Schmidtbonn-Nachlass. Über Monate versanken wir in die Archivalien, Gedrucktes, Handgeschriebenes, Skizzen, Fotos, und Metzger gelang es sogar, noch einige unbekannte Macke-Zeichnungen unter dem Nachlass zu entdecken.

Vor unseren Augen enthüllte sich die seltsame Geschichte einer Begegnung zweier Künstler, die aufeinander zu gegangen waren und doch zusammmen nicht kommen konnten.

August Macke hatte zu Beginn des Jahrhunderts an der Düsseldorfer Akademie studiert, war aber sehr bald dem

Staub und Gips der dortigen Lehrmethoden entlaufen, um das Studium an der Kunstgewerbeschule unter Leitung von Peter Behrens fortzusetzen. Wilhelm Schmidtbonn, der mit seinem ersten Schauspiel »Mutter Landstraße« wie »aus einem Zauberberg« in die naturalistisch-expressionistische Szene getreten war, arbeitete gleichzeitig als Dramaturg am Düsseldorfer Schauspielhaus. Hier hatten Louise Dumont und Gustav Lindemann »die Faszination des neuen Theaters« entfaltet, und Schmidtbonn hatte den jungen Macke der großen Schauspielerin und Theaterdirektorin vorgestellt. Macke hatte impulsiv Bühnenbilder entworfen, zu Shakespeares »Macbeth«, zur »Orestie«. Es waren Szenarien, die den ganzen Plüsch des Realismus' hinter sich ließen und mit traumhafter Sicherheit »die Faszination des neuen Theaters« trafen, der auch Schmidtbonn entgegen arbeitete. Aber als ihn das Theater binden konnte, war der junge August Macke schon weitergezogen.

Er hatte, das lasen wir aus den Briefen, die Kraft seiner strahlenden Jugend und den Rausch der Farben mit gebracht in die stille Dichterwohnung, wo Schmidtbonn den eigenen Träumen nachhing und auf sein größtes Drama, »Der Graf von Gleichen«, zuging, sensibel jedes Wort abwägend und doch visionär große Szenen bauend. So hatte ich Schmidtbonn bei den Begegnungen in Bonn gekannt, und so verstand ich ihn, als ich seine Erinnerungen an Macke las: »Ich glaubte mich mit meinen achtundzwanzig Jahren jung, aber er war neunzehn. Er war breit und groß, mit gesundem, lachenden Gesicht. Seine Gestalt, sein Gesicht, seine Stimme füllten unser Zimmer ungewohnt aus.«

Es gehört zu den seltsamsten und kaum beschreibbaren Erfahrungen, Briefe längst Verstorbener in der Hand zu halten und mit dem Auftrag, Vergangenes aufzubereiten, in das intime Zwiegespräch zweier Künstler einzutreten (ohne anzuklopfen). Wir fuhren auch nach Münster, wo die Skizzenbücher von August Macke aufbewahrt und mit äußerster Behutsamkeit dem legitimierten Besucher vorgelegt werden. Hervorragende Reproduktionen wurden für die Ausstellungen angefertigt.

Vieles wurde uns kundig auch vorgelegt im Theatermuseum Düsseldorf. Es hat sein Domizil in dem großzügigen Hofgärtnerhaus des 18. Jahrhunderts, wo man auch den Schritten der königlichen Schauspielerin Louise Dumont noch nachgehen kann. Denn was sie und ihr Partner und Gatte Gustav Lindemann hinterließen, hat Lindemann dort deponiert.

Wir sind hier tief eingetaucht in die »Faszination des Theaters«, und unsere Ausstellung wurde in Bonn und in Düsseldorf ein Erfolg. Ich bin für die Vorbereitung weiterer Ausstellungen und Aufsätze immer wieder in das Museum zurückgekehrt, freundlichen Empfangs und jeder Hilfe sicher. Wie es überhaupt die Freude dieser späten Jahre ist, soviele »Verbündete« zu haben, wann immer ein neues Thema von mir erwartet oder aus eigener Initiative angegangen wird.

Auch einen »Verbündeten« für dieses und andere Bücher, die allesamt dem Rheinland zugeeignet sind. Es war und ist auch gut, ihm hierbei die Last der Geschichte auferlegen zu können, während ich mich der Erinnerung überlassen durfte.

Dann und wann kehre ich auch zurück in »mein« altes kunsthistorisches Institut an der Universität Bonn oder in Bibliotheken, soweit meine eigene Bibliothek nicht ausreicht für die Vorbereitung eines Vortrags oder einer Reise. Diese Jahre gaben und geben mir auch die Chance, auf Wegen der Literatur und der Kunst zu reisen. Ich habe zwar vor mehr als fünfzig Jahren Kunstgeschichte studiert. Aber was hatte ich denn wirklich an Kunst gesehen? Als ich studierte, war es Krieg, und die Kunstdenkmäler waren hinter schützenden Sandsäcken unerreichbar. Meine Dissertation war darauf abgestimmt. Sie galt der oft so erbarmungslosen Kunstkritik.

Nach dem Krieg gab es kein Reisen um der Kunst willen, höchstens auf Hamstertour. Später verlangte die Familie nach Seeluft oder Schwarzwald. Zwar hatten immer Schlösser und Klöster und Kirchen am Wege gelegen, und ich hatte sie besuchen können. Aber nun kam auf mich zu, was ohne unmittelbare Kenntnis längst Wissensbestand geworden war. Jm Auftrag der Arbeitsgemeinschaft für Bildung und Kultur habe ich Gruppen geführt von der Ostsee bis zum Bodensee, von der Backsteingotik bis zum fränkischen, bayerischen und schwäbischen Barock. Dafür musste ich mehr lernen als jemals im Kolleg, denn die Fragen der Mitreisenden gingen oft genug in die Tiefe. Einer Reise erinnere ich mich besonders gern: »Auf Goethes Spuren im Rheinland«, von dem glyzinienduftenden Garten des Brentano-Hauses in Winkel über das alte Frankfurt seines Elternhauses bis zur Gerbermühle, in der die Suleika-Lieder entstanden, und nach Wetzlar, wo im Lotte-Haus die unzähligen deutschen und fremdsprachigen Ausgaben von dem Roman »Die Leiden des jungen Werthers« zusammen getragen sind, die ja eigentlich die Leiden des jungen Goethe waren. Meist war Ulrike dabei, und ein sehr hellsichtiger Mitreisender fragte diskret, ob sie etwa eine Goethe-Ulrike sei. Ich konnte es bestätigen. Gustl und ich hatten uns schon früh für sie auf den Vornamen des Fräuleins von Levetzow geeinigt, die bekanntlich Goethes letzte Liebe war.

Ihre seidenen Tanzschuhe hängen in meinem Arbeitszimmer an der Wand.

## Was noch zu schreiben bleibt,

ist tiefste Erinnerung bis ins 12. Jahrhundert, Reisen in die Familiengeschichte, der ich mich erst spät zuwenden konnte. Die Großmama in Krefeld war, ich hatte es schon

erzählt, Moselanerin gewesen, und der »Merler Stephansberg« aus ihres Vaters Weinbergen war auch in dem Haus
an der Grenze auf den Tisch gekommen. Immer wieder
hatte ich von den Familienreisen an die Mosel gehört, von
dem behäbigen Urgroßelternhaus, wo die Enkel aus Krefeld ihre Ferien verbrachten und die Anreise von acht Kindern plus Kindermädchen keine Umstände verursachte.
Man hatte ein eigenes Stockwerk für sie bereit. Ich hatte
von den vielen Wanderungen in die Moselberge gehört,
wobei eine Literflasche Wein zur Wegzehrung mitgenommen wurde und, gekühlt im Wasser herab stürzender Bäche
und auch damit versetzt, unvergessliche Erfrischung bot.

Wir wussten auch von jenem Verlobungsweg von Bullay
zur Marienburg, den meine kluge Urgroßmutter Verliebten
anriet, wenn ihr die Zeit dafür gekommen schien. Die jungen Paare werden dann wohl kaum noch den Blick von der
Marienburg auf die Mosel gewürdigt haben, die hier von
der Höhe wegen der mächtigen Flussschleife vierfach zu
sehen ist, sondern sich in die Augen geblickt haben, schicklich, wie es die Zeit damals noch gebot. Ich habe den Weg
erst spät gefunden, als ich Zeit und Muße zum Reisen fand.
Dann allerdings konnte ich der Urgroßmama noch zustim-
men und mich erinnern, dass auch meine Mutter von diesem Weg gesprochen hatte.

Meine strenge Tante Hedwig allerdings hatte immer etwas abwehrend von dem Zweig der moselländischen Verwandtschaft gesprochen, zu der auch nur geringe Beziehung (außer den Tischweinen) bestand. Die Vorfahren sei-
en – Gott verzeihe es ihnen – doch wohl Raubritter gewesen. Die Trümmer der Burg Treis verrieten nicht viel Gutes.

Nun hat sich später meine Kusine Alice des lädierten
Familienrufes angenommen und energische Forschungen
betrieben. Dabei kam heraus, dass die Treis seit dem 12.
Jahrhundert als Ministerialen, also bescheidenen Adels, auf
der gleichnamigen Burg gesessen und mit anderen nah gelegenen Burgherrn die Lande des Erzbischofs von Trier ge-

gen die besitzgierigen Rheingrafen verteidigt hatten. Soweit also recht reputierlich.

Seit dem Dreißigjährigen Krieg haben sie wohl den Adel von sich getan und Wein angebaut, was um die Wende des 20. Jahrhunderts sogar zum Titel eines Hoflieferanten führte für eine Treis-Linie, die sich dem Sekt verschrieben hatte. Seit dem 17. Jahrhundert liegen meine Vorfahren friedlich auf dem schönsten Winzerfriedhof flussauf, flussab in Merl begraben. Der Friedhof ist wie die Weinberge in Terrassen angelegt, und meine Vorfahren haben ihr Grab so platziert, dass man über die Mauer gleich in die Weinstöcke greifen kann. Sie wollten sich wohl im Tode auch nicht von dem trennen, was ihnen ihr Leben ertragreich und erträglich gemacht hatte. So wie jenem Urgroßvater, der eine mächtig große und mächtig saure Weinernte mit Rosinen kelterte und zum allgemeinen Erstaunen einen guten Ertrag in diesem Jahr verzeichnete. Der Rosinenschuppen wurde mir noch von einer Nachbesitzerin des urgroßelterlichen Hauses gezeigt. Nun, es hatte damals noch kein so strenges Weingesetz gegeben, und Rosinen sind allemal besser als Glykol, auf das spätere Generationen in anderen Weinlanden verfallen sind.

Mir hat sich von Merl aus, wo noch Treis-Nachfahren in einem romanischen Wohnturm leben, noch einmal eine neue Landschaft aufgetan. Ich bin flussaufwärts gefahren zum Geburtshaus von Nikolaus von Kues, habe das römische und das christliche Trier erkundet und habe auf der Rückfahrt Goethes stürmische Moselreise im offenen Kahn nachvollzogen bis zu jenem Augenblick, wo im großen Bogen der Balduinbrücke vor Koblenz der Ehrenbreitstein erscheint.

Die Großmama von der Mosel hat, wie streng sie sich auch gab, einen Spritzer Schwung und Leichtigkeit in die Familie gebracht. Und das Erbe einer berühmt schönen Landschaft, die manchmal als Refugium dient. Die Herkunft mit drei Viertel Niederrhein und einem Viertel Mosel haben sich als lebensbekömmliche Mixtur erwiesen. Dazu der Standort Bonn, wo Mittel-und Niederhein sich begegnen, und wo die rheinische Gelassenheit den »sympathischen Gleichmut« gegenüber allen Wandlungen bewahrt und eben jetzt wieder bewährt.

\* \* \*

Manfred Engelhardt

# *Schauplätze*

# *& Jahrhundertchronik*

# I. Schauplätze

## Bonn

Die Stadt Bonn ist die Grundposition dieser Lebensbeschreibung. Obwohl die mütterliche Familie eher durch die
Wechselfälle eines Beamtenlebens hierher kurzfristig verschlagen wurde, und der Berufsweg des Vaters eher den
Weg nach Süddeutschland gewiesen hätte, wurde die Autorin schon bald und auf Dauer hierher zurückgeführt.

Bonn galt vor dem Ersten Weltkrieg in der Tat als eine der
schönsten Universitätsstädte und hatte den noblen Ruf einer ehemals kurfürstlichen Residenz, deren beide Schlösser
nun die *alma mater* beherbergten. Geschichte war allerorts
präsent. Seit 1244 befestigte Stadt, war Bonn für die Erzbi-
schöfe von Köln zunächst Zuflucht in den Auseinandersetzungen mit der mächtigen Bürgerschaft ihres Amtssitzes
geworden und später Jahrhunderte lang Residenz und
Hauptstadt des ganzen Erzbistums. Gegen Ende der kurfürstlichen Zeit war unter dem letzten Landesherrn Maximilian Franz auch schon eine Universität gegründet worden. Und eine Universität erbaten sich die Bonner auch
von dem König Friedrich Wilhelm III., als die kurfürstliche
Zeit zu Ende gegangen, die napoleonische Zeit überstanden
und das Rheinland an Preußen gefallen war. Das war 1818
gewesen, und während der nächsten Jahrzehnte tat sich
nicht viel im Städtchen.
    Erst nach 1870 wurde der mittelalterliche Mauerring
überschritten und dann auch gesprengt. Die Stadt wuchs
durch die rege Bautätigkeit nach Süden und Westen zu und
durch die Eingemeindung der nah gelegenen Orte, so dass

sich ihre Fläche verdoppelte. Die Einwohnerzahl erreichte fast den Großstadtstatus. Die Infrastruktur wurde laufend verbessert, städtische Gas-und Elektrizitätswerke erbaut, das Verkehrsnetz geschaffen. Die Rheinuferbahn verband seit 1905 die am Rhein und im Vorgebirge gelegenen Orte mit den Städten Bonn und Köln. Die erste Brücke über den Rhein war kurz vor der Jahrhundertwende geschlagen. Innerhalb der Stadt spannte sich die Viktoriabrücke über die Schienen der Königlichen Eisenbahn und verband die Stadtteile. Zahlreiche städtische Bauten entstanden, u. a. das Viktoriabad, eines der ersten öffentlichen Bäder in Deutschland und in reinem Jugendstil.

Die Universität wuchs über die beiden kurfürstlichen Schlösser hinaus; die Naturwissenschaften siedelten sich nah am Schloss in Poppelsdorf an, und die Medizin erhielt Kliniken in Rheinnähe. Dreizehn neue Schulen entstanden, neue Kirchen und Krankenhäuser. Der Zuzug reicher Bürger ließ vor allem Handel und Gewerbe anwachsen. Auch das Verkehrsamt sorgte durch die Förderung des Fremdenverkehrs für gewerblichen Aufschwung.

Dagegen wurde die Ansiedlung von Industrie »den Bedürfnissen einer Universitäts- und Rentnerstadt« grundsätzlich untergeordnet. Immerhin sorgten zwei keramische Fertigungen für 1000 Arbeitsplätze wie auch die Schreibwarenfabrik, eine Jutespinnerei und Kaffeeröstereien. Dennoch erreichte die Bonner Produktion nicht einmal 10% der Kölner Industrieerzeugnisse. Als ausgesprochen wohlhabende Stadt hat Bonn zwar eine kultivierte Atmosphäre, aber keine allzu große Aufwendungen für kulturelle Institutionen gemacht. Seit der kurfürstlichen Zeit war die Musikpflege bevorzugt und der Bedeutung der Geburtsstadt Beethovens angemessen. Das Stadttheater war verpachtet an einen Hofrat Beck, der ein eigenes Ensemble erstellen musste und der Bonner Bühne starke Impulse gab. Der Bildenden Kunst wurde erst durch die zögernd angenommene Stiftung eines Professors Obernier eine Stätte geschaffen.

Insgesamt war Bonn kurz vor dem Ersten Weltkrieg eine gut ausgestattete Stadt, die viertreichste in Preußen und jedenfalls reicher als Berlin.

# Mannheim

Die baden-württembergische Großtadt am Zusammenfluss von Rhein und Neckar mit jetzt 320 000 Einwohnern, bildet seit der Wende vom 19. zum 20. Jahrhundert mit Ludwigshafen gemeinsam die größte zusammenhängende Industrielandschaft am Oberrhein und einen der wichtigsten Industriestandorte in Süddeutschland. Diese bis heute prägende Entwicklung war zur Geburtszeit der Autorin noch (damals 150 000 E.) in vollem Gange und trug Mannheim den Beinamen »die badische Fabrik« ein. In hundert Betrieben mit Metallverarbeitung, Maschinenbau und Eisengießereien fanden 10 000 Menschen Arbeit, allein 2 600 bei der Lanz AG für landschwirtschaftliche Maschinen. Der Mannheimer Industrielle Carl Friedrich Benz hatte 1886 einen ersten von ihm konstruierten Kraftwagen vorgeführt und den Anstoß zur Gründung der Automobil-Großindustrie gegeben. Der große moderne Hafen wurde Umschlagplatz für Waren, die per Schiff ankamen und nach Süddeutschland, die Schweiz und Österreich weiter geleitet wurden. Mannheim war auch der Sitz der größten rheinischen Schifffahrtsgesellschaften und einer bedeutenden Ingenieurs- und Schifffahrtsschule. Auch Bank- und Versicherungswesen hatten hier hervorragende Bedeutung. Eine 1908 gegründete Handelshochschule, eine Industrie- und Handelskammer, eine Reichsbankhauptstelle und 22 Konsulate zeugten von der wirtschaftlichen Bedeutung der Stadt. Die schnelle Industrialisierung hatte den Einwohnerstand auf 150 000 ansteigen lassen, erheblichen Wohnbedarf mit sich gebracht und durch neue Wohnviertel das Stadtbild verändert. Seit der Sozialgesetzgebung der achtziger Jahre, die maßgeblich durch das Zentrum und die katholische Soziallehre beeinflusst wurde, war auch in Mannheim eine deutliche Besserstellung des Arbeiterstandes offenkundig. Der Lohnindex war von 100 im Jahre 1900 auf 115 im Jahre 1910 gestiegen.

In der Industriestadt Mannheim mit einer leicht mehrheitlichen evangelischen Bevölkerung war die SPD stärkste Partei, zweitstärkste das Zentrum. Für beide Parteien bildete Mannheim einen zentralen Standort ihrer Politik in dem politisch schon seit dem 19. Jahrhundert stark bewegten Baden. Das war zweifellos der Grund, warum der Vater der Autorin, Dr. Franz-Karl Thomas, als Journalist und Zentrumspolitiker hierher entsandt worden war.

Baden war Großherzogtum und wurde regiert von dem Großherzog Friedrich II. aus dem Geschlecht der Zähringer. Er dankte 1918 ab. Das Fürstenhaus erfreute sich damals noch großer Beliebtheit.

Mannheim war und ist nun keineswegs nur »die badische Fabrik«, sondern pflegt auch ein vielseitiges Kulturerbe. 1720 hatte Kurfürst Carl Philipp von der Pfalz Mannheim zu seiner Residenz erhoben, die zu einem der strahlendsten europäischen Fürstenhöfe wurde. Das 1720-1759 erbaute Residenzschloss umfasst mit seinen Nebengebäuden einen Flächeninhalt von 6 ha und ist bei einer Frontlänge von 530 Metern und mit 1500 Fenstern das größte Barockschloss in Deutschland. Dem Schloss vorgelagert ist die in einem System von Quadraten angelegte Altstadt. Sein Nachfolger Kurfürst Carl Theodor (1724-1799) stiftete 1763 in Mannheim die Kurpfälzische Akademie der Wissenschaft, der Gotthold Ephraim Lessung und namhafte Gelehrte und Schriftsteller des In- und Auslandes angehörten. Besondere Bedeutung erlangte das National-Theater in Mannheim. Dort wurde 1782 Schillers revolutionäres Schauspiel »Die Räuber« und 1784 sein »Fiesco« uraufgeführt. Intendant war der berühmte Wolfgang Heribert Reichsfreiherr von Dahlberg.

Am Hofe Carl Theodors entstand und wirkten die Musiker der »Mannheimer Schule«, ein Kreis von bedeutenden Komponisten, zu denen auch Mozart Verbindung fand.

Nach der Aufhebung des pfälzischen Kurfürstentums kam Mannheim 1803 durch den Reichsdeputationshauptschluss zu Baden und teilte dessen bewegte Geschichte und die Reichsgeschichte im 19. Jahrhundert. Der Charakter einer dynamischen Industriestadt und einer traditionellen Kulturpflege kennzeichnet Mannheim bis in die Gegenwart.

# Krefeld

Die nächste Station der Biographie ist Krefeld, seit dem Beginn des 19. Jahrhunderts Standort der väterlichen Familie, die aus dem bäuerlichen Umland zugewandert war und in der textilen Produktion der Stadt als Unternehmer tätig wurde.

Kurz vor dem Ersten Weltkrieg präsentierte sich Krefeld als eine wohlgeratene Stadt. Spannungen, wie sie zuweilen zwischen den anderen rheinischen Städten und der preußischen Regierung aufkamen, gab es kaum. Die Geschichte hatte den Krefeldern schon etwas mehr Zeit gegönnt, sich an die preußische Herrschaft zu gewöhnen. Während das übrige Rheinland erst durch den Wiener Kongress 1815 an Preußen fiel, kam Krefeld schon mit dem kleinen Fürstentum Moers 1702 unter preußische Herrschaft und hat sowohl vom Alten Fritz als auch von dessen Vater wirtschaftliche Förderung erfahren.

In jüngster Zeit hatte Krefeld wiederum einen preußischen Gnadenbeweis erhalten. 1906 hatte Kaiser Wilhelm

II. mit großem Aufwand und Aufsehen höchstpersönlich das Zweite Westfälische Husarenregiment, welches bis dahin in Düsseldorf stationiert war, nach Krefeld verlegt und selbst in die neue Garnisonstadt eingeführt. Dort soll der Kaiser dann angeblich mit der Abordnung von »Tanzhusaren« einen Wunsch tanzfreudiger Krefelderinnen erfüllt haben. Sie hatten sich beim Kaiser beklagt, dass die jungen Herren ihrer Heimatstadt mehr an den Geschäften als an Tanzlustbarkeiten interessiert seien.

Im übrigen erwies sich Krefeld als eine durchaus fortschrittliche Stadt. 1914 war jeder Hausbesitzer verpflichtet worden, Wasserklosetts einzubauen. Auch mit seinen Schwimmbädern und dem eingeführten Schulschwimmen war Krefeld mancher Großstadt voraus. 1914 war auch das Krematorium in Betrieb genommen, das 14. in Deutschland. Das erste war 1894 in Halle erbaut worden.

Die Stadt mit 107 000 Einwohnern war damals Mittelpunkt eines überwiegend landwirtschaftlichen Hinterlandes. Wichtige landwirtschaftliche Organisationen hatten sich in Krefeld angesiedelt. Zu den kleinen Städten im Nachbarbereich, Kempen, Geldern, Moers und Kleve, hatte Krefeld enge und fruchtbare Beziehungen entwickelt.

Überragend aber war der Ruf der Stadt als der bedeutendste deutsche Standort der schon seit 200 Jahren hier angesiedelten Seiden- und Samtweberei, Färberei und Appretur. Krefeld war die »Stadt von Samt und Seide«, die Seidenstadt schlechthin, Mittelpunkt auch der deutschen Krawattenindustrie. Vor dem Ersten Weltkrieg waren hier 13 000 mechanische Webstühle in Betrieb. Konditioniert wurden jährlich 550 000 kg Seide. Mittelständische Unternehmen prägten damals das Wirtschaftsleben der rheinischen Textilstadt.

Die Seidenindustrie verdankte ihre Entstehung religiösen Emigranten, die, anderwärts vertrieben, Aufnahme fanden. Wahrzeichen dieser Toleranz ist eine Mennonitenkirche, nach der auch eine Straße nächst der Königstraße benannt ist. Die Emigranten, die vorzugsweise aus dem Jülich'schen und Bergischen Land kamen, hatten die Seidenindustrie auf der Grundlage einer hier schon ansässigen Leinenweberei entwickelt und ausgebaut und damit den Ruhm der Stadt begründet. In dem werktätigen Klima der Stadt hatten sich auch andere Industrien schnell entwickelt. Zunächst war es die der ansässigen Seidenweberei verbundene Textilmaschinenherstellung, dann die chemische Industrie. Hinzu kam die Edelstahlfabrikation, der Waggonbau und der Apparatebau. Besonders die Gründung der Edelstahlproduktion im Jahre 1901 wirkte sich günstig auf die Ansiedlung noch weiterer Industriezweige auf Krefelder Gebiet aus. Im Handel dominierten die führenden deutschen Samt- und Seidengroßhandelsgeschäfte.

Die Stadt hatte sich damals durch Eingemeindungen und Landkäufe bis zum Rhein ausgedehnt. So konnte schon 1901 mit dem Bau eines modernen Industrie- und Handelshafens begonnen werde. Krefeld war auch Knotenpunkt wichtiger Eisenbahnlinien geworden.

In der Atmosphäre der reichen Stadt war auch die Kultur- und Kunstpflege gediehen. Schon seit dem 18. Jahrhundert hatten bedeutende rheinische Architekten hier mit privaten und öffentlichen Bauten Akzente im Stadtbild gesetzt. Kurz vor dem Ersten Weltkrieg war Krefeld auch wichtiger Standort des Rheinischen Expressionismus. Der Erneuerer der Glasmalerei, der Holländer Johan Thorn-Prikker war 1904 als Kunstlehrer nach Krefeld gekommen. Helmut Macke stellte durch Verwandtschaft die unmittelbare Beziehung zu dem in Bonn angesiedelten Kreis um August Macke her; Heinrich Campendonk und Heinrich Nauen schlugen Brücken zum »Blauen Reiter« in München und zur »Berliner Sezession«. Kurz, Krefeld war eine wirtschaftlich begünstigte, weltoffene und zukunftsgerichtete Stadt, mit der ihre Bürger durchaus zufrieden sein konnten und es auch waren.

# Kevelaer

Kevelaer, heute der größte nordwesteuropäische Wallfahrtsort, liegt in einem Gebiet, das von der Mitte des 16.
bis zur Mitte des 17. Jahrhunderts unter Kriegshandlungen
zu leiden hatte und stark entvölkert war. So töteten allein
1635 während des Dreißigjährigen Krieges Kroaten unter
dem kaiserlichen Feldherrn Piccolomini zwei Drittel der
Einwohner von Kevelaer. In dieser Notzeit begann 1641 die
Wallfahrt.

Der reisende Kaufmann Hendrik Busman aus Geldern
hörte in Kevelaer am Hagelkreuz mehrfach einen »geheim-
nisvollen Anruf«, er solle hier ein Kapellchen bauen. Bus-
mans Ehefrau erwarb kurz darauf von durchreisenden Soldaten einen Kupferstich in der Größe 11 x 7,5 cm, der das
Gnadenbild der »Trösterin der Betrübten« darstellte, wie sie
in der Stadt Luxemburg verehrt wurde. Das Urbild ist eine
aus Lindenholz geschnitzte Statue, die Maria als Apokalyp-
tische Frau auf der Mondsichel zeigt. Das kleine Andachts-
bild, das Busmanns Ehefrau erwarb, zeigt die Statue als
Schutzmantelmadonna, wie sie in Luxemburg während einer jährlichen Festoktav feierlich bekleidet und gekrönt
wird; im Hintergrund die Stadt Luxemburg und die Kapelle im Festungsgelände, in der die Statue zunächst ihren
Standort hatte. Die Darstellung als Schutzmantelmadonna
ist in Notzeiten häufig und geht auf religiöse Vorstellungen
des 13. Jahrhunderts zurück, die im Zusammenhang mit der
damaligen Rechtsprechung stehen. Die Verehrung des
Gnadenbildes von Kevelaer entstand im Kriegsgeschehen
und der Rechtsunsicherheit der Zeit, aber auch wegen der
Unterdrückung der damaligen katholischen Minderheit in
den benachbarten Niederlanden, die in Kevelaer ein nah
gelegenes katholisches Zentrum fanden. Aus dieser Zeit da-
tieren die holländischen Prozessionen. Kevelaer ist religi-

onshistorisch einer der Tageswallfahrtsorte, welche um diese Zeit die großen Fernwallfahrten nach Compostela, Rom und Jerusalem abgelöst haben.

Über dem hölzernen Kapellchen des Kaufmannes Busman wurde bei zunehmender Wallfahrt eine barocke Kapelle gebaut, in der das Gnadenbild den Pilgern zugänglich ist. Sie bildet mit der Kerzenkapelle und der Basilika (sie hat mit 93 Metern den höchsten Kirchturm am Niederrhein) sowie einer neuen Gottesdienststätte unter freiem Himmel und dem ebenfalls barocken Priesterhaus eine architektonische Einheit. Der Zustrom der Pilger blieb über mehr als 350 Jahre erhalten und beträgt zur Zeit etwa 800000 im Jahr. Die Einwohnerschaft von Kevelaer, das 1949 Stadtrechte erhielt, beträgt 14000. Seit 1860 hat sich dort eine Wallfahrtsindustrie entwickelt mit der Herstellung von Devotionalien, Kunsthandwerk, Orgelbau und Glasmalerei, Druck und Verlag und Blumenzucht. Kevelaer gilt heute auch als beliebter Tagungsort. Ein vorzüglich aufgebautes Heimatmuseum dokumentiert nicht nur die Geschichte des Wallfahrtsortes, sondern ist von großer kulturgeschichtlicher Bedeutung für den Niederrhein.

# Xanten

»Es gibt keinen zweiten Ort in Deutschland, der im Verhältnis zu seiner geringen Einwohnerzahl eine solche Fülle bedeutender Dokumente aller Stilgattungen und der Lageranlagen der Römer aufbewahrt hat«, schrieb der große Kunsthistoriker Paul Clemen. Damals konnte er kaum ahnen, was Xanten heute zu bieten hat. Die Stadt mit jetzt 18000 Einwohnern geht auf das nördlichste Legionslager der Römer, die *Castra Vetera,* zurück, das, 15 v. Chr. gegründet, durch den Bataveraufstand aber 85 Jahre später zerstört wurde. Im Schutz des erneuerten Legionslagers entstand die römische Stadt *Colonia Ulpia Traiana* mit damals 12 000 - 15 000 Einwohnern, nach Köln der zweitgrößte Handelsplatz am Rhein. Mit dem Ende der römischen Herrschaft am Rhein verödete die Stadt. Eine neue Besiedlung setzte ein durch die Verehrung der Märtyrer, den Hl. Viktor und seine Begleiter. Sie waren um 350 hier gestorben als die Letzten der christlichen Thebäischen Legion, die sich geweigert hatte, dem Kaiser zu opfern und rheinab von Lager zu Lager dezimiert worden war. Über ihren Gräbern entstanden die erste Grabkapellen, dann von 1190 bis 1530 der Dom. Er gehört zu den bedeutendsten Kirchenbauten am Niederrhein. In der großen Folge von zwanzig Altären ist ein Marienaltar von Heinrich Douvermann und der 1535 vollendete Hochaltar von Barthel Brujn d. Ä. Der Schrein des Hl.Viktor wird jedes Jahr in einer feierlichen Prozession, der sogenannten Viktorstracht, durch die Stadt getragen. Die Siedlung um die Märtyrergräber hieß jetzt »ad Sanctos«, zu den Heiligen. Daraus enstand der heutige Name Xanten. 1228 erhielt Xanten von neuem Stadtrechte, erreichte aber nur den Status eines Landstädtchens. Neue touristische Bedeutung erwarb sich Xanten durch die ungemein reichen Bodenfunde des ehemaligen römischen Lagers, die, nur durch Ackerboden bedeckt, sich vor der heutigen Stadt ausdehnten. Dieses Gelände ist das einzige dieser Art nördlich der Alpen, leicht zugänglich für Ausgräber und ein ideales Objekt für die Forschung. Hier wurde ab 1977 ein bald viel besuchter Archäologischer Park angelegt, in dem u. a. der Unterbau eines Amphitheaters für 10 000 Besucher gefunden und für heutige repräsentative Aufführungen erstellt wurde. Funde und Rekonstruktionen geben ein hervorragendes Bild römischen Lebens am Rhein.

Nicht vergessen werden soll über all der römischen Historie, dass Xanten auch ein reich ausgestattetes Regionalmuseum besitzt.

# Kalkar

Kalkar ist eine der besterhaltenen mittelalterlichen Städte am nördlichen Niederhein, früher ein reicher und bedeutender Handelsstandort, der 1407 sogar Mitglied der Hanse wurde und heute eine Touristenattraktion wegen des malerischen Gesamtbildes und der Kunstschätze. 1230 von dem Grafen Dietrich von Kleve gegründet, kam die Stadt durch Wollweberei und Getreidehandel zur Blüte.Von der Stadtbefestigung des 14. und 15. Jahrhunderts sind Teile der Mauern und Türme und Graben erhalten. Den Reichtum der Stadt bestätigt der Bau eines prächtigen Rathauses in den Jahren 1438-1446, das in seiner Monumentalität alle zeitgenössischen Rathäuser nördlich von Köln übertrifft. Der dreigeschossige Backsteinbau mit dem hohen Walmdach und achteckigem Treppenturm unter der Spitzbaube beherrscht einen großen Marktplatz mit der Gerichtslinde, der von spätgotischen Giebelhäusern umgeben ist, darunter das heutige Heimatmuseum aus dem 16. Jahrhundert und das Stadtarchiv von 1400, das zu den umfangreichsten des Rheinlands gehört und u. a. eine Handschrift des Sachsenspiegels enthält.

An den vergangenen Reichtum von Kalkar erinnert die Nicolai-Kirche, die von 1409 bis 1506 erbaut wurde, eine dreischiffige Hallenkirche mit ungewöhnlich reicher künstlerischer Ausstattung durch Bildschnitzer und Maler der »Kalkarer Schule«. Der bedeutendste ist Hendrik Douvermann aus Dinslaken, dessen Hauptwerk der *Altar der Sieben Schmerzen Mariens* (1518-22) ist. Er gilt durch seine virtuose Schnitzkunst als einer der schönsten spätgotischen Altäre in Deutschland. Der Hauptaltar stellt die ganze Passion mit 208 Figuren dar. 20 Flügelgemälde stammen von Jan Joest von Haarlem. Durch den achtzigjährigen Krieg zwischen Spanien und den Niederlanden und durch die Veränderung des Rheinlaufs büßte Kalkar seine Bedeutung ein und ist jetzt ein Landstädtchen mit 3 000 Einwohnern.

# Marienbaum

Die Städte und Dörfer am linken Niederrhein gehören zum Lebensraum der Autorin und haben von frühester Kindheit an ihre Vorstellungswelt und ihre Erfahrungen bereichert.

Die ersten Reisen führten nach Marienbaum. Der Wallfahrtsort Marienbaum, ein Dorf mit heute 1 800 Einwohnern, liegt an der alten Straße von Kalkar nach Xanten. Der Ursprung des Ortes geht auf ein mittelalterliches Ereignis zurück. 1430 sah ein Schafhirt im Traum das Bild der Muttergottes in einem Eichbaum. Sie versprach dem Hirten Heilung von seiner Lähmung. Die Legende überliefert: »Er fand den Baum, verehrte die Statue und genas von seiner Krankheit.« Die Kunde von diesem Ereignis verbreitete sich am Niederrhein, und bald wurden mehrere Heilungen bekannt. 1641 wurde an der Stelle des Eichbaums eine kleine spätgotische Kapelle für das Gnadenbild errichtet, das aus einer Steinmetzwerkstatt des Kölner Raumes Ende des 14. Jahrhunderts stammen soll.

Durch die Witwe des Herzogs Adolf II. von Kleve, Maria von Burgund, die auf Schloss Monterberg bei Kalkar lebte, wurde der Bau eines Klosters der Birgittinerinnen neben der Wallfahrtskapelle geplant und von ihrem Enkel Johann II. von Kleve 1457 begonnen. Um Kloster und Kapelle entstand bald eine kleine bäuerliche Ansiedlung, die auch den Wallfahrern Unterkunft bot. In der Reformationszeit, im spanisch-niederländischen und im Dreißigjährigen Krieg wurden Kloster und Dorf verwüstet und das Gnadenbild beschädigt. Doch die Klosterinsassen kehrten bald zurück.

Im 18. Jahrhundert ging die Bedeutung der Wallfahrt zurück angesichts des großen Aufschwungs des Gnadenortes Kevelaer. Doch wallfahren noch heute Pfarrgemeinden der Umgebung nach Marienbaum. Durch die Säkularisation wurde das Kloster 1802 aufgehoben. Von den Klostergebäuden blieben nur der zweigeschossige Kapitelsaal und die Klosterkirche erhalten, deren ältester Teil der Chor aus dem Jahr 1483 ist. Bei einer Restaurierung wurden gotische Wandmalereien des 15. Jahrhunderts frei gelegt. Die Kirche besitzt ein gut erhaltenes Hungertuch aus der Zeit um 1650.

Im alten Pfarrhaus gegenüber der Kirche zeigt das Heimatmuseum Bestände zur Geschichte der Wallfahrt. Die besonders reizvolle Lage von Marienbaum und des nahe gelegenen Wasserschlosses »Haus Balken« zwischen dem Hochwald des Xantener Forstes und der bis zum Rhein reichenden Tiefebene hat den Ort zu einem beliebten Ausflugsziel in dem Ballungsraum des nördlichen Rheinlandes und der Niederlande werden lassen.

# Rheinhausen

Als die Autorin 1947 nach Rheinhausen übersiedelte, kam sie in eine junge Industriestadt, die fast geschichtslos erscheinen musste. Erst während des Jahrzehntes, das sie dort zubrachte, setzte eine planmäßige Geschichtserforschung und Geschichtsschreibung ein. Die junge Stadt hatte immerhin soviel Geschichtsbewusstsein, dass sie in Friedrich Albert Meyer einen ersten Stadtarchivar berief. Ihm verdanken wir überraschende Kenntnisse, u. a. das Wissen, dass der erste Ort, den der römische Geschichtsschreiber Publius Cornelius Tacitus (55-120 n. Chr.) erwähnte, Asciburgium heisst. Vermutlich ist dieses Asciburgium im Zusammenhang mit Xanten gegründet worden. Dieses Asciburgium heisst heute Asberg und ist ein Stadtteil von Rheinhausen.

Rheinhausen ist keineswegs eine von der Industrie planmäßig gegründete Stadt, sondern der Zusammenschluss von zahreichen kleinen bäuerlichen Dorfschaften, unter denen die Kirchdörfer Hochemmerich und Friemersheim hervorragten und als Bürgermeistereien Verwaltungsmittelpunkte wurden. Die lockere bäuerliche Besiedlungsform ist durchaus auch heute noch nach zu vollziehen und war um die Mitte des vergangenen Jahrhunderts jenseits des eigentlichen Stadtkerns noch deutlich zu erkennen.

Der Verkehr hat hier der Industrie den Weg geebnet. Nach jahrhundertelangem Fährverkehr wurde 1866 ein erstes Trajekt für die Verbindung Duisburg-Rheinhausen erstellt, dem 1873 eine erste Eisenbahnbrücke folgte. 1896 setzte Friedrich Alfred Krupp die Anlage eines Rheinhafens als Voraussetzung für ein Hüttenwerk durch, und im gleichen Jahr wurde der erste der insgesamt acht Hochöfen gebaut, die zu Industriedenkmalen am Rhein wurden. »Angeblasen« wurde der erste Hochofen 1897. Im Jahr 1900/01 betrug die Rohstahlerzeugung bereits 6856 Tonnen.

Seit der Mitte des 19. Jahrhunderts waren auch Bergrechte verliehen worden, und kurz vor dem Ersten Weltkrieg begann die Errichtung der Schachtanlage Diergardt. 1913 wurde die erste Kohle bei Mevissen gefördert.

Die Industrie brachte einen mächtigen Zuwachs der Bevölkerung von 5221 im Jahre 1895 bis 51436 um die Mitte des 20. Jahrhunderts. Dazu kamen 10000 Flüchtlinge nach dem Zweiten Weltkrieg.

1934 war Rheinhausen Stadt geworden. Doch schon fünf Jahre später begann der Zweite Weltkrieg, der die städtische Entwicklung hart traf und vor allem den Wohngebieten schwere Schäden zufügte. Kurz nach der Jahrhundertmitte war Rheinhausen schon wieder eine ansehnliche Mittelstadt, in deren Gesamtbild die Friedrich-Alfred-Hütte und Stahlbau Rheinhausen sowie die Zechenanlagen mächtige Staffagen gaben.

Aber schon 1970 begann mit der Stilllegung der Zechen der Rückschritt. 1990 erloschen nach einem aufsehenerregenden Arbeitskampf die Hochöfen bei Krupp. Gewerbebetriebe sind an ihre Stelle getreten.

Schon 1975 hat Rheinhausen wieder seine Selbstständigkeit verloren und war Duisburg zugeordnet worden. Die einst dynamische Industriestadt ist kaum wiederzuerkennen.

# Düsseldorf

Die Landeshauptstadt ist in der Zeitspanne dieser Biographie so etwas wie ein »Fenster zur Welt« am Niederrhein geworden. Sie übertraf alles an Lebendigkeit und Wachstum. »Magnet des Westens« wurde die Stadt genannt, die sich 1951 in einem Film des Regisseurs Rudolf Meyer unter der Mitwirkung von Ewald Mataré, Paul Henkels, Ursula Herking und Günter Lüders präsentierte. Düsseldorf hatte sich mit einem ungeheuren Aufbauwillen und einer starken Dynamik aus einem Tiefstand von Zerstörung und Wohnungselend herausgerissen. Eine ungehemmte Zuwanderung hatte eingesetzt. 59 000 Wohnungssuchende wurden verzeichnet, 483 000 Personen lebten 1949 in nur 249 600 Räumen. Im gleichen Jahr wurde aber schon an der Graf-Adolf-Straße das damals größte Kino in Westdeutschland, der Europa-Palast, für 1 800 Zuschauer eröffnet. Die Königsallee, die weltberühmte »Kö«, zeichnete sich schon wieder ab als Prachtstraße zwischen Trümmern. Seit 1950 tagte der Landtag im restaurierten Ständehaus am Schwanenspiegel.

In den fünfziger Jahren verwandelte sich die Skyline der Stadt durch Hochhäuser, die als »Dominante« ganze Stadtteile beherrschten. Neue Stadtplanung, neue Bauideen, neue Baustoffe prägten das Bild einer aus der Vernichtug auferstehenden Stadt. Die am Rhein gelegene Mannesmann-Verwaltung wurde um ein 88 Meter hohes Bürohaus erweitert, einen Skelettbau aus Mannesmann-Röhren, Stahlblechelementen und Glas. Im Baustil der fünfziger Jahre entstand die »Hanielgarage« des Architekten Schneider-Essleben an der Grafenberger Allee, dreigeschossig für 400 Pkw. Das Dach der Großgarage war als Hubschrauberlandeplatz für den Stadtnahverkehr eingerichtet, auf dem fünf Helikopter gleichzeitig abgefertigt werden konnten. Drei schmale, gegeneinander versetzte Scheiben gaben 1957 dem fast 100 m hohen Verwaltungsgebäude von Phönix-Rhein-Ruhr der Architekten Hentrich und Petschnigg und Partner seinen Namen. Weitere Hochhäuser wurden von Versicherungen erstellt. Im Sommer 1958 meldete die Süddeutsche Zeitung: »Am Rhein wachsen die Wolkenkratzer um die Wette.« Im Zug des ständig wachsenden Fremdenverkehrs entstanden zahlreiche z. T. repräsentative Hotelbauten. Düsseldorf entwickelte sich zur Messe- und Kongressstadt von internationaler Bedeutung, zu einer der bedeutendsten deutschen Bank- und Börsenstädte und zum Standort wichtiger Industrien.

Zugleich nahm auch das Kulturleben einen großen Aufschwung. Schon 1946 konnte die Kunstakademie unter der Leitung des ersten Nachkriegsdirektors, Professor Werner Heuser, ihren Betrieb wieder aufnehmen.

Das 1952 errichtete neue Schauspielhaus gewann unter Gustaf Gründgens und seinem Nachfolger Heinrich Stroux hohes Ansehen. 1956 wurden das Opernhaus und das neue Goethe-Museum eröffnet. Und in der Altstadt wurden in den fünfziger Jahren die Kirchen St. Lambertus ,St. Andreas und St. Maximilian wieder hergestellt. Die Stadt hatte über dem großen Aufschwung ihre Traditionen nicht vergessen.

\* \* \*

# Wie kam es zum Ersten Weltkrieg?

Vorgeschichte und Geschichte des Ersten Weltkriegs 1914-1918 sind unerlässlich für das Verständnis des 20. Jahrhunderts, für die Zeit, die diese Biographie umfasst, für staatliche, politische Entwicklungen und auch für die persönliche Lebenserfahrung, um die es hier geht.

Aus der Rückschau auf eine viel zitierte »gute alte Zeit« mag der Ausbruch des Krieges wie ein Erdstoß wirken. Aber es gab Vorzeichen genug. »Irgendeine ganz lächerliche Angelegenheit auf dem Balkan werde den nächsten Krieg auslösen, hatte Bismarck nach langer Friedenszeit voraus gesagt.

Die Ermordung des österreichischen Thronfolgers, Erzherzog Franz Ferdinand und seiner Gemahlin durch serbische Nationalisten am 28. Juni 1914 in Sarajevo war in der Tat der Anlass des Krieges geworden. Der Erzherzog hatte beabsichtigt, den habsburgischen Vielvölkerstaat durch einen bundesstaatlichen Aufbau zu festigen. Die Slawen sollten die gleiche selbstständige Stellung wie die Ungarn erhalten. Die so angestrebte Versöhnung der Slawen mit Habsburg hätte aber das Ziel der Serben, ein großserbisches Reich zu verwirklichen, bedroht. Der Mord sollte die vom Thronfolger geplante Reform verhindern. Er wurde zum Funken am Pulverfass, der den Ersten Weltkrieg auslöste.

Der Krieg war vorbereitet durch eine gefährliche Macht- und Bündnispolitik der europäischen Staaten und durch die unbeständigen Verhältnisse auf dem Balkan. Hinzu kamen

Expansionsbestrebungen der Kolonialmächte in Übersee und zunehmender wirtschaftlicher Wettbewerb um die Beherrschung der Weltmärkte. In der deutschen Außenpolitik war der verhängnisvollste Fehler gewesen, dass der 1887 von Bismarck geschlossene deutsch-russische Rückversicherungsvertrag nach seinem Ablauf 1890 nicht verlängert worden war. In diesem Vertrag hatten Deutschland und Russland Neutralität vereinbart bei einem Verteidigungskrieg gegen eine dritte Macht.

Russland sah in der Nichtverlängerung einen bedrohlichen Kurswechsel des Deutschen Reiches und schloss ein Bündnis mit Frankreich, das beide Parteien verpflichtete, militärisch gegen Deutschland vorzugehen, falls eines der Länder in einen Defensivkrieg mit Deutschland verwickelt werde. Französische Revanchevorstellungen aufgrund der Niederlage 1870/71 und russischer Panslawismus hatten sich zu einem ost-west-europäischen Zweibund zusammengeschlossen. Dem gegenüber stand der mitteleuropäische Dreibund, bestehend aus Deutschland, Österreich und Italien. Nach den Bestimmungen des Dreibundes war Deutschland verpflichtet, Österreich in jedem Konflikt mit Russland zu unterstützen.

Das Verhältnis zu England war durch das große deutsche Flottenbauprogramm gestört. Das »Säbelrasseln« Wilhelms II., verbunden mit einer wankelmütigen Politik beunruhigte die europäischen Regierungen. Ein politischer Fehler folgte dem anderen. Maßlose Erbitterung erzeugte in England die sogenannte »Krüger-Depesche«, ein Telegramm, mit dem Wilhelm II. im Burenkrieg dem Präsidenten Krüger zur erfolgreichen Abwehr der Engländer beglückwünschte. 1903 verletzte der Bau der von deutschen Finanzkreisen errichteten Bagdadbahn von Konstantinopel zum Persischen Golf, die Mesopotamien für die deutsche Wirtschaft und für Siedler öffnen sollte, schwerwiegend die russisch- englische Interessensphäre.

In Europa entstanden neue Mächtegruppierungen zu

Ungunsten des deutschen Reiches. 1904 vereinbarte der englische König Eduard VII. mit Frankreich die »Entente Cordiale« (herzliches Einvernehmen), und 1907 entwickelte der englische König mit dem Zaren Nikolaus II. den Plan, aus dem englisch-französischen Zweierbund eine Triple-Entente zu bilden.

1905 verlangte Frankreich Wirtschaftsvorrechte in Marokko, die wiederum Belange der deutschen Wirtschaft berührten. Wilhelm II. landete demonstrativ in Tanger und forderte eine »offene Tür« für Deutschland.

Frankreich wandte sich gegen die deutsche Einmischung in seine Kolonialpolitik. Bei der Konferenz von Algeciras 1906 stimmten französische, englische und russische Teilnehmer geschlossen gegen Deutschland, das eine schwere diplomatische Niederlage bei der Beilegung der sogenannten ersten Marokkokrise hinnehmen mußte. Aber schon 1911 besetzte Frankreich die marokkanische Hauptstadt Fez. Auf Bitten deutscher Firmen landete das Kanonenboot »Panther« auf der Reede von Agadir. Dieser sogenannte »Panthersprung« löste in Europa erneut allgemeine Empörung aus. Deutschland mußte nachgeben und sich in Marokko für eine wirtschaftlich als minderwertig eingestufte koloniale Entschädigung mit Kamerun zurückhalten.

Während sich die europäische Mächtegruppierung gegen Deutschland entwickelt hatte, braute sich auch im Südosten Kriegsstimmung zusammen. 1908 annektierte Österreich die türkisch verwalteten Gebiete Bosnien und Herzegowina, wodurch die Spannungen mit Russland erhöht wurden. Deutschland unterstützte nachhaltig die österreichische Außenpolitik und bewies damit historisch verklärte »Nibelungentreue«. So wurde das Reich in die Verwicklungen Südost-Europas hineingezogen. Es knisterte in dem Vielvölkerstaat, in dem nationale Minderheitsbewegungen auf ihre Rechte pochten und Tschechen, Kroaten und Slawen durch die von Russland ausgehenden panslawistischen Parolen stark beeinflußt waren.

1911 entriss das im Dreibund mit Deutschland vereinte Italien der ebenfalls mit Deutschland befreundeten Türkei Tripolis und die Cyrenaika. 1912/13 wurde die Türkei in den Balkankriegen fast ganz aus Europa verdrängt, als eine von England und Russland zusammengebrachte Balkan-Liga – bestehend aus Serbien, Bulgarien und Griechenland – das zur Türkei gehörige Makedonien unter sich aufteilte.

Statt zwischen den vielfachen Gegensätzen einen Ausgleich zu suchen, waren die europäischen Diplomaten nur darauf bedacht, durch Bündniskombinationen und Sicherheitsgarantien einen möglichen Krieg zu verhindern. Die tatsächliche Kriegsgefahr wurde vielfach, besonders in Finanz- und Wirtschaftskreisen, ignoriert. So erschien 1910 in England Norman Angelis' Buch »Die große Illusion«, das, in elf Sprachen übersetzt, nachwies, auf Grund wirtschaftlicher und finanzieller Verflechtungen sei ein Krieg in Europa nicht möglich. Sieger und Besiegte seien gleichermaßen betroffen. Gleichzeitig erschien in Deutschland das Buch des Generals von Bernardi: »Deutschland und der nächste Krieg« mit den aggressiven Kapiteln »Das Recht, Krieg zu führen«, »Die Pflicht, Krieg zu führen«, und »Weltmacht oder Untergang«. Bernhardi stellte den Krieg als Notwendigkeit im Kampf ums Dasein dar.

Die Militärs aller Länder entwickelten gleichzeitig Angriffs- und Verteidigungspläne. In dieser hoch brisanten Konstellation nutzte Österreich die Ermordung seines Thronfolgers im Juni 1914, um Serbien in seine Schranken zu weisen. Das kriegswillige Deutschland stellte sich hinter seinen Bündnispartner Österreich, statt rechtzeitig vor übereilten Schritten zu warnen. Russland wollte die Serben nicht im Stich lassen und machte gegen Österreich mobil. Englische und deutsche Bemühungen, den Krieg auf Serbien zu beschränken, blieben ohne Erfolg. Deutschland fühlte sich bedroht und machte ebenfalls mobil. Aus Furcht vor Russlands westlichem Alliierten wandte sich Deutschland gegen Frankreich. Die Kriegserklärungen folgten in dramatischem Ablauf: 28. Juli 1914 Österreich an Serbien, 1. August Deutschland an Russland, 3. August Deutschland an Frankreich. Der Einmarsch deutscher Truppen in Belgien am 3. und 4.August stellte den Bruch einer allseitig garantierten Neutralität dar und zog die Kriegserklärungen Englands und Belgiens an Deutschland nach sich. Italien, Mitglied des Dreierbundes mit Deutschland und Österreich, erklärte sich indes neutral.

Es hat in den Tagen vor dem Kriegsausbruch nicht an Aktionen gefehlt, die »Krise« mit diplomatischen Mitteln zu lösen. Dass diese Bemühungen nicht zum Erfolg führten, lag nicht zuletzt an einer allgemeinen patriotischen Begeisterung in Europa. Alle Völker waren überzeugt, einen gerechten Verteidigungskrieg jeweils für das eigene Land zu führen, der nur von kurzer Dauer sein könne.

## Bonn im Ersten Weltkrieg

Die Geschichtsdarstellung, welche die Biographie begleitet, geschieht von jetzt ab überwiegend aus rheinischer Sicht, weil das Rheinland und die Stadt Bonn in den hier behandelten Zeitraum den Schauplatz für einen wesentlichen Teil der deutschen Geschichte bieten. Die Abtrennung vom Reich durch die Bsatzungszeit nach dem Ersten Weltkrieg, die weitgehende Zerstörung im Zweiten Weltkrieg, die fast 50-jährige Funktion von Bonn als Bundeshauptstadt legitimieren eine Geschichtsdarstellung von diesem Standort aus.

In Bonn bewirkte die deutsche Kriegserklärung an Russland und Frankreich am 1. August 1914 wie in allen Garnisonsstädten den großen Aufbruch. Die Soldaten der hier stationierten Regimenter wurden sofort an die Front verlegt und jubelnd und in patriotischer Begeisterung verabschiedet. Ersatz- und Landsturmtruppen, sowie Etappeneinheiten und Militärdienststellen bezogen die frei gewordenen Kasernen. Das Rote Kreuz wurde großzügig von der Bevölkerung unterstützt. So spendete am 23. August die Bonner Synagogengemeinde 2000 Mark, und der Radfahrer-Verein »Bonner Fernfahrer« veranstaltete am 20. September ein Radrennen zugunsten des Roten Kreuzes. Im ersten Monat wurden 17,5 Millionen Kriegsanleihen in Bonn gezeichnet. Aber schon im November wird ein Nachlassen der Aktivitäten verzeichnet.

Fast alle Kliniken und Krankenhäuser, die meisten Altersheime, die Beethovenhalle, viele Schulen und andere städtische Gebäude wurden als Lazarette eingerichtet. Umgebaute Spezialwagen der städtischen Straßenbahnen dienten dem Transport von Verwundeten und Kranken. 69 900 Soldaten wurden während des Krieges in den Bonner Lazaretten versorgt. Bei der Betreuuung wirkten auch vielfach Frauenvereine mit, die u. a. den Transport vom Bahnhof in die Lazarette organisierten.

Kaum jemand rechnete mit einem langen Krieg und damit, dass von 17 678 Personen, die eingezogen waren, 2241 nicht zurückkehrten. Auf dem Nordfriedhof liegen 600 deutsche und gegnerische Soldaten begraben.

Schon bald wirkte sich eine erhebliche Verknappung der Lebensmittel aus, so dass die Handelskammer vor Hamsterkäufen warnte, die zur Verteuerung führen würden. Im Frühjahr 1915 erhielt jeder Haushalt ein Brotbuch, ohne das keine Backwaren gekauft werden konnten. Im Herbst des gleichen Jahres wurden fleischlose Tage festgelegt, an denen Fleisch und Fett nicht verkauft werden durften. Ab 1917 gab es Richtlinien für die Rationierung von Kartoffeln und die Ankündigung, dass notfalls als Ersatz Kohlrüben ausgegeben würden. Der »Steckrübenwinter« 1916/1917 traf die Bevölkerung besonders hart. In den letzten Kriegsjahren wurde die Ernährungslage in Bonn wie in allen Städten katastrophal. Die Spanische Grippe wütete und forderte 196 000 Tote in Deutschland. Im Herst 1918 wurden in Bonn 5000 Krankheitsfälle registriert.

Schon ab Kriegsbeginn war das wirtschaftliche Leben in der Stadt stark betroffen. Da nur wenige Rüstungsbetriebe vorhanden waren, ging die Bonner Wirtschaft um ein Drittel zurück; zahlreiche nicht kriegswichtige Betriebe wurden stillgelegt.

Die Schulen litten an Lehrermangel, da ein Viertel aller Lehrkräfte eingezogen waren. Ab 1915 richtete sich die Stadt auf Fliegerangriffe ein. Zur Vorwarnung wurde ein System von Kirchenglocken und Hornsignalen erstellt. Aber erst wenige Tage vor Kriegsende, am 31. Oktober 1918, kam es zu einem schweren Angriff, der im Bereich des Friedensplatzes 31 Todesopfer und zahlreiche Verletzte forderte.

Kurz darauf war der Krieg zu Ende. Die Ereignisse hatten sich, wie der General-Anzeiger schrieb, in atemloser Hast überstürzt. Die Oberste Heeresleitung hatte schon im September 1918 die Weiterführung des Krieges als aussichtslos eingeschätzt und einen sofortigen Waffenstillstand gefordert. In der Nacht vom 3. zum 4. Oktober hatte die Reichsregierung unter dem letzten vom Kaiser Wilhelm II. ernannten Kanzler, dem Prinzen Max von Baden, die erste Waffenstillstandsnote an die Vereinigten Staaten gesandt. Am 23. Oktober verlangte deren Präsident Woodrow Wilson die Abdankung des Kaisers. Wilhelm II. zögerte, während schon im Untergrund in Berlin die linksradikale Spartakuskonferenz tagte, die nach dem Vorbild der Bolschewisten alle Macht für die Arbeiter- und Soldatenräte forderte. Seit die Hochseeflotte gegen den Befehl zum Auslaufen gegen England gemeutert hatte, war die revolutionäre Flut des Aufstandes ins Binnenland gedrungen und richtete sich auch gegen den Rücken des Frontheeres vom Rhein her. Während sich in Berlin schon die Truppen mit den revolutionären Arbeiter- und Soldatenräten verbündeten, und im Reich chaotische Zustände herrschten, überbrachte der Reichskanzler dem Kaiser im Hauptquartier in Spa die Forderung der sozialdemokratischen Staatssekretäre, abzudanken, der Wilhelm II. schließlich trotz der hochbrisanten Lage erst am 10. November folgte. Zwischen dem 7. und 30. November dankten auch alle siebzehn regierenden deutschen Dynastien ab.

Der Reichskanzler Max von Baden übergab zugleich die Regierungsgewalt an den Vorsitzenden der sozialdemokratischen Partei, Staatssekretär Friedrich Ebert, um zu verhindern, dass radikale linke Kräfte an die Macht kamen. Ebert bildete zunächst eine provisorische Regierung, bis die SPD am 19. Januar 1919 die Wahlen zur »Verfassungsgebenden Nationalversammlung« in Weimar durchführen konnte. Aus den Wahlen, bei denen erstmals auch Frauen zugelassen waren, entstand die Weimarer Koalition von SPD, Zentrum und der linksliberalen Deutschen Demokratischen Partei. Zum vorläufigen Reichspräsidenten wurde Friedrich Ebert gewählt. Das Parlament arbeitete eine zeitgemäße Verfassung aus, die am 14. August 1919 verkündet wurde.

Bonn hatte indessen zwanzig Tage lang den Durchmarsch der zurückflutenden Truppen beim Rückzug über den Rhein erlebt. Während auch überall im Rheinland die Arbeiter- und Soldatenräte die Macht an sich rissen, nahm Bonn eine Sonderstellung ein. Hier hatte sich ein Bürgerausschuss formiert, dem es gelang, sich in den Arbeiter- und Soldatenrat einzubringen und das Gesetz des Handelns weitgehend zu bestimmen. Daher verlief, wie ein Verwaltungsbericht meldet, die Revolution in leidlich geordneten Bahnen, so dass »ohne erhebliche Stöße für Bonn der Wagen von einem Gleis auf das andere ging«.


## Die zwanziger Jahre


Aber Bonn und seinen Einwohnern standen noch bewegte Jahre bevor. Beim Rückzug der deutschen Truppen – in Bonn war es die 19. Armee, die den Rhein überquerte –, war größte Eile geboten; denn nach den Bedingungen des am 11. November 1918 unterzeichneten Waffenstillstandes mussten innerhalb von vierzehn Tagen die belgischen, französischen, aber auch die rechtsrheinischen Gebiete in einer Tiefe von zehn Kilometern von deutschen Truppen geräumt sein.

Am 18. Dezember 1918, zwei Tage, nachdem der letzte deutsche Soldat Bonn verlassen hatte, zog eine britische Vorhut in die Stadt ein. Bonn war zunächst Hauptquartier der Kanadier geworden. Aber schon am 19. Januar wurden die Kanadier durch Briten abgelöst. Die Kommandantur richtete sich im Hotel zum Goldenen Stern am Markt ein. Die Besatzungstruppen waren um ein Vielfaches größer als die Einheiten der Friedensgarnison Bonn. So mussten außer den Kasernen acht Schulen, drei Krankenhäuser sowie weitere öffentliche Gebäude für die Besatzung frei gemacht werden.

Im Februar 1920 wurden die britischen Truppen durch französische Besatzung ersetzt. Im Gebäude der Bonner Lese- und Erholungsgesellschaft residierte der Oberdelegierte Gélin, der sich mit »berückender Höflichkeit« um gesellschaftliche Kontakte mit den führenden Kreisen der Stadt bemühte. Auch mit der Bevölkerung versuchte Gélin eine bestmögliche Übereinstimmung zu erzielen im Sinne einer Politik der »pénétration pacifique«.

So gab es Angebote für kostenlosen Sprachunterricht und Armenspeisungen in der Stadt. Die Losung des französischen Oberbefehlshabers Philippe Pétain, Festigkeit ohne Schikane zu üben, trug zunächst auch in Bonn bei zu einem erträglichen Verhältnis zwischen Besatzungsmacht und Bevölkerung.

Aufsehen erregte in ganz Deutschland damals die Verleihung der Ehrendoktorwürde an Thomas Mann am 3. August 1919 durch die Philosophische Fakultät der Universität Bonn. Die hohe Auszeichnung bezog sich auf sein Werk »Betrachtungen eines Unpolitischen«. Bekanntlich wurde ihm die Ehrendoktorwürde wieder aberkannt durch die Fakultät, als das nationalsozialistische Regime den Dichter 1936 ausgebürgert hatte. Bezeichnend für den Kulturwillen im besetzten Rheinland und in der Bonner Bürgerschaft war auch die Berufung von Professor Dr. Albert Fischer zum Intendanten des Bonner Stadttheaters. Er führte die Bonner Bühne trotz Besatzungszeit, Inflation und starker Konkurrenz des Films in der zweiten Hälfte der zwanziger Jahre zum Ruf eines bedeutenden Kulturinstituts im deutschen Westen. Unter Fischer wirkte von 1922 bis 1929 auch der berühmte Bühnenbildner und Maler Professor Walter von Wecus.

Der Stadt Bonn aber ging es wirtschaftlich schlechter und schlechter. 1920 verlor die Stadt , Wohnort vieler vermögender Rentner, die hohen Erträge der Einkommensteuer. Durch die Finanzreform waren die Städte fortan auf die Einnahmen aus Grund- und Gewerbesteuer angewiesen, die Bonn mit seiner damaligen Wirtschaftsstruktur nicht viel einbrachte.

Bis nach Bonn wirkte sich der Rechtsputsch des Generallandschaftsdirektors Wolfgang Kapp und des Generals Walter von Lüttwitz 1920 aus, der die Schwächung des eben erst eingeführten parlamentarischen Systems zugunsten von Regierung und Militärs forderte. Er scheiterte am Widerstand der Gewerkschaften. Während einer von der Besatzung genehmigten Demonstration der freien und christlichen Gewerkschaften, der Mehrheitssozialisten und der Unabhängigen Sozialisten kam es zu Tumulten, die Bonn in einen Hexenkessel verwandelten.

Nach dem Rechtsputsch drohte ein Linksputsch. Eine »Rote Armee« schwoll zeitweilig auf 80 000 Mann an und beherrschte das Industriegebiet zwischen Rhein und Sauerland. Für das linksseitige Rheinland war die Besatzung das einzige Bollwerk gegen den Bürgerkrieg. Er wurde erst im April 1920 durch Reichswehr und Freicorpsverbände beendet.

Schon 1919 hatten sich im Rheinland separatistische Bestrebungen gezeigt, die untergründig getragen wurden von einer latenten Opposition gegen die Berliner Regierung, von konfessionellen Gegensätzen und Erinnerungen an den Kulturkampf. Diese rheinische Autonomiebewegung zeigte sich unterschiedlich in den Forderungen nach vermehrter Selbstständigkeit innerhalb des preußischen Staates bis hin zur Gründung eines unabhängigen Bundeslandes. Eine Abtrennung des Rheinlandes von Preußen sollte das Übergewicht des größten Staates im Deutschen Reich vermindern und gleichzeitig dem französischen Sicherheitsbedürfnis entgegenkommen.

Der ehemalige Bonner Staatsanwalt Dr. Hans Adam Dorten versuchte am 1. Juni 1919 in Mainz und Wiesbaden mit französischer Hilfe eine »Rheinische Republik« zu errichten. Das Vorhaben scheiterte jedoch durch Großkundgebungen der Sozialdemokraten und Gewerkschaften, sowie durch den Einspruch der Engländer und Amerikaner.

Ab 1922 teilten die Separatisten ihre Einflussgebiete auf. Im Süden des Rheinlandes agierte Dorten und im Norden der wesentlich radikalere frühere Journalist Josef Matthes. Nachdem die Bevölkerung für einen Rheinischen Staat nicht mehr zu gewinnen war, versuchten ab 1923 Separatisten, ihr Ziel mit Gewalt zu erreichen. Gleichzeitig forderten sie die völlige Trennung des Rheinlands vom Reich. Matthes baute mit französischer Unterstützung eine bewaffnete »Rheinwehr« auf. Am 21. Oktober 1923 wurde in Aachen erneut die »Rheinische Republik« ausgerufen. Von Ende September bis November 1923 war das gesamte Rhein-Mosel-Gebiet bis Trier mit Ausnahme der britisch besetzten Zone in den Händen der Separatisten. Größere Formationen trafen am 23. Oktober 1923 auch in Bonn ein und konnten trotz heftiger Gegenwehr der Bürger und Studenten das Rathaus vorübergehend besetzen.

Die Anführer der Separatisten waren vielfach Kriminelle. Dem Bonner Professor Alfred Kantorowicz gelang es, ein Plakat zu verbreiten, das die Strafregister der in Bonn »regierenden« Separatisten auflistete. Das Plakat erregte im Ausland Aufsehen und bestätigte die Kunde von der »Revolverrepublik« am Rhein, so dass selbst Frankreich seine Unterstützung der Separatisten einstellen musste. Im Bonner Raum kam es am 15. und 16. November zu Zusammenstößen zwischen den Separatisten und der von ihnen terrorisierten Bevölkerung, die mit der Schlacht bei Ägidienberg für die Separatisten vernichtend endete.

Gleichzeitig hatte im nördlichen Rheinland der Ruhrkampf getobt. Weil Deutschland 1922 geringfügig mit den auferlegten Reparationen im Verzug war, verlangten die Franzosen »produktive Pfänder« und besetzten das Ruhrgebiet. Das bedeutete eine Verschärfung der Besatzungsbedingungen im gesamten Rheinland, Erschwernisse in Verkehr und Wirtschaft, eine Steigerung der Arbeitslosigkeit und eine Versorgungskrise, die in einer Hungersnot endete. Damals wurden viele Kinder, auch die Autorin und ihr Bruder, in die Niederlande gebracht, um sie vor dem Verhungern zu schützen. Die Reichsregierung proklamierte den *passiven Widerstand* und erließ sogar am 19. Januar 1923 den förmlichen Befehl, Anordnungen der Besatzungsmacht keine Folge zu leisten. 180 000 Verhaftungen und Ausweisungen führender Beamten, Bürgermeister, Regierungs- und Polizeipräsidenten waren die Folge. Auch der Bonner Oberbürgermeister Dr. Johannes Falk wurde verhaftet und zu einer Millionenstrafe verurteilt. Unruhen und Zusammenstöße mit der Besatzung kamen selbst in Bonn auf, so, als ein Zug mit inhaftierten Industriellen den Bahnhof passierte und die Bevölkerung sogar die Arbeitsplätze verließ, um die Verurteilten zu grüßen. Auch Zeitungsverleger und Journalisten wurden verhaftet.

Im *passiven Widerstand* spielte die Arbeitsverweigung der Eisenbahner eine zentrale Rolle. Der Verkehr brach zusammen, weil die von der Besatzung eingesetzte Französisch-Belgische Eisenbahnregie mit den verwickelten Verkehrsverhältnissen an Rhein und Ruhr nicht zurechtkam. Es hagelte Strafen für die verweigernden Eisenbahner. Allein in Bonn wurden während der Ruhrkrise 422 Beamte und Arbeiter verurteilt.

Die Bevölkerung konnte zum großen Teil keine wirtschaftliche Arbeit mehr leisten und musste von der Reichsregierung vor dem Verhungern geschützt werden. Millionenfache Unterstützungsgelder wurden gezahlt. So lebte auch ein Drittel der Bonner Bevölkerung von der Wohlfahrt. Still stehenden Zechen wurden die Lohngelder von der Regierung gezahlt, ausgewiesene Beamte erhielten weiterhin ihr Gehalt. Dieser enormen Belastung war die Regierung angesichts völlig ungenügender Steuer- und Zolleinnahmen und durch den Ausfall des wichtigsten Wirtschaftsgebietes an Rhein und Ruhr nicht mehr gewachsen. Notgeld wurde gedruckt, und die Inflation entwickelte sich so rapide,dass am 20. November 1923 zehn Milliarden Mark Papiergeld einen Pfennig wert waren. Der Oberpräsident der Rheinprovinz, Dr. Hans Fuchs, stellte der Reichsregierung eindringlich vor, dass der Ruhrkampf dem eigenen Land mehr schade als den Gegnern. Ab 23. September 1923 wurde der *passive Widerstand* eingestellt. Damit war auch das Ende der Inflation möglich. Ab 16. Oktober 1923 galt die Rentenmark. Durch die Inflation war seit 1919 die Hälfte des Volksvermögens verloren und große Teile der Bevölkerung verarmt. Die Stadt Bonn war zwar von ihren Schulden befreit, aber Tausende von Rentnern mussten vom Städtischen Wohlfahrtsamt unterstützt werden.

Es gab auch Lichtblicke und Zeichen rheinischen Durchstehvermögens.1925 wurde die tausendjährige Zugehörigkeit des Rheinlandes zum deutschen Reich, welche König Heinrich 1. »der Vogler« bewirkt hatte, trotz der Besatzung in allen rheinischen Städten gefeiert. Bonn hat dabei eine zentrale Funktion übernommen, und ein Bonner Künstler hatte auch das spektakuläre Plakat für das Rheinland entworfen. Der Jahrtausendfeier kam insofern eine besondere

Bedeutung zu, als wenige Jahre zuvor ja die Separatisten die Abtrennung des Rheinlands vom Reich betrieben hatten. Im darauffolgenden Februar 1926 verließ die Besatzung die Stadt und den südlichen Teil des Rheinlands. Glockengeläut aller Kirchen und das von den Bonner Chören intonierte Niederländische Dankgebet beendeten die Besatzungsjahre. Bonn lebte auf. Die Universität, ehemals unvollendete kurfürstliche Residenz, wurde ausgebaut. Das kulturelle Leben blühte wieder auf. Das Festprogramm anlässlich des 100. Todestages von Ludwig van Beethoven im Jahr 1927 hatte internationales Format und internationale Gäste. Damals wurde Elly Ney, die bedeutendste Beethoven-Interpretin der Zeit, Ehrenbürgerin der Stadt Bonn, deren Bürgerin sie ohnehin war. 1931 kam die großartige Folge der Glasfenster für die romanische Krypta des Bonner Münsters zustande. Sie gelten als das Hauptwerk des Malers Heinrich Campendonk.

Die Weltwirtschaftskrise warf ihren Schatten auch auf das Rheinland. Wieder nahm die Arbeitslosigkeit sprunghaft zu. Im Winter 1932/33 mussten über 25 000 Bonner, d. h. mehr als ein Viertel der Bevölkerung, vom städtischen Wohlfahrtsamt unterstützt werden. Eine gewisse Entlastung hatte kurzfristig zwar der Bau der Autobahn Köln-Bonn gebracht, der ersten kreuzungsfreien Autostraße in Europa, die drei Jahre lang vielen Erwerbslosen zu Arbeit und Brot verholfen hatte.

Insgesamt nahm die politische Radikalisierung ständig zu. Besonders Zusammenstöße zwischen Kommunisten und Nationalsozialisten prägten das Leben der rheinischen Städte vor der Machtübernahme durch die Nationalsozialisten. Auch in Bonn kam es zu schweren Ausschreitungen.

Tränengas in der überfüllten Beethovenhalle am 24. Januar 1931. Auf dem Podium hatte der Reichstagspräsident Paul Löbe (SPD) eben gesagt: »Die Nazis sind der größte Feind.« Da brach das Chaos aus.

Schon 1926 war es den Nationalsozialisten gelungen, eine Ortsgruppe in Bonn zu bilden. Die *Machtergreifung* erfolgte am 30. Januar 1933. Adolf Hitler wurde vom Reichspräsidenten Paul von Hindenburg zum Reichskanzler ernannt. Die SA (Sturmabteilung), der Stahlhelm und deutschnationale Studentenverbindungen veranstalteten am Abend einen Fackelzug durch Bonn. Der Terror begann: am 1. März wurden in Bonn 24 führende Mitglieder der KPD verhaftet. Bei der Stadtverordnetenwahl am 12. März 1933 wurde die NSDAP nach dem Zentrum nur zweitstärkste politische Kraft in Bonn, erreichte aber, dass der bisherige Oberbürgermeister Lürken durch den Kreisleiter, den Diplom-Handelslehrer Ludwig Rickert, ersetzt wurde, der als Staatskommissar und bald auch als Oberbürgermeister die Geschicke der Stadt bestimmte. Fast alle leitenden Beamten wurden wegen »bisheriger Misswirtschaft« umgehend beurlaubt, einige in »Schutzhaft« genommen. Am 23. März 1933 brachte Hitler das *Gesetz zur Behebung der Not von Volk und Staat* (Ermächtigungsgesetz) ein, das die Regierung ermächtigte, Gesetze ohne Zustimmung des Reichstags und ohne Gegenzeichnung des Reichspräsidenten zu erlassen. Am 14. Juli 1933 wurde die NSDAP nach Verbot oder Selbstauflösung aller Parteien zur Staatspartei. Dem Ermächtigungsgesetz folgte das Gesetz zur »Gleichschaltung der Länder«, das die Föderalstruktur des Reiches zerstörte. Am 2. Mai 1933 wurden im Reichsgebiet die Büros der Gewerkschaften besetzt, das Vermögen eingezogen und die Organisationen verboten. So auch in Bonn das Haus der Freien Gewerkschaften in der Kölnstraße.

Innerhalb weniger Monate war es den Nationalsozialisten gelungen, in Deutschland aus der Weimerar Republik eine Diktatur zu machen. Das gelang vornehmlich durch den Einsatz der SA, einer bewaffneten Miliz von 300000 Mann. Ein immer dichter werdendes Netz von Konzentrationslagern überzog das Land. Ende 1934 waren es bereits fünfzig, die zumeist von der SA errichtet waren. Im gleichen Jahr war der allgemein gefürchtete Volksgerichtshof gegründet worden, »nicht um Recht zu sprechen, sondern die Gegner des Nationalsozialismus zu vernichten.«

Mit Entsetzen meldete die ausländische Presse, dass Reichspropagandaminister Joseph Goebbels am 10. Mai 1933 als »Aktion wider den undeutschen Geist« 20000 Bücher unerwünschter Autoren auf dem Berliner Opernplatz verbrennen ließ. Auch die Bonner Studentenschaft und der Stahlhelm errichteten am gleichen Tag auf dem Markt einen Scheiterhaufen.

Am 22. September des gleichen Jahres wurde die Reichskulturkammer gegründet, als »Zusammenschluss (Zwangsmitgliedschaft) aller Schaffenden in einer geistigen Kultureinheit«. Massnahmen gegen »entartete Kunst« führten zu Berufsverbot und Verfolgung zahlreicher Künstler. Schulen und Universitäten wurden der eisernen Herrschaft des Reichserziehungsministers unterstellt, missliebige Professoren entfernt, so in Bonn Karl Barth, einer der führenden evangelischen Theologen des Jahrhunderts. Die Universität erlitt einen erheblichen Aderlass durch die Entfernung jüdischer Profesoren aus ihren Ämtern und ihre Verfolgung. Thomas Mann wurde 1936 die Ehrendoktorwürde der Philosophischen Faktultät, die er 1919 erhalten hatte, nach seiner Ausbürgerung aberkannt.

Trotz des am 20. Juli 1933 vereinbarten Reichskonkordates mit dem Vatikan setzte die Verfolgung der katholischen Kirche ein. Die evangelische Kirche sollte in die

Glaubensbewegung der »Deutschen Christen« eingebunden werden. Die von dem Bonner Theologen Karl Barth geführte »Bekennende Kirche« wehrte diese Bestrebungen unter großen Opfern ab.

Das »Gesetz zum Schutz des deutschen Blutes und der deutschen Ehre« setzte die Judenverfolgung in Gang. Bei dem großen Judenpogrom der »Reichskristallnacht« am 10. November 1938 gingen auch in Bonn zwei Synagogen in Flammen auf und 27 Geschäfte der Innenstadt wurden geplündert. Insgesamt sind von hier aus 500 Juden verschleppt und verschollen.

Bonn war wie alle Städte von einem Netz 52 nationalsozialistischer Dienststellen und Verbände überzogen, die die Einwohner erfasst hielten.

Nach der Machtübernahme hatte sich auch im Rheinland Widerstand gegen die Herrschaft der Nationalsozialisten organisiert. Nach 1933 gelang es hauptsächlich der KPD noch, neue Organisationsstrukturen aufzustellen. Sie erloschen angesichts drakonischer Maßnahmen. Noch 1935 hatten dennoch sechs frühere KPD-Funktionäre in Bonn Ortsgruppen gründen wollen. Sie wurden verhaftet. An der Universität hatte Dr. Walter Markow eine sozialistische Widerstandsgruppe gegründet. Er wurde am 9. Februar 1935 verhaftet und zu zwölf Jahren Zuchthaus verurteilt. Insgesamt sind in Bonn 625 Bürger politisch verfolgt, davon 250 in ein Konzentrationslager verbracht worden.

## 1939-1945

Am 7. März 1936 besetzten deutsche Truppen das Rheinland, das nach den Bestimmungen von Versailles und Lorcarno entmilitarisiert bleiben sollte. Hitler hatte ein Jahr zuvor die Wiedereinführung der Wehrpflicht verkündet. Seine Ziele »Beseitigung des Diktats von Versailles und Ge-

winnung größeren Lebensraumes für das deutsche Volk«
schienen zunächst nicht beunruhigend. Auch in Bonn wurde der Einmarsch der Truppen über die Brücke mit Begeisterung begrüßt von der Bevölkerung. Fackelzüge der Parteiformationen empfingen die Soldaten.

Neue Kasernen wurden gebaut. Beim Richtfest der Flak-
kasernen auf dem Venusberg nahmen Tausende von Bonnern an dem ersten Eintopfessen teil. Es gab Arbeitsplätze,
Geld kam in die Stadt. Aber um welchen Preis? Schon im
Herbst des gleichen Jahres begannen die Luftschutzübun-
gen.

Hitlers Eroberungspläne wurden 1938 mit dem Einmarsch in Österreich offenkundig. Dann bot das Selbstbe-
stimmungsrecht der 3,5 Millionen Sudetendeutschen ihm
den Vorwand für eine Drohung gegen die Tschechoslowa-
kei. Die Kriegsgefahr wurde noch einmal abgewandt durch
Hitlers Treffen mit dem britischen Premierminister Arthur
Neville Chamberlain im Rheinhotel Dreesen in Bad Godesberg vom 22.-24. September 1938. Wenige Tage später,
am 29. September 1938, kam es zwischen Chamberlain,
Hitler, dem französischen Ministerpräsidenten Daladier
und Mussolini zu dem Münchner Abkommen, das die Ab-
tretung des Sudetengebietes an das deutsche Reich bestimmte. Schon am 16. März 1939 marschierten deutsche
Truppen unter Bruch des Münchner Abkommens in Böh-
men und Mähren ein, die als Reichsprotektorat dem Reich
eingegliedert wurden. Am 1. September 1939 fielen 67
deutsche Divisionen ohne Kriegserklärung in Polen ein.
Der Zweite Weltkrieg hatte begonnen.

Als Vorbote des Krieges war für Bonn und Beuel bereits
am 21.-23. August 1939 eine erste große Verdunkelungs-
übung durchgeführt worden. Sofort nach Kriegsausbruch
regelte ein Zuteilungssystem für Lebensmittel und Waren
die Versorgung der Bevölkerung durch Lebensmittelkarten
und Bezugsscheine. 700 000 Einzelkarten wurden allein
durch das Bonner Wirtschaftsamt ausgegeben.

Angesichts fehlender Kriegsbegeisterung (im Vergleich zu 1914) war die Regierung zunächst bemüht, wenigstens die Versorgung der Bevölkerung mit Lebensmitteln soweit wie möglich sicher zu stellen. Trotzdem wurde die Ernährung im Verlauf der ersten Kriegsjahre deutlich schwieriger. Ab 1942 wurden auf der Hofgartenwiese, auf zahlreichen weiteren Grünflächen und Sportplätzen Kartoffeln angepflanzt. Im März 1940 wurden, bedingt durch die Nähe der Westfront, für die Universitäten Bonn und Köln Studenten-Höchstzahlen fest gelegt, um eine stärkere Massierung von Studenten im Westen zu vermeiden. Am 22. Mai 1940 erfolgt der erste von insgesamt 43 Luftangriffen auf Bonn.

Die noch in Bonn lebenden Juden wurden ab Juni 1941 in dem zwangsgeräumten Kloster der Benediktinerinnen in Endenich kaserniert. Von dort wurden fast alle in die Vernichtungslager deportiert. Nur sieben Überlebende sind bekannt.

Politische Widerstandsgruppen waren während des ganzen Krieges aktiv. 1940 wurde eine Schar Bündischer Jugend in Bonn unter Michael Jovy und Edgar Lohner von dem Berliner Volksgerichtshof zu hohen Srafen verurteilt, weil sie bei Auslandsreisen Kontakt mit Emigranten aufgenommen und illegale Schriften in Bonn verteilt hatten. Ähnlich erging es einer sozialdemokratischen Gruppe unter Hubert Peter. Der berühmte, in Bonn geborene Pianist Karl Robert Kreiten wurde trotz intensiver Rettungsbe-mühungen führender Persönlichkeiten, u. a. Furtwängler, 1943 in der Strafanstalt Berlin-Plötzensee hingerichtet wegen einer negativen Äußerung zum Kriegsende. In Bonn gab es während des Krieges insgesamt 400 Sondergerichtsverfahren.

Das Schulwesen war durch Luftschutzmaßnahmen und militärische Belegung stark eingeschränkt. Schon 1941 waren 14% der Volksschüler in die Kinderlandverschickung evakuiert.

Das Kulturleben der Stadt wurde erstaunlich lange aufrecht erhalten. Bis 1944 fanden noch die »Volkstümlichen

Beethovenfeste« statt. 1943 wurde das 125-jährige Bestehen der Universität mit Konzerten und Theater gefeiert. Im gleichen Jahr wurde die erste Städtische Volkbücherei mit 10 000 Bänden eingerichtet.

Ein Jahr später, am 25. Juli 1944 erlosch alles durch den Erlass der Reichsregierung über den totalen Kriegseinsatz, der die allgemeine Dienstverpflichtung in der Rüstungswirtschaft zur Folge hatte. Am 25. September 1944 wurden alle waffenfähigen Männer zwischen 16 und 60 Jahren in Bonn zum Volkssturm aufgeboten. Im gesamten »Frontgau Köln-Aachen« wurde mit der Aufstellung von Volkssturmeinheiten begonnen. Das immer knapper werdende Warenangebot und die Anforderungen der Wehrmacht und der Rüstungsindustrie führten schon ab 1943 zu umfangreichen Schließungen kleinerer Betriebe von Handel, Handwerk und Gewerbe.

Ein Fliegerangriff vom 12. August 1943 verursachte in Bonn größere Zerstörungen und hinterließ 200 Todesopfer. Am 18. Oktober 1944 verwandelten 250 Bomber die Altstadt in ein Flammenmeer, in dem Rathaus, Universität, das Münster und weitere Kirchen sowie 700 Wohnhäuser ausbrannten und 1000 schwer getroffen wurden. Das Beethovenhaus wurde durch den Einsatz eines mutigen Kastellans gerettet. 300 Tote und 1000 Verletzte waren die furchtbare Bilanz des Tages. Weitere Angriffe folgten.

Angesichts der näher rückenden Front wurde Bonn im Januar 1945 zur Festung erklärt und die Räumung der Stadt angeordnet. Aber 40 000 von den zu Kriegsbeginn fast 100 000 Einwohnern blieben. Am 25. Februar 1945 wurde der erste Panzeralarm gegeben. Der Kampfkommandant Generalmajor von Bothemer verweigerte nach vorhergegangenen Vorbereitungen die Verteidigung der Stadt, wurde degradiert und beging Selbstmord. Am 9. März besetzten die Amerikaner kampflos die Stadt, die nach der Flucht des Oberbürgermeisters Rickert vom Städtischen Rechtsrat Dr. Max Horster übergeben wurde.

Bonn verzeichnete im Zweiten Weltkrieg 2723 Gefallene, 1564 Ziviltote, 500 politische Todesopfer und 2187 vermisste Kriegsteilnehmer. Bonn war zu 50% zerstört, die Nachbarstadt Köln zu 70%, Düsseldorf zu 50%, Xanten war fast dem Erdboden gleichgemacht.

## 1945-1949

Nach der bedingungslosen Kapitulation in Berlin-Karlshorst und Reims am 8. Mai ging die alleinige Regierungsgewalt im deutschen Reich an die Oberbefehlshaber der amerikaniscshen, englischen, französischen und sowjetischen Besatzungszonen. Die deutsche Armee war in Gefangenschaft geraten. Die Bevölkerung lebte in oft weitgehend zerstörten Städten bei völlig ungenügender Versorgung und ungewissen Zukunftsaussichten. Unzählige Menschen irrten durch das Land; 9 Millionen Menschen, die als Zwangsarbeiter verschleppt worden waren, galten als »dis-placed persons«. Große Flüchtlingsströme waren durch das Vordringen der Roten Armee in den Westen gelangt. Eine zweite Welle bildeten nach Kriegsende die Vertriebenen aus den Ostgebieten. Während des Krieges und in der ersten Nachkriegszeit mussten etwa 16 Millionen Deutsche ihre Heimat verlassen. Das Rheinland war überschwemmt mit Flüchtlingen. Dazu kehrten die Evakuierten in ihre Städte zurück. Ein Kapitel der Autobiographie schildert den Übergang der Rückkehrerströme über den Rhein bei Nieder-dollendorf.

Die Besatzungsmächte waren sich einig, dass in Deutschland als Voraussetzung für einen demokratischen Aufbau eine »dezentrale politische Struktur verwirklicht werden müsse. So entstanden in der US-Besatzungszone am 19. Mai 1945 die Länder Bayern, (Groß)Hessen und Württemberg-Baden, am 30. August 1946 in der französischen Zone das

Land Rheinland-Pfalz, und in der britischen Zone am 23. August 1946 das Land Nordrhein-Westfalen. In der sowjetischen Zone wurde am 9. Juli 1945 die Gründung von fünf Ländern verfügt. Aus der unterschiedlichen Position der Siegermächte entwickelte sich fortan der Ost-Westkonflikt, der zur Teilung Deutschlands führte. Auf Betreiben der Russen endete 1948 die Vier-Mächte-Verwaltung über Deutschland. Der »Kalte Krieg« hatte begonnen. Churchill hatte schon am 5. März 1946 gewarnt: »Von Stettin an der Ostsee bis hinunter nach Trient an der Adria ist ein Eiserner Vorhang über den Kontinent gezogen.« Durch die Auswirkungen des Kalten Krieges, die unterschiedlichen politischen, wirtschaftlichen und gesellschaftlichen Entwicklungen in Ost und West entstanden 1949 zwei deutsche Staaten. Deren erste gewählte Präsidenten waren Theodor Heuss (12. September 1949) und Wilhelm Pieck (11. Oktober 1949).

Schon 1945 hatten die Siegermächte die Hauptkriegsverbrecher vor das Militärtribunal in Nürnberg gestellt und abgeurteilt. Der Bürger aber hatte sich inzwischen wegen seiner eventuellen Mittäterschaft im Dritten Reich vor Spruchkammern zu verantworten und wurde als »belastet, minderbelastet, Mitläufer oder Entlastete« eingestuft, was im Falle der Belastung zu erheblichen beruflichen Nachteilen führen konnte. Die Spruchkammerverfahren behinderten teilweise durch ihre Langsamkeit Verwaltung und öffentliches Leben und wurden 1948 eingestellt.

Wohnungsnot in Trümmerstädten, katastrophale Versorgung, hohe Inflation, Industrie-Demontage und Zwangswirtschaft lagen lähmend über dem Land. Die Währungsreform vom 20./21. Juni 1948, bei der jeder 40 Mark erhielt und die Reichsmark eins zu zehn abgewertet wurde, brachte neue Impulse. Die Währungsreform war die Voraussetzung für das »Wirtschaftswunder« der fünfziger Jahre.

Ludwig Erhard, Direktor des Frankfurter Wirtschaftsrates und Begründer der »Sozialen Marktwirtschaft«, verkündete gleichzeitig das Ende der Preisbindung.

Die Ereignisse der Jahre 1945-1949 brachten es mit sich, dass ein staatlicher Neubeginn und damit auch eine künftige Bundeshauptstadt im Westen angesiedelt werden mussten. Am 1. Juni 1948 ermächtigten die Militärgouver-neure die Ministerpräsidenten der eben neu entstandenen Bundesländer, eine Verfassunggebende Versammlung, den Parlamentarischen Rat, einzuberufen. Der Chef der Düsseldorfer Staatskanzlei, Dr. Hermann Wandersleb, riet, diese Institution in Bonn zu stationieren. Er kannte die Stadt seit langem, und er hatte ihre Vitalität und ihre kulturelle Substanz und Tradition wieder erlebt, als 1947 in der Aula der unzerstörten Pädagogischen Akademie das erste Beethovenfest nach dem Krieg stattfand. Er hatte hier auch im Herbst 1947 für einen ersten Verwaltungslehrgang Aufnahme gefunden. Bonn hatte jenseits des zerstörten Altstadtkerns noch intakte Räume zu bieten. Auch die unmittelbare Nachbarschaft mit der Universität bot sich vorteilhaft an. Oberbürgermeister Stockhausen und Oberstadtdirektor Langendörfer nahmen die Anfrage spontan an, und Bonn bereitete dem Parlamentarischen Rat eine denkbar gute Aufnahme. Die Stadt, in der 600 000 Kubikmeter Trümmerschutt beseitigt werden mussten, deren Rheinbrücke zerstört im Strom lag, die mit allen Nachkriegsproblemen der desolaten Versorgung, der Wohnungsknappheit zu kämpfen hatte, bereitete dem parlamentarischen Neubeginn eine Stätte im unzerstörten zoologischen Museum Alexander König. Bei der feierlichen Eröffnung am 1. September 1948 konnten aus Mangel an Textilien nicht einmal die riesigen Gerippe der Giraffen abgedeckt werden. Aber selbst vor dieser viel belächelten Staffage waren die Männer der Ersten Stunde den Siegermächten und den vom Schicksal gebeutelten Deutschen gut für den Neubeginn.

Am 8. Mai 1949 wurde das Grundgesetz als Verfassung der Bundesrepublik Deutschland im Parlamentarischen Rat angenommen, und vier Tage danach von den drei westlichen Militärgouverneuren genehmigt. Im Gebäude der Pä-

267

dagogischen Akademie trat am 7. September 1949 der erste deutsche Bundestag zu seiner konstituierenden Sitzung zusammen. Fünf Tage später folgte die Wahl des Staatsoberhauptes. Theodor Heuss wurde erster Bundespräsident, und die Bonner feierten ihn am Abend auf dem Markt vor der mit Fahnen verhängten Ruine des Rathauses. Die Frau des Bundespräsidenten, Elly Heuss-Knapp, hatte sich ängstlich gefragt: »Was werden sie singen?« Die Bonner sangen »Großer Gott, wir loben dich«.

Am 5. November entschied sich der erste Bundestag für Bonn als Bundeshauptstadt, nachdem vor allem auch Frankfurt mit im Gespräch war. Adenauer, dem gern nachgesagt wurde, er habe Bonn schon wegen der Nähe zu seinem Wohnsitz Rhöndorf bevorzugt, hat eine eindeutige Begründung für die Wahl von Bonn gegeben. Der Ausschlag gebende Grund war schließlich folgender: Die Engländer hatten eine Erklärung abgegeben, falls Bonn zum Sitz der vorläufigen Bundeshauptstadt gewählt werde, seien sie bereit, das Gebiet von Bonn aus der britischen Zone und Militärverwaltung freizugeben. Die Amerikaner konnten eine solche Erklärung hinsichtlich Frankfurts nicht abgeben, weil in Frankfurt eine große Anzahl von amerikanischen Organisationen und sehr wichtige Verwaltungsstellen ihren Sitz hatten, für die eine andere Stadt nur schwer hätte Raum schaffen können. Die Bonner sollen diese Entscheidung, so berichten die Zeitungen, recht feucht gefeiert haben.

# Ab 1950

Seit den fünfziger Jahren war häufig das Zitat zu hören: Bonn steht für Deutschland. Jeder war sich der Übertreibung einerseits und des Realitätsgehaltes andererseits bewusst. Die vielgeliebte Universitätsstadt »der Glyzinien und der Nachtigallen«, die (nicht zum ersten Mal) durch Krieg und Zerstörung an den Rand ihrer Existenz geraten war, bewährte sich als vorläufige Bundeshauptstadt. Sie hat dabei ihr Gesicht, nicht ihren Charakter geändert. Politiker und Diplomaten lernten bald den liebenswerten Menschenschlag kennen, fühlten sich wohl und sparten nicht mit Komplimenten. Die Bonner hatten sehr zusammenrükken müssen für die Etablierung der Bundeshauptstadt. Studenten, sogar einige Professoren sollen in der Nachkriegszeit zu zweit auf einer Bude gehaust haben.

Das Stadtbild musste sich erheblich erweitern und ausdehnen in einem ohnedies schmalen Raum zwischen dem Rhein und den Höhenzügen. Der Bund hatte zwar großen Raumbedarf, konnte und durfte aber nicht viel bauen wegen des »vorläufigen« Status der Bundeshauptstadt. Wohnungsbau und private Wirtschaft hatten daher zunächst Vortritt. Kirchen, Schulen, Kongressbauten, Hotels, Altersheime wuchsen aus dem Boden. Ganze Stadtteile etablierten sich neu, um die Enge des Wohnens endlich zu entzerren. Viele Kilometer Straßen wuchsen in die Umgebung von Bonn hinaus. Bonn war seit 1945 eine der dichtest besiedelten Städte Deutschlands und eine der am stärksten verschuldeten. Zwei Drittel aller Investitionen gingen zu Lasten der Stadt, die auch zugleich ihre Kulturinstitutionen neu aufbauen musste. Das Theater entstand am Rheinufer, die Beethovenhalle in nächster Nachbarschaft. Die Verwaltung, längst über die alten, teils zerstörten und wieder hergestellten Bauten hinaus gewachsen, errichtete ihr neues, bis heute umstrittenes Stadthaus. Wirtschaftsverbände, Gewerkschaften und Umweltorganisationen etablierten sich in Bonn, um dem politischen Geschehen einerseits und der Presse andererseits nahe zu sein. Hauptstandort der 480 Bonner Korrespondenten und der Bundespressekonferenz wurde das »Tulpenfeld« auf dem Boden früherer Gärtnereien. Die Vertretungen der Bundesländer, der Sitz des Bundesrates, die Bundeszentralen der Parteien erbauten in Bonn ihr Domizil.

155 Staaten waren durch Diplomatische Missionen vertreten, allein im benachbarten Bad Godesberg existierten 70 Botschaften, darunter die der USA, Frankreichs, Großbritanniens, der Sowejtunion, der Volksrepublik China und die Ständige Vertretung der DDR. Bei manchen Botschaftsgebäuden traten reizvolle architektonische Elemente des Herkunftslandes in Erscheinung.

Große Ereignisse waren für die Bonner die zahlreichen Staatsbesuche, so der Aufenthalt des französischen Staatspräsidenten Charles de Gaulle und seiner Frau Yvonne 1962 in der Bundeshauptstadt. In der Begleitung des damaligen Bundespräsidenten Heinrich Lübke fuhr de Gaulle vom Flugplatz Wahn »durch ein Meer von Fahnen« zur Residenz des französischen Botschafters nach Haus Ernich. Vom 23. bis 25. Juni 1963 weilte der amerikanische Präsident John F. Kennedy zu einem Arbeitsbesuch in Bonn. Er wurde von 25 000 Menschen begeistert empfangen. Auf der Treppe des historischen Rathauses hielt er eine auch international vielbeachtete Rede. Er bezeichnete Bonn als eines der Zentren der Freien Welt.

Zu den spektakulärsten Staatsbesuchen zählte der zehntägige Aufenthalt der britischen Königin und ihres Gemahls in Deutschland, davon zwei Tage, am 18. und 19. Mai 1965 in Bonn. Auf dem Münsterplatz wurden in aller Eile Bäume gepflanzt und das Pflaster erneuert. Tausende von Bürgern füllten die Straßen, durch die das Königspaar in einer Wagenkolonne zum Petersberg, dem »Gästehaus der Bundesrepublik« fuhr. Die hohen Gäste konnten von hier aus das spektakuläre Schauspiel »Rhein in Flammen« bewundern. Zehn Jahre vorher war schon »wie ein Märchen aus tausend und einer Nacht« der Besuch des iranischen Regentenpaares Schah Mohammed Reza Pahlevi und Kaiserin Soraya über die Bonner Bühne gegangen. Der Höhepunkt der Staatsbesuche war jeweils der feierliche Empfang in Schloss Augustusburg zu Brühl, der eine überwältigende Fülle heiss diskutierter protokollarischer Fragen aufwarf und mit dem

Großen Zapfenstreich endete.

Viele dieser großen Ereignisse waren eher Arbeitsbesuche als Staatsbesuche, Teilstücke des ständigen Ringens der Adenauerzeit, Deutschland wieder Geltung in der Welt zu verschaffen und seine Eingliederung in Europa, seine Mitsprache, seine Mitverantwortung zu bewirken.

Andere große Daten und Ereignisse gingen weniger spektulär vor sich, so der 5. Mai 1955, der Tag, an dem Adenauer vor dem Bundskanzlerpalais, dem ehemaligen Palais Schaumburg, die Souveränität der Bundesrepublik proklamierte mit den Worten: »Unser Ziel ist: in einem freien und geeinten Europa ein freies und geeintes Deutschland.«

Im gleichen Jahr gelang es Adenauer in achttägigem harten Ringen mit der sowjetischen Staats- und Parteiführung in Moskau, die diplomatischen Beziehungen wieder herzustellen und die Rückführung von 9628 noch zurückgehaltenen deutschen Kriegsgefangenen zu bewirken.

Als Botschafter des Friedens war 1955 Albert Schweitzer in Bonn, um aus den Händen von Theodor Heuss die Insignien des Ordens Pour le mérite entgegen zu nehmen, der dem großen Arzt, Philosophen und Musiker zuteil geworden war.


Das alles ist längst Geschichte geworden, Geschichte, die die Autorin dieser Biographie teils nur fern verfolgen konnte, weil sie bis 1957 am Niederrhein lebte. Sie kehrte zurück nach Bonn, zeitig genug, um das Fest des 150-jährigen Bestehens der Universität, »ihrer« Universität, zu erleben. Ein Fest, das übrigens in der Beethovenhalle von Polizei geschützt werden musste wegen Ausschreitungen der Studenten.

Sie kam auch früh genug zurück, um die letzte Phase der Raumordnung mit zu erleben und journalistisch zu begleiten, durch die Bonn eine funktionsgerechte Großstadt werden sollte. Durch das Gesetz zur kommunalen Neuordnung, das nach langen Kämpfen in Kraft trat, wurden die

Städte Bonn, Bad Godesberg und Beuel und die Gemeinden Duisdorf, Lengsdorf, Röttgen, Ippendorf, Lessenich, Buschdorf, Holzlar und Oberkassel am 1. August 1969 zusammengeführt.

Wenn Bonn damit auch den Umfang und andere Voraussetzungen einer Großstadt erhielt, so war dennoch nicht die vollständige Ausstattung als Bundeshauptstadt gewährleistet, weil sich im Hinblick auf das gesamtdeutsche Schicksal empfahl, den Status des Provisoriums aufrecht zu erhalten. Der Bund hatte zwar seit 1959 in steigendem Maß von ihm verursachte Kosten übernommen, aber erst 1970 regelte ein Vertrag die Ausstattung von Bonn als Standort der Bundesregierung. Am 18. Januar 1973 beendete der damalige Bundeskanzler Willy Brandt mit einer Regierungserklärung das Provisorium Bonn. »Zu diesem Zeitpunkt«, so schreibt Dietrich Hörold in seiner ›Geschichte der Stadt Bonn‹, »war aus dem politischen Raum kein Widerstand gegen ein größeres Bonn mehr zu erwarten, denn die sowjetische Deutschland- und Berlin-Politik hatte seit dem Ausgang der fünfziger Jahre alle Hoffnungen auf baldige Wiedervereinigung zunichte gemacht. Damit entfielen alle Vorbehalte wegen der Vorläufigkeit der Bundeshauptstadt.«

Mit der Hilfe des Bundes hat sich die Stadt seit 1973 mit einer neuen Dynamik entwickeln können. Auch im kulturellen Bereich erreichte Bonn internationales Niveau durch sein Theater- und Konzertwesen. Eine neue Museumsmeile, die mit dem Haus der Geschichte beginnt, schließt sich an das Regierungsviertel an.

Im Jahr 1989 beging Bonn (bei einem nicht ganz unumstrittenen Datum) sein 2000-jähriges Bestehen, eine große Stadt, eine Großstadt, aber keine Metropole wie Paris und London, sondern eine liebens- und lebenswerte Behausung für die hier lebenden Menschen und die Bundesorgane, wie Dietrich Hörold schreibt.

1989 aber war auch das Jahr der seit 1949 so oft zitierten, erhofften aber kaum mehr erwarteten Wiedervereinigung.

Und damit stand schon die Frage auf nach dem Standort der Bundeshauptstadt. 1991 fiel die Entscheidung für Berlin. 1999 begann der Umzug und damit auch die Frage nach der Zukunft von Bonn, das als »Bundesstadt« einen völlig geänderten Status erhielt. In Bonn verblieben die Ministerien Umwelt, Gesundheit, Forschung, Bildung, Kultur, Entwicklungspolitik, Ernährung, Landwirtschaft und Forsten. Insgesamt aber fand, wie es die Oberbürgermeisterin Bärbel Dieckmann anlässlich einer Tagung formulierte, ein Strukturwandel vom Behördenstandort zu einem Zentrum für Wissenschaft und Forschung statt, in dem die Universität aufs Neue und unter neuen Aspekten in Erscheinung tritt. Besondere Bedeutung kommt dem Dienstleistungssektor zu. Banken und Versicherungen, mehr als 800 Unternehmen aus dem Bereichen der Telekommunikation, Informationstechnologie und Multimedia, internationale Institutionen haben hier ihren Standort gefunden. Eine Entwicklung, die sich durch die Geschichte bestätigt. Bonn hat schon einmal mit dem Ende der kurfürstlichen Zeit die Funktion einer Hauptstadt verloren und mit und durch die Wissenschaft, durch die Ausstrahlung der Universität in alle Lebensbereiche, durch die eigene Dynamik und durch die Nutzung ihres bevorzugten Standortes am Rhein ihre Geltung wiedergefunden.

\* \* \*

# Mehr Niederrheinisches im *Avlos* Verlag

Ingrid Schampel

## *Der Kniesbüggel*
80 Seiten, kartoniert, ISBN 3-929634-19-8

Wer wüßte nicht, daß das Leben die besten Geschichten schreibt? Beim Lesen von Ingrid Scham-pels wahren Geschichten aus Bonn könnte man in Versuchung geraten, zu ergänzen: ...aber die unglaublichsten Geschichten schreibt das Leben im Rheinland.

Ob es die längst fällige Schilderung Bonner Kriminalfälle ist (»Denver, Dallas, Bonn am Rhein«), der Fall einer wahrhaft »überquellenden« Eifersucht in »Karneval op de schäl Sick«, das Schicksal dienstbarer Geister hinter herrschaftlichen Jugendstilfassaden (»Die schöne Anna«) oder das makabre Abenteurer der Budensuche eines Studenten vom Land im Nachkriegs-Bonn, – mit ihrem zupackenden Stil, ihrem unbestechlichen Gedächtnis und ihrem schon sprichwörtlichen Sinn für die heiteren Seiten auch weniger heiterer Kapitel des Lebens zeichnet die Schampel mit knappen, sicheren Strichen Gesellschaftsportraits aus Vergangenheit und Gegenwart und hat der rheinischen Lebensart in allen Bereichen vom Theater bis zum Leben hinter den Kulissen die längst fällige literarische Entsprechung gefunden.

*»Ingrid Schampel ... hat mit ihrer natürlich-heiteren Erzählweise, die frei ist von jeglicher Effekthascherei, ... das Leben hierzulande beschrieben wie es war oder wie es ist. Man fühlt sich dabei und lebt mit.«* (Bonner Rundschau)

*»In ihrer Sammlung von wahren Geschichten geizt die Autorin al-*

*lerdings kein bißchen mit Humor und authentischen Beschreibungen. Ob der Student, der in der Nachkriegszeit mit dem Schinken unter dem Arm auf Zimmersuche geht, der lebensweise Fischhändler (›Fisch und Besuch stinken nach drei Tagen‹) oder der reiche Geizhals, der sich bei anderen Leuten durchfrißt – ihre knappen, kitschfreien und gleichzeitig liebe- wie humorvollen Beschreibungen treffen den Kern und lösten bei vielen Zuhörern Wiedererkennungseffekte aus.«* (General-Anzeiger)

Ingrid Schampel

## *Bad Godesberg und ich*
128 Seiten, gebunden, ISBN 3-929634-06-6

Ein wunderbar erzählter Spaziergang durch Bad Godesberg und die sieben Dörfer, aus denen es sich entwickelt hat. Historischer Schwerpunkt der Schilderungen sind die Jahre von 1930 bis 1970 – immer gesehen durch die keineswegs rosarote, sondern eher funkelnde Brille der Autorin.

*»In den teils witzigen, teils ernsten Episoden schafft Schampel so ein lebendiges Bild vom Leben in Godesberg ab dem ersten Drittel dieses Jahrhunderts. Vielfältig sind die Personen, die Schampel schildert: Die ›High Society der 30er Jahre‹ kommt ebenso vor wie ›Kurfürsten und Hippies‹.«* (General-Anzeiger)

*»Ingrid Schampels teils ganz persönliche Geschichten, stets authentisch und zutiefst menschlich, summieren sich schließlich zu einem eindrucksvollen Stück Stadt- und Zeitgeschichte. Dabei entpuppt sich Bad Godesberg – durchaus beabsichtigt – als ein ›Mikrokosmos des Zeitgeschehens‹. Und das macht dieses Buch bei allem Lokalkolorit auch für Nicht-Godesberger ausgesprochen lesenswert.«* (Bonner Rundschau)

Paul Eßer

# *Dealer-Wallfahrt*
Ein niederrheinischer Szene-Krimi
128 S., Paperback, ISBN 3-929634-48-1

Dass auch in der Gegend *zwischen* Venlo und Düsseldorf
Drogen konsumiert werden, ist nicht die einzige Entdek-
kung, die Leser in diesem Roman machen können. Es gibt
auch eine Leiche. Spielende Kinder entdecken sie in der
Niers. Alle Bewohner der nahe gelegenen »Villa Bruch«
sind verdächtig, Dave, Helens ehemaligen Freund, umge-
bracht zu haben. Der, längst in die Kriminalität abgerutscht,
war aus der Süchtelner Klinik ausgebrochen und begann,
alle mit seinen Schiebereien harter Drogen zu nerven. Die
wüste Geschichte der fünf Freunde, die ihre »Hanfproduk-
te« u. a. auf der Wallfahrt in Kevelaer absetzen, ist ein poe-
tischer Niederrhein-Krimi, sprachgewaltig und voller Sen-
tenzen zum Niederrheiner an sich.

*»Nicht bloße Heimatliteratur, ›einklich‹ auch kein Niederrhein-*
*krimi – Paul Eßers **Dealer-Wallfahrt** geht über beides hinaus . . .*
*Szenario der Öko- und Drogen-Freaks am Niederrhein. Vor dieser*
*Kulisse beschreibt Eßer mit scharfem Blick und geschliffener Spra-*
*che sein Lieblingsstudienobjekt – den Menschen in seiner Erschei-*
*nungsform als Niederrheiner«, schrieb die* **Rheinische Post** *und*
*bescheinigte:* »*Eßers neuer Roman hat Referenzklasse . . . frappie-*
*rende Virtuosität.«*

*»Da wird gesoffen und gekifft, gefixt und gedealt, gehurt, gelogen*
*und betrogen. Eßer spricht eine deutliche Sprache voller Wucht und*
*Kraft mit erstaunlich poetischen Momenten . . . Die Psychologie der*
*Figuren macht den Roman interessant und auch spannend. Die*
*Krimihandlung rückt so in den Hintergrund, und umso überra-*
*schender ist die äußerst gelungene Auflösung des Falles.«*
(Westdeutsche Zeitung)

Klas Ewert Everwyn

## *Die Kölner Südstadt und ich*
Eine Kindheit in Zollstock und Sülz
90 Seiten, kartoniert, ISBN 3-929634-09-0

Klas Ewert Everwyn, 1930 geboren, ist ein echter Zollstok-
ker Jung, und Zollstock, Sülz und Bayenthal – schreibt der
Autor – gehören, »da es hier nach ›meiner Mütze‘ geht ...
mit zu ›meiner‘ Südstadt.«

*»Zwar geht es in dem autobiographischen Band auch um die Stra-
ßenzüge rund um den Chlodwigplatz, die heutige Südstadt. Doch
hält Klas Everwyn sich nicht allzu lange damit auf zu beschreiben,
wie sich dieses Viertel zum Szene-Stadtteil und Kneipenmekka Kölns
wandelte. Viel ausführlicher und liebevoller erzählt er Szenen und
Geschichten aus seiner Sülzer Kindheit und Zollstocker Jugend, die
in die Vorkriegs- und Kriegsjahre fielen.«*
(Kölner Stadt-Anzeiger)

Paul Eßer

## *Mythos Niederrhein*
Nachruf auf eine schwierige Heimat
91 S., Paperback, ISBN 3-929634-28-7

In seinen essayistischen Betrachtungen über den Niederrhein macht sich Eßer Gedanken über das scheinbar Selbst-
verständliche: Wie sieht die Welt im Kopf eines Nieder-
rheiners aus? und: Was ist das eigentlich, ein Niederrheiner? Können wir uns an die liebevoll-ironischen Cha-
rakterisierungen eines Kabarettisten wie Hanns-Dieter
Hüsch halten? Welche Rolle spielt die Landschaft für seine
Mentalität? Und – nicht zu vergessen – was ist eigentlich
mit dem Gemeinschaft stiftenden Element schlechthin:
dem Dialekt?

Wenn Eßer Antworten anbietet oder Kritik übt, so tut er dies nie pauschal und abstrakt, sondern immer anschaulich und an Beispielen. Er führt zum Beispiel aus, dass es wohlfeil ist, das Verschwinden des Dialekts zu beklagen, wenn gleichzeitig das »Platt« als Beleg für die Primitivität des Sprechenden gilt. Und erst die Dialektdichtung: Sie zeigt, so Eßer, dass das Verschwinden des gesprochenen Dialekts nicht ohne Folgen bleibt: Zur Darstellung zeitgemäßer Themen fehlen dem Niederrheinischen einfach die Worte.

Ein anregendes, kontroverses, nicht immer leicht zu lesendes Buch, das aber keinen Zweifel daran lässt, dass der Autor die Heimat dort retten möchte, wo sie »echt« ist und nicht bloß zur Folie blinder Heimattümelei herabgewürdigt wird.

Paul Eßer

### *Bellmans Blues*
Ein Düsseldorfer Szene-Roman
120 S., Paperback, ISBN 3-929634-55-4

In »Bellmans Blues« flieht der Titelheld – Kabarettist und Sänger –, aus den Krisen seines Künstlerlebens an den heimatlichen Niederrhein. Er besucht das Grab seines auf mysteriöse Weise zu Tode gekommenen Freundes, der als Notar in einer Kleinstadt und Bonvivant im Venloer Rotlichtmilieu ein Doppelleben geführt hat, und beschließt, die Reise nicht mehr abzubrechen. In einem Hotel im Wallfahrtsort Kevelaer stellt er jedoch fest, dass Ulla, seine frühere Geliebte und Partnerin auf der Bühne, soeben dieselbe Reise, ihre alte Tingelroute, macht – in Begleitung eines Südamerikaners. Er begibt sich auf die Suche nach Ulla, findet sie in Düsseldorf und eröffnet mit ihr eine Musikkneipe, wo nach einer Weile ein bizarres Publikum verkehrt. Zum erstenmal in seinem Leben erfährt Bellman, was Liebe, aber auch, was Eifersucht ist – in den Armen einer Frau, die von einer tödlichen Krankheit gezeichnet auf dem Sterbebett noch einen Beweis seiner Liebe begehrt.

Thomas Frahm

## *Homberg (Ndrh.) und ich*
128 Seiten, kart. m. SU, ISBN 3-929634-02-3

Ein Buch über Homberg, »jetzt Duisburg«, das historische, geographische und kommunalpolitische Aspekte mit den Erinnerungen eines noch jungen Autors verbindet, der blümerantes unverblümt ausspricht und dennoch sowohl dem alten Bauern-, Schiffer- und Fischerstädtchen gerecht wird als auch dem modernen Homberg, das sein Gesicht und seine Entwicklung dem Bergbau verdankt.

*»Doch nicht allein was ... Thomas Frahm zu erzählen weiß, ist niederrheinisch, auch wie er es erzählt, nämlich alles ›dörjenander‹. ... Frahm kann erzählen und er kann es geistreich ... Reizvoll auch die zum Teil kindliche Erzählerperspektive.«*
(Rheinische Post)

*»Thomas Frahm geht es darum, seinen Stadtteil, mit seinen Erlebnissen und aus seiner Sicht vorzustellen. Bei manchen Geschichten hilft es dem Leser zwar, Homberg und die Leute zu kennen, nötig ist es aber nicht. Man kann auch so über Pastor Löh oder Lehrer Nolte schmunzeln.*
*Doch trotz des lokalpatriotischen und zum Teil autobiographischen Inhalts könnte der Begriff ›Homberger‹ bald als Synonym für einen bestimmten Menschenschlag gelten. ...*
*Vielleicht benennt ein schlauer Koch ja bald einen ›-burger‹ in einen ›-berger‹, obwohl die einzelnen Geschichten keine kulinarische Hilfe nötig haben.«*
(NRZ)

**Überall im niederrheinischen Buchhandel**